新商科"互联网+教育"
电子商务专业系列教材

消费者行为分析

舒亚琴◎主编
陶学菊　王冰雁　宋振华　彭诗景◎副主编

电子工业出版社
Publishing House of Electronics Industry
北京·BEIJING

内 容 简 介

什么是消费者？什么是消费者行为？什么是消费者行为学？为什么要研究消费者行为？如何研究消费者行为？影响消费者行为的内部因素有哪些？影响消费者行为的外部因素有哪些？如何有效地分析消费者的购后行为？企业营销管理者必须关注且认真掌握以上基本问题。消费者行为分析是企业营销人员进行产品营销的必要条件，随着社会的发展与科技的进步，互联网＋时代下的消费者行为分析对于企业营销决策产生着更为重要的影响。

本书将以消费者与消费者行为的基本概念为基础，系统地从消费者的购买决策、影响消费者行为的内部及外部因素、消费者的购后行为分析等方面来介绍消费者行为学。

未经许可，不得以任何方式复制或抄袭本书之部分或全部内容。
版权所有，侵权必究。

图书在版编目（CIP）数据

消费者行为分析/舒亚琴主编. —北京：电子工业出版社，2023.3
ISBN 978-7-121-45230-7

Ⅰ．①消… Ⅱ．①舒… Ⅲ．①消费者行为论－高等学校－教材 Ⅳ．①F713.55

中国国家版本馆 CIP 数据核字（2023）第 046050 号

责任编辑：刘淑敏
印　　刷：涿州市京南印刷厂
装　　订：涿州市京南印刷厂
出版发行：电子工业出版社
　　　　　北京市海淀区万寿路 173 信箱　邮编：100036
开　　本：787×1 092　1/16　印张：15.75　字数：414 千字
版　　次：2023 年 3 月第 1 版
印　　次：2023 年 9 月第 2 次印刷
定　　价：55.00 元

凡所购买电子工业出版社图书有缺损问题，请向购买书店调换。若书店售缺，请与本社发行部联系，联系及邮购电话：（010）88254888，88258888。

质量投诉请发邮件至 zlts@phei.com.cn，盗版侵权举报请发邮件至 dbqq@phei.com.cn。
本书咨询联系方式：（010）88254199，sjb@phei.com.cn。

前言 PREFACE

随着经济全球化步伐的加快，我国市场经济呈现高速发展态势，人民的收入水平与消费水平不断提高，国内外消费市场不断扩大，消费结构不断变换和升级，消费成为经济增长的重要动力。

市场营销的关键在于建立稳固的客户关系。市场营销基于对客户需要和需求的理解，从而确定目标市场，制定合理的营销策略和价值理念，并以此来吸引、保持、获得更多的目标客户，收获更多的市场份额和企业利润。在市场经济背景下，消费者在市场中扮演着重要角色，是市场经济活动的主力军，企业的市场营销活动应当围绕消费者进行。在互联网不断发展的背景下，消费者行为的特点、影响因素、决策过程等也呈现出不同的特点。

基于以上背景，本书着眼于消费者行为学这一应用型学科，对经济全球化与互联网背景下的消费者行为展开分析编写而成。本书共 10 章，从影响消费者行为的外部因素与内部因素两个方面去设计每个章节的知识点。通过这些章节的学习和案例分析，学生能够全面掌握消费者决策行为的过程，能够独立地对影响消费者行为的内部与外部因素进行分析，从而更加了解消费者。

本书具有如下特色：①内容系统全面，覆盖影响消费者行为的内部与外部因素；②根据消费者决策行为的不同阶段来分析影响因素，层次清晰，易读易懂；③案例新颖，具有典型性，有助于提升学生学习兴趣，并进行深入思考；④充分考虑课程要求与教学特点，突出理论在营销实务中的应用，着重培养学生解决实际营销问题的能力。

本书由舒亚琴担任主编，陶学菊、王冰雁、宋振华、彭诗景担任副主编。具体分工如下：舒亚琴编写第 1、5、9 章；宋振华编写第 4、10 章；王冰雁编写第 7、8 章；陶学菊编写第 2、3 章；彭诗景编写第 6 章。全书由易静老师制定目录并负责统稿，隋东旭老师进行了细致的审读。在本书编写过程中，湖北省楚商联合会、湖北省跨境电商产教联盟的诸多行业导师及电子工业出版社姜淑晶编辑提供了大量的意见和建议。在此，向各位参与编写的老师、提出宝贵意见的行业代表及出版社编辑一并表示感谢！

由于消费者行为分析内容覆盖面广，本书中所涉及的某些知识点可能和现实有些出入，同时由于编写时间周期要求和编者水平有限，书中难免存在遗漏和不妥之处，敬请广大读者批评指正。我们也会根据市场变化及时更新完善本书。请联系：shuyaqin318@126.com。

编　者

目录 CONTENTS

第1章 绪论 ············1

学习目标 ············1
1.1 消费者与消费者行为 ············1
　1.1.1 消费者的概念与特点 ············2
　1.1.2 消费者行为的概念与特点 ············7
　1.1.3 消费者行为分析概述 ············10
1.2 消费者行为学概述 ············14
　1.2.1 消费者行为学的形成与发展 ············15
　1.2.2 消费者行为学的研究内容 ············16
　1.2.3 消费者行为学的体系结构 ············16
　1.2.4 消费者行为学的理论基础 ············18
　1.2.5 消费者行为学的研究方法 ············18
本章小结 ············20

第2章 消费者的购买决策 ············21

学习目标 ············21
2.1 消费者购买决策的内容和类型 ············21
　2.1.1 消费者购买决策的内容 ············22
　2.1.2 消费者购买决策的类型 ············25
2.2 消费者购买决策的过程 ············29
　2.2.1 问题确认 ············31
　2.2.2 信息搜集 ············33
　2.2.3 方案评价与选择 ············36
　2.2.4 制定购买决策 ············38
　2.2.5 购后行为 ············39
2.3 影响消费者购买决策的因素 ············41
　2.3.1 影响消费者购买决策的内部因素 ············42
　2.3.2 影响消费者购买决策的外部因素 ············46
本章小结 ············47

第3章 影响消费者行为的内部因素——群体特征 ············48

学习目标 ············48
3.1 消费者群体概述 ············48
　3.1.1 消费者群体的含义 ············49
　3.1.2 消费者群体与消费者个体的关系 ············49
3.2 主要消费者群体的心理特征 ············51
　3.2.1 不同年龄段消费者群体的心理特征 ············52
　3.2.2 不同性别消费者群体的心理特征 ············55
　3.2.3 不同职业消费者群体的心理特征 ············57
3.3 参照群体与消费者行为 ············60
　3.3.1 参照群体的概念与类型 ············60
　3.3.2 参照群体对消费者行为的影响 ············62
　3.3.3 模仿与从众现象 ············62
3.4 消费习俗与消费流行 ············63
　3.4.1 消费习俗 ············63
　3.4.2 消费流行 ············65
本章小结 ············68

第4章 影响消费者行为的内部因素——个体特征 …… 69

- 学习目标 …… 69
- 4.1 消费者的个性 …… 69
  - 4.1.1 消费者个性的含义与特征 …… 70
  - 4.1.2 消费者个性的组成部分 …… 70
  - 4.1.3 基于消费者个性的营销策略 …… 71
- 4.2 消费者的自我概念 …… 74
  - 4.2.1 消费者自我概念的含义及构成 …… 74
  - 4.2.2 自我概念对消费者行为的影响 …… 75
  - 4.2.3 基于消费者自我概念的营销策略 …… 76
- 4.3 消费者的生活方式 …… 78
  - 4.3.1 消费者生活方式的含义 …… 80
  - 4.3.2 生活方式对消费者行为的影响 …… 80
  - 4.3.3 基于消费者不同生活方式的营销策略 …… 81
- 本章小结 …… 83

第5章 影响消费者行为的内部因素——需要和动机 …… 84

- 学习目标 …… 84
- 5.1 消费者的需要 …… 84
  - 5.1.1 需要的概念与特征 …… 85
  - 5.1.2 需要和需求的区别 …… 87
  - 5.1.3 消费者需要的类型 …… 88
  - 5.1.4 挖掘消费者需要的方法 …… 91
- 5.2 消费者的动机 …… 95
  - 5.2.1 消费动机的概念与特征 …… 96
  - 5.2.2 消费动机的类型 …… 98
  - 5.2.3 消费动机作用的过程 …… 100
  - 5.2.4 唤起消费动机的因素 …… 101
  - 5.2.5 激发消费动机的营销策略 …… 103
- 本章小结 …… 106

第6章 影响消费者行为的内部因素——消费者心理活动 …… 107

- 学习目标 …… 107
- 6.1 消费者的知觉 …… 107
  - 6.1.1 知觉的概念与分类 …… 108
  - 6.1.2 知觉的基本特征 …… 109
  - 6.1.3 消费者知觉的形成过程 …… 112
  - 6.1.4 知觉理论在消费者行为分析中的应用 …… 114
- 6.2 消费者的学习 …… 116
  - 6.2.1 消费者学习的概念 …… 117
  - 6.2.2 消费者学习的类型 …… 118
  - 6.2.3 消费者学习的效果 …… 121
  - 6.2.4 消费者学习的途径 …… 121
- 6.3 消费者的态度 …… 125
  - 6.3.1 消费者态度的概念 …… 126
  - 6.3.2 消费者态度的特征 …… 129
  - 6.3.3 消费者态度的形成与改变 …… 130
  - 6.3.4 态度对消费者购买行为的影响 …… 134
- 6.4 消费者的情绪 …… 137
  - 6.4.1 消费者情绪的概念 …… 138
  - 6.4.2 消费者情绪的构成 …… 144
  - 6.4.3 情绪对消费者购买行为的影响 …… 145
  - 6.4.4 消费者购买情绪的激发 …… 146
- 6.5 消费者的记忆 …… 150
  - 6.5.1 消费者记忆的类型 …… 153
  - 6.5.2 记忆对消费者购买行为的影响 …… 157
  - 6.5.3 基于消费者记忆的营销策略 …… 157
- 本章小结 …… 163

第 7 章 影响消费者行为的外部因素——社会环境·······164

- 学习目标·······164
- 7.1 文化与消费者行为·······164
  - 7.1.1 文化概述与特征·······165
  - 7.1.2 亚文化概述·······166
  - 7.1.3 文化对消费者行为的影响··168
- 7.2 经济与消费者行为·······172
  - 7.2.1 内在经济因素对消费者行为的影响·······173
  - 7.2.2 外在经济因素对消费者行为的影响·······175
- 7.3 家庭与消费者行为·······176
  - 7.3.1 家庭概述·······177
  - 7.3.2 家庭的功能·······178
  - 7.3.3 家庭生命周期·······179
  - 7.3.4 家庭购买决策·······180
- 本章小结·······183

第 8 章 影响消费者行为的外部因素——产品与品牌·······184

- 学习目标·······184
- 8.1 产品与消费者行为·······184
  - 8.1.1 产品命名·······185
  - 8.1.2 商标设计·······186
  - 8.1.3 产品包装·······187
  - 8.1.4 产品定价·······189
- 8.2 品牌与消费者行为·······191
  - 8.2.1 品牌的概念·······192
  - 8.2.2 品牌的价值·······193
  - 8.2.3 品牌对消费者行为的影响·······194
- 8.3 基于产品与品牌的营销策略·······195
  - 8.3.1 产品营销策略·······196
  - 8.3.2 品牌营销策略·······197
- 本章小结·······199

第 9 章 影响消费者行为的外部因素——广告与营销·······200

- 学习目标·······200
- 9.1 广告对消费者行为的影响·······200
  - 9.1.1 广告与消费者行为·······201
  - 9.1.2 广告定位策略·······203
  - 9.1.3 广告创意原则·······206
  - 9.1.4 广告诉求心理·······207
  - 9.1.5 增强广告效果的心理策略·······210
- 9.2 营销对消费者行为的影响·······213
  - 9.2.1 新媒体时代的市场营销·····214
  - 9.2.2 整合营销·······218
- 本章小结·······222

第 10 章 消费者购后行为分析·······223

- 学习目标·······223
- 10.1 购后行为·······223
  - 10.1.1 购后行为的概念·······223
  - 10.1.2 购后行为的形式·······224
  - 10.1.3 影响购后行为的因素·····225
- 10.2 产品使用与处置·······228
  - 10.2.1 产品使用·······229
  - 10.2.2 产品与包装的处置·······229
- 10.3 消费者满意度·······230
  - 10.3.1 消费者满意度的概念·······231
  - 10.3.2 消费者满意度的特征·······231
  - 10.3.3 消费者满意度的内容·······231
  - 10.3.4 影响消费者满意度的因素·······232
  - 10.3.5 提升消费者满意度的方法·······234

10.4 消费者忠诚度·················237
  10.4.1 消费者忠诚度的
     概念··················238
  10.4.2 消费者忠诚度的
     类型··················238
  10.4.3 消费者忠诚度的
     内容··················240
  10.4.4 提升消费者忠诚度的
     方法··················240
本章小结·······························242

参考文献··243

第 1 章
绪论

学习目标

- 掌握消费者与消费者行为的概念与特点
- 掌握消费者行为分析的内容、意义与原则
- 熟悉并了解消费者行为学的理论研究概述

1.1 消费者与消费者行为

案例引入

拼多多：从营销手段到商业模式完成逆袭

拼多多成立于 2015 年 9 月，是一家专注于 C2B 拼团的第三方社交电商平台。用户通过发起和朋友、家人、邻居等的拼团活动，能以更低的价格购买优质商品。通过沟通分享形成的社交理念，形成了拼多多独特的新社交电商思维。上线一年时间，拼多多的单日成交额即突破 1 000 万元，付费用户数突破 1 亿个，用不到 10 个月的时间就走完了老牌电商三四年走的路。

拼多多最初只是一种营销手段，随着它的逐步发展，渐渐成为一种商业模式。拼多多实现了用户对商品价格实惠、购买方式便利及产品质量有保障的期待。目前淘宝、天猫、京东等平台的获客成本越来越高，订单开始逐步往头部集中，需要新的平台来满足新的商家的电商获客需求，因而拼多多的出现也解决了电商流量与销量问题。

拼多多的成功，离不开其对消费者行为的分析。拼多多用户画像分析如图 1-1 所示。

性别上，女性用户比例占据绝对优势，占比达到了 63.5%；男性用户偏少，仅占 36.5%。这与女性用户更偏爱网购有关。同时，女性购物相比男性更细致、更有耐心，所以在选择商品的时

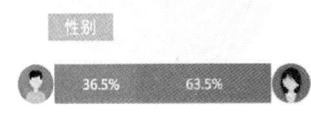

图 1-1 拼多多用户画像分析

候更愿意在购物平台上精挑细选,希望能淘到更多低价好货,也更愿意和自己的闺蜜、好友分享,而在拼多多上既可以淘到好货又可以"晒"出好货,所以拼多多更受女性用户喜爱。

年龄上,25~29岁的用户占比最多,达到27.8%;其次是20~24岁的用户,占比达到26.8%。一方面,这两个年龄段的用户是目前社会上的主要劳动力,消费能力较强,对网购的态度也比较乐观;另一方面,他们往往亲戚朋友较多,所以更容易受到他人影响,一传十,十传百,所以拼多多的拼团购在这两个年龄段的人群中更容易实现。

拼多多的购物逻辑主要围绕拼团模式设计,用户可以选择一件开团,也可以单独购买。单独购买的优惠力度肯定没有拼团大,价格上的对比鼓励了用户选择拼团模式。用户下单成功以后可以将拼团信息发布到朋友圈、微博等社交圈子,也可以由App内有同样购买需求的陌生用户组团。一旦达到拼团人数的条件,就被认定为拼团成功,各个买家都将获得优惠的拼团价格,且商品将分别发货。若无法满足拼团要求,则拼团失败,付款金额将返还给用户。

拼多多的用户行为分析对其成功有着重要的作用,也是社交电商的成功范例。社交电商的本质依然是电商,其本质并没有变,用户在意的不仅是购买媒介,也包括产品品质,用户消费需求促进电商品质升级是未来的必然选择。

思考:拼多多的用户行为分析对社交电商的成功有何作用?

分析提示:所谓社交电商,是指通过社交软件作为平台,或者电商平台自带社交功能的情况下,将关注、分享、讨论、沟通、互动等社交功能加入购买活动中,进而提高用户消费体验的活动。对于消费者来说,这样的活动能让他们在购物前了解店铺、商品、价格等信息,起到一种导购的作用,进而过滤掉那些不够优秀的店铺和商品。而拼多多在这一点上进行得更彻底,它推出联手减价的活动,让消费者将购物活动变成一种社交活动。同时,通过接入"微信"这个中国最大的社交平台,最终使拼多多自身完成了病毒式的传播。与传统电商以货为中心不同,社交电商是以人为中心的,是社交关系网络构成的电商形态,它不以产品的搜索和展示作为销售模式,而是通过社交的方式,让用户自发地传播,形成口碑效应,从而激发用户的消费需求。社交电商能够通过场景化的消费体验,刺激用户的消费欲望,甚至通过话题影响用户的消费决策。拼多多的用户行为分析有助于电商企业通过"拼多多"这一平台,更加精准地进行客户定位,从而带动社交电商的进一步发展。

1.1.1 消费者的概念与特点

消费者是消费者权益保护法保护的中心主体,准确把握消费者的概念是确定消费者权益的基本依据,更是保护消费者权益的行政机关和司法机关正确而全面贯彻执行消费者权益保护法的关键所在。国际标准化组织(ISO)认为,消费者是以个人消费为目的而购买使用商品和服务的个体社会成员。本节从消费者的定义、消费者的基本法律特征、消费者的权利、互联网+背景下的消费者等几个方面来介绍消费者的概念与特点。

1. 消费者的定义

《中华人民共和国消费者权益保护法》（以下简称《消费者权益保护法》）虽未直接明确消费者的定义，但第二条将"为生活消费需要购买、使用商品或者接受服务"的行为界定为消费者的消费行为。按这一规定可以得出，消费者是指为满足生活需要而购买、使用商品或接受服务的，由国家专门法律确认其主体地位和保护其消费权益的个人。

学而思，思而学

列举你身边的几个消费者，并分析他们的不同职业及他们消费的商品类型。

消费者的定义，在各国法律及一国各部门法中不尽相同。按不同的确认标准，消费者的定义大体分为三种，如图1-2所示。

（1）以经济领域为主要标准

凡是在消费领域中，为生产或生活目的消耗物质资料的人，不论是自然人还是法人，不论是生活消费还是生产消费，也不论是生活资料类消费者还是生产资料类消费者，都属于消费者之列。如《泰国消费者保护法》规定："所谓消费者，是指买主或从事业者那里接受服务的人，包括为了购进商品和享受服务而接受事业者的提议和说明的人。"

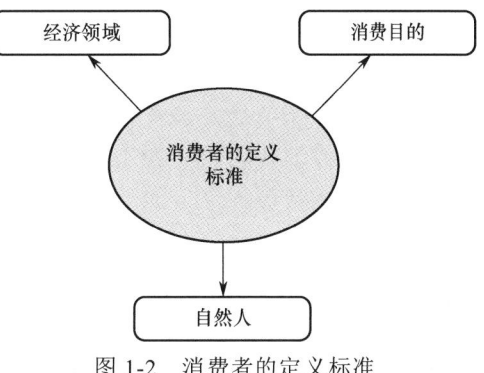

图1-2 消费者的定义标准

（2）以消费目的为主要标准

消费者仅指因非商业性目的而购买商品、使用商品的人。所谓非商业性目的，就是仅限于购买者自己的消费，而不是用于转卖或营业。如我国福建省《保护消费者合法权益条例》规定，消费者是"有偿获得商品和接受服务用于生活需要的社会成员"。

（3）以自然人为主要标准

这种划分不以消费目的为标准，或者说消费者目的不是唯一标准，而是特别强调消费者的自然人属性。如美国的《布莱克法律词典》认为，"消费者是那些购买、使用、持有、处理产品或服务的个人"。1978年，国际标准化组织消费者政策委员会在日内瓦召开的第一届年会上，将消费者定义为"为个人目的购买或使用商品和服务的个体成员"。俄罗斯联邦《消费者权利保护法》将消费者定义为"使用、取得、定作或者具有取得或定作商品（工作、劳务）的意图以供个人生活需要的公民"。

微课堂

根据以上不同划分标准可以看出：第一，消费者的消费应当是公民为生活目的而进行的消费，如果消费的目的是用于生产，则不属于消费者范畴；第二，消费者应当是商品或服务的受用者；第三，消费的客体既包括商品，也包括服务；第四，消费者主要是指个人，但不仅仅指个人，如《消费者权益保护法》并没有明确规定消费者是指消费者个人，实质上就是既包括消费者个人，也包括单位或集体，只要是用于生活消费的，都属于消费者范畴。

2. 消费者的基本法律特征

（1）消费者的主体是购买、使用商品或接受服务的个人

《消费者权益保护法》的根本目的是为了保护人们在生活性消费过程中的消费权利不受经营者的侵害，而只有自然人才能成为最终消费的主体。自然人作为消费者是不受年龄、种族、性别、职业、家庭出身、宗教信仰、教育程度、财产状况、居住期限、社会地位等条件限制的。也就是说，任何人无论其自身的具体情况如何，都可以成为消费者。

（2）消费者的消费客体包括商品和服务

商品和服务是多种多样的，有的是用于生产消费的，有的是用于生活消费的。《消费者权益保护法》规定的消费者消费的商品和服务是指用于生活消费的那部分商品和服务。这里的商品是指通过流通过程销售的那部分产品，不论其是否为经加工制作的产品或天然品，也不论是否为动产或不动产，更不论是否为成品、半成品或原料。这里的服务是指与生活消费相关的，经营者有偿提供的可供消费者利用的任何种类的服务。由此可以看出，消费者消费的商品和服务范围很广，涵盖了人们的衣、食、住、行、用、医疗、文化教育、保险等各个方面的生活消费所需要的商品和服务。

（3）消费者的消费方式包括购买、使用（商品）和接受（服务）

作为消费者，其消费的商品和服务是自己或他人通过一定的方式从经营者那里获得的。消费方式一般包括购买、使用（商品）和接受（服务）。购买是人们直接有偿获得商品的手段；使用是人们实际消费商品的行为和过程；接受既是人们直接获得服务的手段，也是利用服务的过程。

（4）消费者的消费是属于生活性的消费活动

我们知道消费者是指为满足生活需要而购买或使用经营者提供的商品或服务的人。这一定义告诉大家，任何人只有在其进行消费活动时，他才是消费者。消费活动的主要内容包括三个：一是为了生活需要而购买商品；二是为了生活需要而使用商品；三是为了生活需要而接受他人提供的服务。消费者是为了个人生活需要而购买或使用商品与服务的，其目的是为了满足个人或家庭生活需要，而不是为了生产经营的需要，这也是消费者与经营者的根本区别。

（5）消费者的权利是由国家专门法律确认其主体地位并得到特定保护的

> **思政小课堂**
>
> 在社会主义市场经济条件下，物质文化空前繁荣，作为消费者的大学生，应当培养正确的价值观和消费观，树立良好的职业道德，坚定遵纪守法的信念，运用法律武器保护自己的权利。

人都是消费者，但"人"与"消费者"的概念是不能等同的。消费者是人类社会发展到一定历史阶段而出现的一个具有特定含义的概念，即在人类社会商品经济发展后出现的具有特定的经济和法律意义的概念。因此，实际上仅仅在经济生活中存在着生产经营者与消费者分离的事实，具有特定法律意义的消费者概念仍然不会出现。这个概念必须由国家以专门的法律即消费者权益保护法进行规定和确认才能出现和存在。因此，消费者是与政府、经营者并列构成并参与市场经济运行的三大法律主体之一。

3. 消费者的权利

消费者权利是指消费者在消费领域所具有的权利，即在法律的保障下，消费者有权

做出一定的行为或者要求他人做出一定的行为，也可有权不做出一定的行为或者要求他人不做出一定的行为。它是消费者利益在法律上的体现。根据《消费者权益保护法》第二章的规定，消费者的权利包括如下具体内容，如图1-3所示。

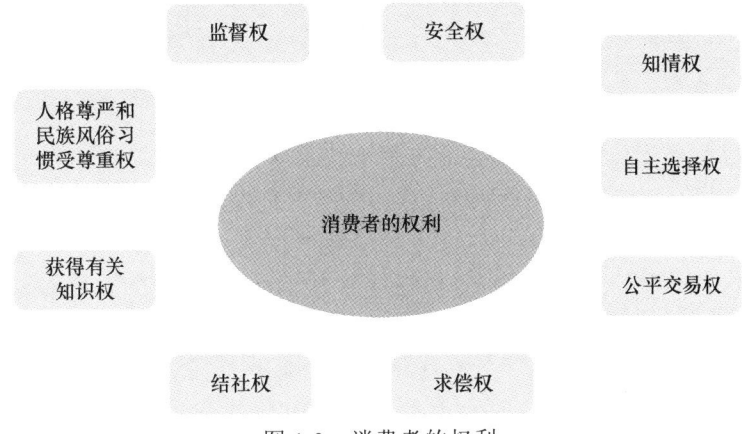

图1-3 消费者的权利

① 安全权。安全权包括两方面内容：一是人身安全权，二是财产安全权。人身安全权是指生命健康权不受损害，即享有保持身体各器官及其机能的完整，以及生命不受危害的权利。财产安全权，是指消费者不仅享有购买、使用的商品或接受的服务本身的安全权利，同时享有除购买、使用的商品或接受服务外的其他财产的安全权利。为了能使这一权利得到实现，消费者有权要求经营者提供的商品或服务符合保障人身、财产安全的要求。具体来说，对于有国家标准、行业标准的商品或服务，消费者有权要求商品或服务符合该国家标准、行业标准。

② 知情权。消费者的知情权也称知悉权，是指消费者在购买使用商品或接受服务时，知悉商品或服务真实情况的权利。消费者的知悉权（知情权）主要包括以下几层含义：

- 消费者有权要求经营者按照法律、法规规定的方式表明商品或服务的真实情况。
- 消费者在购买、使用商品或者接受服务时，有权询问和了解商品或服务的有关情况。
- 消费者有权知悉商品或服务的真实情况。

③ 自主选择权。消费者享有自主选择商品或者接受服务的权利，简称自主选择权，即消费者有权根据自己的消费愿望、兴趣、爱好和需要，自主、充分地选择商品或服务。

④ 公平交易权。公平交易权是指消费者享有公平交易的权利。消费者购买商品或接受服务，是一种市场交易行为，如果经营者违背自愿、平等、公平、诚实信用等原则进行交易，则侵犯了消费者的公平交易权。消费者的公平交易权主要表现在两个方面：一是有权获得公平交易条件，如有权获得质量保障、价格合理、计量正确等交易条件；二是有权拒绝经营者的强制交易行为，如强迫消费者购物或接受服务、强迫搭售等。

⑤ 求偿权。求偿权是指消费者享有依法获得赔偿的权利。消费者在购买、使用商品或接受服务时，人身权可能受到侵害，财产权也可能受到侵害。人身权受到的侵害，包括生命健康权，以及人格方面的姓名权、名誉权、荣誉权等受到侵害。财产权受到的侵害，包括财产上的直接侵害和间接侵害。享有求偿权的主体，是指因购买、使用商品或者接受服务的受害者。

⑥ 结社权。结社权是指消费者享有依法成立维护自身合法权益的社会团体的权利。在我国，消费者社会团体主要是中国消费者协会和地方各级消费者协会（或消费者委员会）。消费者依法成立的各级消费者协会，使消费者通过有组织的活动，在维护自身合法权益方面发挥着越来越大的作用。

⑦ 获得有关知识权。获得有关知识权是指消费者享有获得有关消费和消费者权益保护方面的知识的权利。消费者获得有关知识的权利，有利于提高消费者的自我保护能力，也是实现消费者其他权利的重要条件。例如，获得消费者权益保护方面的知识，可以使消费者在合法权益受到侵害时，有效地寻求解决消费纠纷的途径，及时获得赔偿。

⑧ 人格尊严和民族风俗习惯受尊重权。在市场交易过程中，消费者的人格尊严受到尊重，是消费者应享有的最起码的权利。人格尊严指人的自尊心和自爱心，其权利包括消费者的姓名权、名誉权、荣誉权、肖像权等。民族风俗习惯受尊重的权利，是关系各民族平等、加强民族团结、处理好民族关系、促进国家安定的大事。

⑨ 监督权。监督权是指消费者享有对商品、服务及保护消费者权益工作进行监督的权利。消费者监督权的具体表现：有权检举、控告侵害消费者权益的行为；有权检举、控告消费者权益的保护者的违法失职行为；有权对保护消费者权益的工作提出批评、建议。

4. 互联网+背景下的消费者

互联网+背景下的消费者和传统消费者在信息环境、社群模式两方面存在较大区别。一方面，数字化的贸易平台、社交平台和媒体平台等全面替代传统的信息传播媒介，信息基础结构进化成为去中心化的网络，传统贸易中信息不对称的情况得到有效改善，信息获取、加工和传播的效率、范围和效果大幅提高，与此同时消费者在交易中拥有了更大的影响力和话语权。另一方面，数字贸易中消费者个体行为转向群体行为，互联网和数字技术催生的线上消费者社群让消费者个体间的交流互动更加便利，社群网络高度互联在平台积累的同时形成了具有高价值的数字资产。消费者在互联网+背景下的贸易活动中居于核心地位，具体体现在以下几个方面。

① 消费者是数字贸易的交易主体。一方面，在面向消费者的交易模式中，消费者作为商品或服务的购买者和使用者，是整个交易链条的中心。另一方面，数字贸易平台上消费者作为贸易主体不仅可以购买，还可以在 C2C 模式中作为卖方出售商品或服务，可见消费者在数字贸易中兼具买方和卖方角色，并处于核心地位。

② 消费者是生产要素的供给主体。传统制造业在数字化和智能化转型中将数据作为新型生产要素加以重视，数字化平台型企业更是积极收集、加工和利用数据，并依此向用户提供商品和服务，其中消费者方面的数据是企业研发产品和服务、制订生产计划的依据。消费者是平台企业、制造企业尤其是智能制造企业生产要素的供给者。

③ 消费者是数字内容的生产主体。消费者既是商品和服务的使用者，同时作为平台用户也是数字内容的生产者。数字经济时代下，消费者生成内容（User Generated Content，UGC）可以通过文字、图像、音视频等形式进行创作传播，如短视频直播平台上普通用户可以上传视频，分享日常生活、商品使用体验并提供购买链接。

④ 消费者是数字营销的服务对象。数字贸易中的数字营销离不开对消费者行为的研究，利用消费者画像数据制定营销策略。一方面，数字营销在企业营销活动中发现市场

机会，分析消费者未被满足的需要，在此基础上有针对性地开发产品。另一方面，由于细分市场是数字营销策略的基础，企业通过分析目标消费者和目标细分市场，从而在数字贸易平台上有针对性地投放广告，使得消费者获得个性化的推荐等服务，提高了平台匹配效率和消费者福利。

 案例链接

社区团购的行业优势

社区团购模式的兴起，与生鲜电商行业的发展密不可分。从我国第一家生鲜电商平台注册成立到现在，我国生鲜电商产业发展已有 16 年，近 5 年发展尤其迅速。据统计，2016 年我国新增农产品电商相关企业 1 万家，此后每年均增加 1.5 万家以上。直到 2019 年，资本市场对生鲜行业的投资热情冷却，相关行业的企业增长速率才有所下降。而 2020 年，新冠肺炎疫情推进了生鲜农产品消费的线上化，以社区为中心的封闭式管理制度使社区团购成为唯一可行的农产品消费渠道。社区团购行业的入局者因此迅速增加，而涉足社区团购业务的生鲜电商企业重新进入市场热门投资领域，成为资本市场的香饽饽。

1.1.2 消费者行为的概念与特点

消费者行为是心理活动过程的产物。任何一次消费活动既包含消费者的心理活动，又包含消费者的行为，而消费者的心理活动是消费者行为的基础。在消费者行为中，消费者所有的表情、动作等都是复杂心理活动的自然流露。本节从消费者行为的概念、传统环境下消费者行为的特点、数字电商环境下消费者行为的特点等方面来介绍消费者行为的概念与特点。

1. 消费者行为的概念

美国市场营销协会（AMA）把消费者行为定义为感知、认知、行为及环境因素的动态互动过程，认为它是人类履行生活中交易职能的行为基础。

如图 1-4 所示，消费者行为是动态的过程，涉及感知、认知、行为及环境因素。首先，消费者行为是动态的过程。个体消费者及消费者群体会随着社会历史的变迁和社会经济的发展变化而发生或小或大、或慢或快的变化。例如，"80 后""90 后"消费群体物质生活相对优越，同时深受互联网文化的影响，这使他们具有与"60 后""70 后"不同的消费行为，因此企业应当根据自身资源状况、市场环境、消费者的需求变化来制定目标市场营销战略。其次，消费者行为包含感知、认知、行为及环境因素的互动作用，因此企业要想理解消费者，把握消费者的消费脉搏

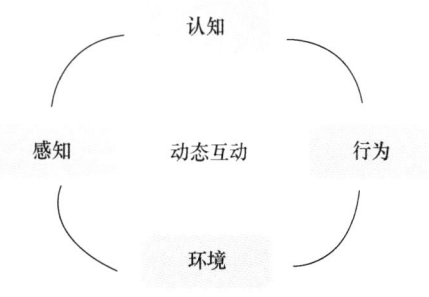

图 1-4 消费者行为的定义

和趋向并制定适宜的营销战略，就必须了解消费者的现实心理活动状态，即消费者对市场营销活动的心理感受、消费者将要产生的行为、消费者与环境因素的互动过程。

认知、感情和环境的动态互动

消费者行为是一个持续的过程，也是一种多种因素相互作用的动态过程，认知、感情和环境都是影响或决定消费者行为的关键因素，但这些因素并不是孤立地发挥作用，它们之间存在着一种交互作用的关系。任何一种因素的变化都会引起其他因素的变化，进而影响消费者行为的变化。任何一个因素同时也被其他因素影响或决定，消费者行为的变化同样也会导致其他因素的变化，这样消费者行为就表现为认知、感知、环境、行为等因素之间交互作用的动态变化过程。

综合以上分析可得出，消费者行为是一个整体、一个过程，获取或者购买只是这一过程的一个阶段。因此，研究消费者行为，既要了解消费者获取商品和服务之前的需要、评价与选择的活动，也应当重视消费者在获取商品后对商品的使用和处置活动，从而更加深刻、全面地理解消费者行为。

2. 传统环境下消费者行为的特点

 学而思，思而学

思考你所了解的当下的消费者行为方式与十年前的消费者行为方式有哪些不同之处。

在不同的环境下，消费者行为表现出的特点有所不同，各有侧重。传统环境下，消费者行为具有多样性、复杂性、可诱导性、发展性、示范性和目的性等特点。

（1）多样性

消费者因受年龄、性别、职业、收入、文化程度等因素的影响，其需求存在很大的差异，对产品的要求也各不相同。随着社会经济的发展，消费者的消费习惯、消费观念、消费心理也在不断发生变化，从而导致消费者行为具有多样性。不同的消费者有不同的消费需求、不同的消费偏好及不同的选择产品的方式，从而决定了其不同的消费行为。

（2）复杂性

消费者在购买产品的过程中，通常要经历收集信息、产品评价、慎重决策、用后评价等多个阶段。在广泛了解产品功能、特点的基础上，消费者才能做出购买决策。消费者行为会受到各种变化因素的影响，因此具有复杂性。

（3）可诱导性

消费者有时并不能很清楚地意识到自己的需求，企业可以通过提供合适的产品来诱导其需求，也可以通过广告宣传或营销推广等促销手段来激发其购买欲望。诱导是企业同消费者在情感、情绪、价值观、道德观、习惯、作风上沟通的手段，有时甚至影响消费者的消费需求，改变其消费习惯、更新其消费观念，因此消费者行为具有可诱导性。

(4) 发展性

随着社会的发展和人们生活水平的提高，消费需求也在不断变化。消费者的新需求不断地产生，消费者行为就会不断地发生变化，因此消费者行为具有发展性。

(5) 示范性

消费者行为方式不仅受自身收入水平、消费习惯的影响，还受周围人的影响。一部分消费者不轻易尝试新产品，他们愿意跟随先锋型消费者的足迹，只购买成熟型产品。这些先锋型消费者对消费者行为起着示范作用。

(6) 目的性

消费者行为并不是一种漫无目的的行为，有的以提高生产效率或改善生活质量为目标，有的追求革新性的改进与提高，关心实质性的进步。因为消费者行为都是在一定的目标引导下受各种动机驱使的，所以具有明显的目的性。

3. 数字电商环境下消费者行为的特点

在数字电商环境下，网络用户是网络消费的主体，他们的购买力和购买行为直接影响着网络营销的发展方向，消费者在网络环境下购物时不受时间、地域等条件的限制，也不受店面环境及营销人员的影响。数字电商环境下，消费者的消费行为特征体现在以下几个方面。

(1) 个性化的消费需求

进入数字电商时代，企业的生产方式得到了很大的改观。在此背景下，消费者的消费需求呈现出个性化发展的趋势。在数字电商时代，市场上消费品的种类得到了很大程度的丰富，消费者可以在全球范围内选择产品，在众多选择中形成了自己独特的消费准则。消费者的消费心理存在很大的不同，每一个消费者都成了一个细小的消费市场，个性化消费需求成了社会的主流。

> **思政小课堂**
>
> 在网络技术迅速发展的背景下，传统电子商务已经开始探索创新发展的方法，数字电商随之出现。数字电商的出现有效地顺应了消费市场的发展潮流，也推动了消费者消费观念的转变。大学生群体应当坚持理性的消费观，弘扬中华民族艰苦朴素的传统美德。

(2) 消费者需求的差异性

数字电商时代的消费需求不仅呈现出个性特征，还表现出差异性。消费者来自不同的区域，有着不同的文化和生活习惯，不同的消费者可能因为所处环境不同而出现不同的消费需求，即使同一需求层次上的不同消费者的消费需求也有明显的个性化特点。

(3) 消费的主动性增强

在数字电商时代，社会的生产分工呈现出精细化和专业化的特点，这也提升了消费者的消费风险。因此，消费者在进行消费之前，尤其是在进行高档消费之前往往会积极主动地了解商品的特点，并积极地寻找类似的产品进行比较分析。消费者消费主动性的增强主要是因为消费者在比较和分析中自身的消费欲望会得到很大程度的提升，从而投身于购物中。

(4) 消费者与厂家、商家的互动意识增强

在传统的销售模式中，消费者往往是通过商业机构进行购物的，消费者在购物过程中无法将自己的消费诉求传达给生产者。进入数字电商时代后，消费者可以直接参与商

品的生产和流通环节,在消费过程中可以与生产者进行直接沟通,有效地减少了市场的不确定性。

(5) 追求方便的消费过程

在数字电商环境下,消费者借助网络进行购物可以购买到自己心仪的产品,而且可以获得良好的购物体验。当今时代背景下,人们追求便利的消费过程,以减少其购物的时间,最大限度地利用时间。

(6) 消费者选择商品的理性化

案例链接1

在数字电商时代,消费者在购物过程中面临数以千计的产品等待选择,为了选择物美价廉的产品,消费者往往会利用互联网搜集与商品相关的信息,并将同类的产品进行反复比较,以决定是否购买。对于企业的商品采购人员来说,他们也会充分地考虑商品的折扣程度、质量等因素,并在综合分析的基础上选择产品。这从侧面反映了消费者消费行为的理性化趋势。

(7) 价格仍是影响消费心理的重要因素

在数字电商时代,人们之所以选择网络购物,主要是因为较实体店而言网络上的商品普遍具有价格较低的特点。不仅如此,在数字电商时代,许多消费者会联合起来与产品的生产厂家进行讨价还价,这也体现了商品价格在消费者消费中的重要影响。

1.1.3 消费者行为分析概述

消费者行为分析主要是对消费者群体进行具体的用户画像分析,包括行为取向、偏好轨迹等。企业对消费者行为进行分析,主要研究消费者的需求偏好,从而为产品决策和运营模式提供具体的方向和思路。本节从消费者行为分析的内容、消费者行为分析的意义与消费者行为分析的原则等方面介绍消费者行为分析。

1. 消费者行为分析的内容

消费者行为分析的内容主要是分析影响消费者消费心理和消费行为的各种因素,以及消费者的各种消费心理和行为现象,揭示消费行为的发展和变化规律,具体内容包括以下几个方面。

(1) 分析消费者的需求与动机

心理学研究表明,人的行为出发点和原动力就是人的需求。要想了解消费者的消费行为,首先要分析消费者的需求。因为需求产生动机,动机指导行为,行为最终又影响需求。

(2) 分析消费者的购买决策过程

在日常生活中,消费者的购买决策过程主要包括问题确认、信息搜寻、方案评价、购买决策和购买后的行为五个方面。了解消费者是如何进行购买决策的,是消费者行为分析所要解决的根本问题。企业如果能够了解消费者的购买决策过程及其影响因素,就可以通过影响和控制这些因素来影响消费者的购买行为,从而达到提高产品销量的目的。

（3）分析影响消费者购买行为的个人因素、环境因素和营销因素

影响消费者购买行为的因素复杂多样，并且这些因素在不断发生变化，因此消费者行为也呈现出发展与变化的形态。

① 影响消费者决策的个人因素。兴趣、能力、态度、学习和个性等方面的不同决定了消费者不同的购买动机、购买方式和购买习惯。另外，消费者的文化水平、职业、性别、经济状况，以及自我意识与生活方式等因素，也影响他们的消费行为。研究消费者的个性心理特征及心理活动，有助于企业了解社会消费现象，预测消费趋向，为制定企业发展策略提供依据。

案例链接 2

② 影响消费者决策的环境因素。影响消费者心理和行为的环境因素也是多方面的，主要有社会因素、家庭因素、群体因素和社会时尚等。从这些角度来研究消费者行为的规律，可以更科学地解释消费者行为，为消费者行为预测提供切合实际的依据。

③ 影响消费者决策的营销因素。影响消费者决策的营销因素包括与产品有关的因素及与产品营销组合有关的因素。与产品有关的因素包括产品定位、产品命名、商标设计和产品包装等，与产品营销组合有关的因素包括促销、广告、定价和服务等。

2. 消费者行为分析的意义

消费者行为是一个认知、感情和环境等多种因素相互作用的动态过程。深入、系统地分析研究消费者的心理活动规律和行为方式，有助于企业科学地进行经营决策。

消费者行为分析的意义主要表现在以下几个方面。

（1）有助于企业根据消费者需求制定相应的市场营销策略

企业的营销策略是建立在对消费者行为分析理解的基础之上的。深入研究消费者行为，可以帮助企业管理者获得消费者行为知识，并以此为依据制定切实可行的营销策略，提高市场营销活动效果，使企业获得更好的效益。从如图 1-5 所示的几个方面可以看出，消费者行为研究决定着企业营销策略的制定。

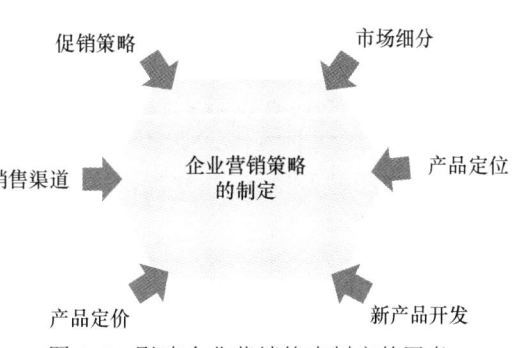

图 1-5 影响企业营销策略制定的因素

① 市场细分。市场细分是企业制定营销策略的基础，实质上就是将整体市场进行细分，找出具有相同或类似需求的消费者群体。每一个细分市场都有其独立的需求，企业要找到目标市场，根据目标市场的需求特点制定并实施相应的营销策略，使目标市场消费者的独特需求得到最大限度的满足。

② 产品定位。产品定位是企业根据市场竞争状况和自身资源条件形成并发展自身产品的差异化特征，使产品在消费者心目中获得一个优于竞争对手的位置。企业只有了解产品在目标消费者心目中的位置，了解产品或品牌是如何被消费者认知和接受的，才能进行有效的产品定位，进而制定有效的营销策略，提高企业的市场竞争力。

③ 新产品开发。新产品开发是在对消费者欲望和需求进行分析的基础上，确定消费

者所需要的特殊产品特征,并据此寻找机会,有针对性地开发新产品。对消费者行为的分析研究是检验新产品能否被接受和如何进一步完善的重要依据和途径。

④ 产品定价。产品定价是企业根据消费者行为预测产品价格变化可能对消费者造成的影响的活动。如果产品定价与消费者的承受能力脱节,或者与消费者对产品价值的感知脱节,那么再好的产品也难以打开市场,因此产品定价是以分析研究消费者行为为基础的。

⑤ 销售渠道。选择销售渠道的目的是让消费者在需要的时候能够顺利地买到产品。有效的渠道决策是建立在消费者在何处购买、如何购买的信息基础之上的,只有通过对消费者行为进行分析研究,掌握目标消费者的购买习惯和偏好,才能有针对性地选择销售渠道,最大限度地提高产品的销量。

⑥ 促销策略。促销策略的制定也是以分析消费者行为为前提的,只有在透彻了解消费者行为和心理特征之后,才能在促销方面达到更好的效果。

(2) 有助于为消费者权益保护和制定消费政策提供依据

建立在消费者行为分析基础之上的法律和政策措施能够更加有效地实现保护消费者权益的目的。对消费者权益的保护离不开对消费者行为的分析研究,消费者在购买、使用产品或接受服务时,享有人身和财产不受侵害、知悉真实情况、自主选择和公平交易等多项权利,企业相关部门可以通过制定消费政策来保护消费者的合法权益。

(3) 有助于消费者做出合理的购买决策,采取理性的消费行为

分析研究消费者行为对于消费者自身来说同样具有十分重要的意义。消费者掌握丰富的消费者行为知识,可以更准确地识别影响自身消费行为的因素,避免进入消费误区,改善消费行为;可以更准确地理解和把握商家的诱导性营销策略,做出合理的购买决策,从而采取更加理性的消费行为。

3. 消费者行为分析的原则

消费者行为分析需要遵循以下原则。

(1) 客观性原则

客观性原则是指消费者行为分析研究者在搜集资料、分析资料及得出结论的过程中,不能掺杂任何主观因素。研究者对消费者心理和行为的分析研究,必须严格按其本来面貌加以考察,客观地进行分析,不能脱离实际、主观臆断。

(2) 发展性原则

发展性原则是指研究者要在事物产生、延续、变动的连续过程中研究消费者心理现象。影响消费者行为的因素有很多,一切事物都处于不断的变化中,消费者的消费观念、消费动机、消费趋向也在不断地变化,我们要用发展的眼光来分析研究消费者的行为和心理现象,遵循发展性原则,不断探寻消费者心理与行为规律,从而为企业制定市场营销策略提供依据。

(3) 科学性原则

科学性原则是指在对消费者行为进行分析研究时,必须采用科学的方法,建立具有科学特色的体系。这主要体现在两个方面:一是在不同的范围内如何科学地选择和抽取样本,二是如何正确运用定量资料和定性资料总结和分析问题。

(4) 全面性原则

消费者在消费过程中存在各种各样的影响因素,如需求、动机、态度等都会影响其

购买决策。这些因素既相互联系,又相互制约,因此分析研究消费者行为必须坚持全面性原则,不能就一种现象谈一种现象或就一个问题谈一个问题,而应全面系统地进行分析研究。

(5)联系性原则

联系性原则是指在消费者行为分析研究的过程中要综合考虑相关因素。世界上的一切事物和现象都不是孤立存在的,都与其他事物存在着一定的联系,影响和制约消费者的消费心理与消费行为的内部因素和外部因素也是互相联系的,所以消费者行为分析研究应遵循联系性原则。

> **思政案例**
>
> 井冈蜜柚富民产业,千村万户老乡工程
>
> 2021年中央一号文件提出,要加快完善县乡村三级农村物流体系,改造提升农村寄递物流基础设施,深入推进电子商务进农村和农产品出村进城举措,推动城乡生产与消费有效对接。这一提法,将农村电商作为"生产"与"消费"之间的纽带提到了一个新的高度。中国农业科学院农业信息研究所发布《中国农产品网络零售市场暨重点单品分析报告(2020)》的显示,农产品网络零售规模持续增长,2019年全国农产品网络零售额达4168.6亿元,较2018年增长了24.8%。而这其中生鲜产品网络零售额突破千亿元,成为农产品第一大品类,零售额、零售量增长喜人。柚类作为易储存耐运输的商品,网络购买将逐渐成为消费者的主要购买途径。
>
> 井冈蜜柚产业是吉安市的六大富民产业之首和扶贫助农的首选产业。从2013年吉安市市委、市政府积极推进"井冈蜜柚富民产业,千村万户老乡工程"以来,井冈蜜柚种植面积和产量都呈逐年上升趋势。截至2020年,井冈蜜柚的种植面积达57.8万亩,年产量达10万吨。种得好还要卖得好,加强井冈蜜柚市场营销体系建设成为当务之急。为拓展井冈蜜柚营销渠道,吉安市加强井冈蜜柚市场营销体系建设,建立井冈蜜柚专卖销售窗口,积极开拓国际市场。2019年,吉安市在省内外的高速服务区设立井冈蜜柚销售窗口及营销点53个。同时,在南昌、深圳水果批发市场,以及上海农产品批发中心、广州江南批发市场等入驻90个店面开展营销推广。另外,完成了7家井冈蜜柚出口示范基地备案,使井冈蜜柚远销俄罗斯等国家。
>
> **思考**:本案例中"深入推进电子商务进农村和农产品出村进城"对消费者行为分析有何影响?
>
> **分析提示**:近年来,由于新冠肺炎疫情对线下交易带来的影响,消费者的购物习惯也产生了新的变化,线上交易的比重大幅上升,农产品网络销售迎来了新一轮的爆发期。但农产品的网络销售受到标准化程度和物流发展的制约,起步较晚,尚未形成规模效应。随着国家政策的扶持,农产品的电商化逐步发展。对于消费者行为的分析,企业也应转换思路,通过网页浏览记录获取消费者的网络踪迹,通过搜索记录获取消费者的需求和关注对象,通过社交平台、媒体平台获取消费者的兴趣、类型等个人信息,通过线上订单、支付、物流等交易记录获取消费者购买历史信息,多途径获取消费者的用户画像,较为精准地进行消费者行为分析。

1.2 消费者行为学概述

案例引入

重塑供应链体系，盒马鲜生领跑生鲜行业新零售

盒马鲜生隶属于阿里集团，采用的是"线上电商+线下门店"的经营模式。盒马鲜生可以说是一种线上线下一体的超市，它不同于一般超市的地方在于：线上追求将商品极致快速（30分钟内）且高品质地配送到消费者手中；线下注重消费者的实体体验，即作为主打生鲜的超市，生鲜产品要更新鲜、更高质、更方便。

盒马=超市+餐饮+物流+App 的复合功能体。其"一店二仓五个中心"，即一个门店，前端为消费区，后端为仓储配送区，五个中心分别是超市中心、餐饮中心、物流中心、体验中心及粉丝运营中心。盒马实行线上线下一体化运营，线下重体验，线上重交易，围绕门店3公里范围，构建起30分钟送达的冷链物流配送体系。

为了满足消费者对生鲜产品质量的需求，盒马向顶端供应链延伸，寻求质量和成本之间的平衡。盒马提出"日日鲜"计划，在果蔬肉食等产品的选择上，与供应链源头的农场、屠宰场等合作；将次日的销售计划发送给供应商，供应商根据计划进行统一采摘、包装，冷链运输到门店，再进行统一包装、定价。这种直接由供应商供货的供应模式降低了传统生鲜供应模式的运输成本，并降低了产品损耗，从而使得商品价格降到最低，没有中间商插手。盒马帮助农场制定种植标准，并对土壤、水源等提出要求，在源头制定统一的标准，这就解决了消费者对生鲜产品质量的信任问题，实现了用户、产品、场景三者之间的最优匹配。

目前，盒马的供应链体系由供应端、加工检查中心（DC）、门店、物流组成，如图1-6所示。供应端将新鲜果蔬等农产品运送到DC，DC将商品运输到门店的仓库（每个门店都是一个仓库，实现"仓店合一"），仓储基于大数据整合出每个门店消费者热衷购买的可储存商品的类目和数量，在大仓给予不断补货的情况下，门店本身具有一定的备货能力。而以门店为中心的3公里内，则是盒马线上订单辐射的范围，3公里内的消费者都可以通过盒马鲜生的App下单，同样可以体验盒马的产品与服务。根据供应链的运行特征和功能特征可以确定，盒马鲜生的供应链体系属于响应型供应链。为了保证3公里内30分钟快速送到用户手中的是新鲜的产品，盒马采取和供应商达成一日多次供货的策略，主打"日日鲜"品牌，要让消费者随时都能买到新鲜的蔬果，而不是剩菜次品。这就需要通过大数据进行分析，结合当地的人口消费行为习惯和消费数据对订单进行合理预测、合理订购，避免库存积压。一天多次供货彻底改变了人们以往认为下午的菜没有上午的新鲜的思维定式，并且这种模式与盒马的前店后仓的特点相契合。

盒马鲜生供应链进行了很大的变革与创新。它以消费者为中心来分布物流资源，大大缩短了供应链环节；用数字化来驱动优化供应链，促进了供应链采购、分拣、加工、包装、配送等各个环节的自动化、智能化，降低了运营成本，提高了供应链运营效率。

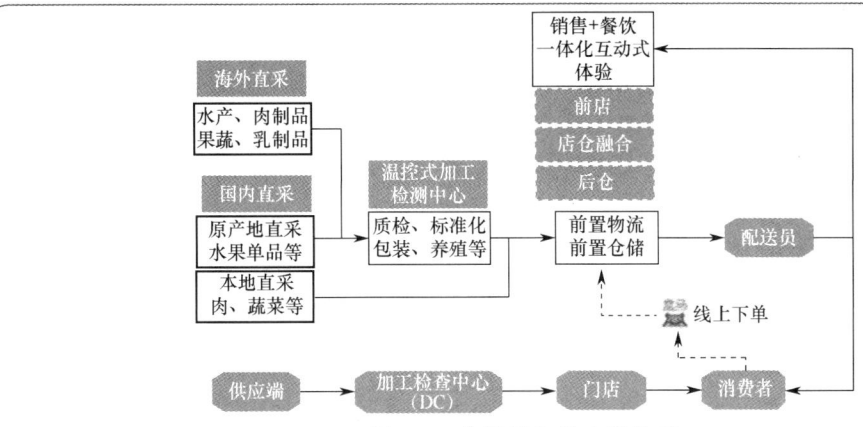

图 1-6 盒马鲜生供应链体系

思考：请简要分析盒马鲜生制定供应链体系与消费者行为分析之间的关系。

分析提示：盒马鲜生供应链通过大数据，结合当地人的消费行为习惯与消费数据进行消费者行为分析之后，以消费者为中心来分布物流资源，大大缩短了供应链环节；用数字化来驱动优化供应链，促进了供应链采购、分拣、加工、包装、配送等各个环节的自动化、智能化，降低了运营成本，提高了供应链运营效率。为了满足消费者对生鲜产品质量的需求，盒马向顶端供应链延伸，寻求质量和成本之间的平衡，让消费者随时都能买到新鲜的蔬果，而不是剩菜次品。

1.2.1 消费者行为学的形成与发展

关于消费者行为的专门研究，最早产生于 19 世纪末 20 世纪初的美国。它是在产品经济充分发展、市场问题日趋尖锐、竞争日益加剧的过程中形成和发展起来的，大体上可以分为以下三个时期。

> **学而思，思而学**
> 列举你所了解的消费者行为学的研究内容。

1. 消费者行为学萌芽时期

从 19 世纪末到 20 世纪 30 年代，关于消费心理与行为的理论开始出现，并得到了初步发展。在这一阶段，消费者行为学研究的对象比较狭窄，研究方法也是从经济学或心理学中简单移植而来的。因此，当时的研究结论与现实中的消费者行为相距甚远，并没有被应用于市场营销实践中，也未引起社会的广泛重视。

2. 消费者行为学应用时期

这一阶段开始于 20 世纪 30 年代的经济大危机。为了促进销售、降低产品积压，企业纷纷加强广告、促销方面的力度，并且对消费者行为研究成果表现出越来越浓厚的兴趣。关于消费心理研究的不断发展，为第二次世界大战以后消费者行为研究的发展奠定了基础。从 20 世纪 50 年代开始，心理学在各个领域的应用取得了重大成果，这引起了不同学科专家、学者和实际工作者的强烈反响和广泛关注，更多的心理学家、经济学家、社会学家都转入这一领域进行研究，并相继提出了许多理论，如美国著名心理学家马斯洛提出的"需要层次理论"。

3. 消费者行为学创新时期

从 20 世纪 70 年代至今，消费心理学的发展进入变革创新时期。在这一时期，有关消费者行为的研究论文、调查报告、专著等不仅在数量上急剧增加，而且质量也越来越高。许多新型的现代学科，如计算机科学、经济数学、行为学、社会学等也被广泛运用于消费者行为研究中。比较著名的是，恩格尔等人考虑了影响购买决策的内部、外部各种因素，在 20 世纪 70 年代提出了一个完整的消费者决策模式。

1.2.2　消费者行为学的研究内容

消费者行为学的研究内容包括个体消费者内在因素、外部因素、购买决策、购买行为及相互反应。关于消费者行为学的研究内容，代表性的表述如下。

霍金斯认为，消费者行为学主要研究个体、群体和组织为满足其需要而如何选择、获取、使用、处置产品或服务、体验、想法，以及由此对消费者和社会产生的影响。Frank R.Kardes 指出，消费者行为学研究的是人们对产品、服务及其营销活动的反应。消费者反应及其构成如图 1-7 所示。

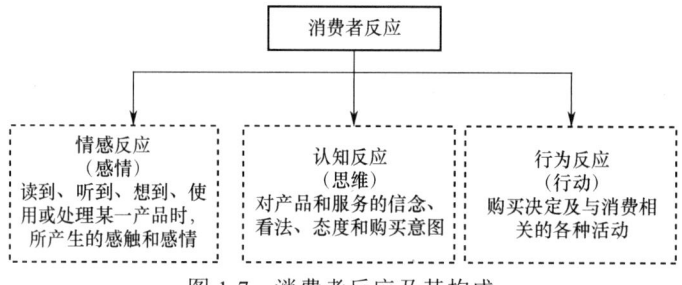

图 1-7　消费者反应及其构成

案例链接 3

消费者反应包括情感反应、认知反应和行为反应。情感反应表现为消费者读到、听到、想到、使用或处理某一产品时所产生的感触和感情；认知反应则是消费者内心对产品和服务的信念、看法、态度和购买意图；行动反应指的是消费者的购买决定及与消费相关的各种活动。这三种反应共同决定了最终的消费行为。

消费者行为学研究的内容主要是消费者及其行为反应，目标是深化对消费过程的认识和理解，帮助企业做好营销战略与策略。为此，消费者行为研究被拓展到消费者购买前、购买中和购买后的所有活动，如心理、对营销刺激的反应、影响域、影响力度、消费决策制定、产品评价及购买后处置等。

消费者行为学研究的内容能够更好地为企业营销决策服务，使真正了解自身市场的营销管理者能够开发出更好的产品、服务，能够更加有效地向消费者推销其产品、服务，并能设计出行之有效的营销方案，为企业的产品、服务培育持续的市场竞争优势。

1.2.3　消费者行为学的体系结构

消费者行为的实现，自身需要是原动力，外部刺激起到催化剂作用。从营销角度研究消费者行为，主要是掌握消费者如何认知企业与商品，消费者个性、动机、态度对购买决策和购买行为的作用机制，消费者所处的社会、文化、家庭、群体怎样影响其行为及影响力度有多大，消费者自身如何认识和平衡这种影响，消费者在自身内在需求与外部刺激的共同作用下怎样做出购买决策，消费者使用产品或服务获得怎样的体验，这些体验对消费者以前的信念与态度起到强化还是弱化作用，同时消费者把购买后的满意状态和对产品或服务的处置结果反馈给社会、企业和个人，由此新一轮的消费行为又开始了，消费活动周而复始地循环。消费者行为的上述运行机制，正是消费者行为学的体系结构，如图1-8所示。

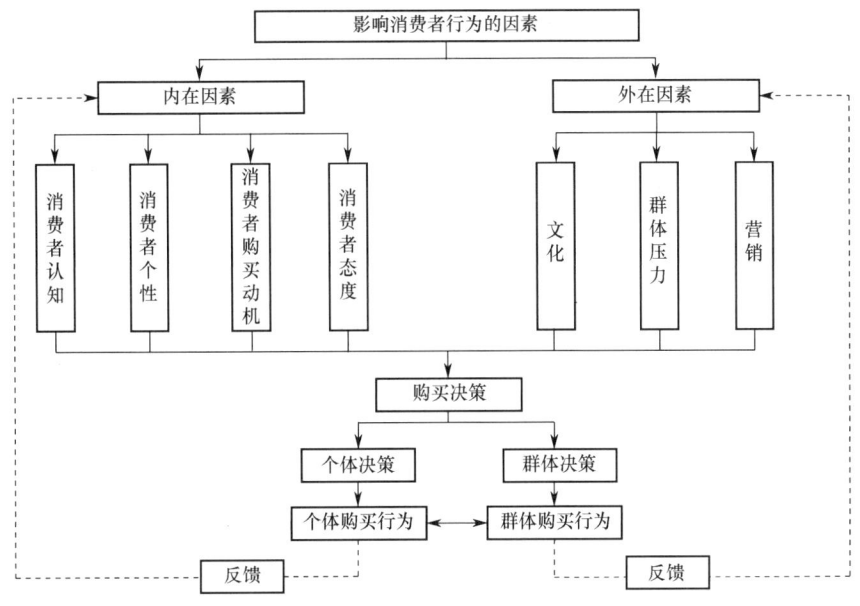

图1-8　消费者行为学的体系结构

视野拓展

微信App的用户需求分析

2011年1月，腾讯公司推出了微信。它是一款具有社交、通信等多功能的移动应用软件。随后几年，微信经历了多个版本的改进，接入了许多与网购支付（理财通、转账、微店）、生活消费（团购、滴滴打车）和新闻资讯（腾讯新闻、订阅号）等App相似的功能，成了名副其实的人们生活方式的聚集口。根据《2018微信年度数据报告》可知，截至2018年Q3季度，微信用户月活跃账户数达到10.82亿个。

极光大数据（JG.US）发布的《2019年社交网络行业研究报告》显示，微信用户男女比例较为平衡，超过5成用户表示对微信比较依赖或非常依赖。在微信使用方面，与男性用户相比，女性用户更爱用表情包和语音功能、兴趣集中度更高、更为重视社区论坛、对社交电商接受程度更高。可见，微信对女性生活的介入程度在不断提高，女性在出行、社交、支付、消费等方面的行为习惯不断改变。站在女性消费者理性分析的角度，当女性消费者认为微信信息能实际满足其购物需求时，即感知微信有用时，她们才会认可微信上发布的商品价值，并愿意在微信App上进行消费。

1.2.4 消费者行为学的理论基础

作为一门应用性很强的新兴边缘学科,消费者行为学在形成和发展过程中不断吸收、消化和发展其他相关学科的研究成果,做到了博采众长、兼容并蓄但又不断创新,不仅丰富和扩展了其他相关学科的理论知识,而且形成了自己独特的学科体系。消费者行为是一个复杂的过程,对它的研究涉及多门学科,如心理学、社会学、人类学等相关学科为消费者行为学的形成与发展提供了必要的理论基础。

> **学而思,思而学**
>
> 你认为消费者行为学与哪些学科有关系?请用自己的语言概括它们之间的关联。

1. 心理学

心理学是研究个体心理活动和行为规律的科学。心理学关于人类认知活动心理过程的研究成果,为研究消费者的信息加工过程提供了必要的理论依据,有助于研究人员了解并解释许多消费者学习行为和品牌偏好现象,如广告如何才能吸引消费者的注意、营销信息如何被消费者理解并记忆、消费者的品牌忠诚如何形成等。而消费者行为学对消费者信息加工过程的研究也加深了人们对人类认知活动的理解,扩展了心理学关于人类认知规律的应用范围。

2. 社会学

社会学是研究社会现象、社会问题及社会发展规律的科学。社会学在社会组织、社会结构、社会功能、社会变迁和社会群体等重要问题上的研究成果,对研究人员了解和分析社会环境中的消费者心理和行为具有极其重要的理论意义和实践价值。消费者总是生活在特定的社会环境中,社会政治制度的变迁、社会文化与亚文化的习俗及其影响、社会阶层之间的消费模式差异、社会群体规范的制约作用和社会角色的扮演要求等社会现象与社会问题对消费者心理和行为都具有深刻的影响。

3. 人类学

人类学是从历史的角度研究人类及其文化的科学,而消费者的心理与行为不可避免地受到特定的历史传统和文化习俗的影响。人类学跨文化比较的研究方法,对于考察和分析不同文化背景的消费者心理和行为具有重要的应用价值,为跨文化消费者行为研究提供了有效的分析方法和研究手段。人类学对民俗、宗教、传说等文化传统和民间习俗的研究更是为研究和探索消费者特定心理与行为的文化渊源提供重要的依据。

1.2.5 消费者行为学的研究方法

消费者行为学以行为科学研究的一般方法作为基础,吸纳、借鉴、创新和发展心理学、社会学、人类学和经济学等多门相关学科的研究方法,形成了自己的研究方法体系。消费者行为学研究的基本方法有询问法、观察法、实验法和投射法等几种。询问法、观察法和实验法常用于对消费者行为的定量分析,而投射法多用于消费者行为的定性分析。就研究目的而言，投射法通常用于探索性研究，询问法和观察法更多地用于描述性研究，而实验法主要适用于因果性研究。但为了同样的研究目的，多种研究方法也经常并用。

1. 询问法

询问法又称访谈法，是指研究人员采用询问的方法，直接或间接地了解消费者心理状态和行为趋向的一种研究方法。询问法是消费者心理和行为研究中最常用的基本方法，它的最大特点在于促进研究人员和消费者之间的人际沟通。

视野拓展

询问法的分类

根据询问方式的不同，询问法可分为直接询问和间接询问两种。直接询问是指研究人员和消费者面对面地进行交谈，间接询问则指研究人员借助书面问卷或电子邮件等工具对消费者进行的询问。根据询问内容的不同，询问法可分为结构性询问和非结构性询问两种。结构性询问是由研究人员依据事先确定的询问项目和询问次序，要求消费者按照顺序依次作答；非结构性询问则是研究人员仅凭粗略的访谈纲要与消费者进行自由交谈。根据与消费者接触方式的不同，询问法可分为当面访谈、电话访谈和邮寄问卷三种。

2. 观察法

观察法是指研究人员通过对消费者外显行为的直接观察与记录来分析消费者心理活动，揭示消费者行为规律的一种研究方法。观察法不是直接向消费者询问，而是利用研究人员的感觉器官或者借助先进的技术、设备，记录与考察消费者的行为或活动，因而消费者往往并未感到在受调查。

3. 实验法

实验法是指研究人员在人为控制或预先设定的条件下，有目的地通过刺激而引发消费者的某种反应并加以分析和研究的一种方法。运用实验法研究消费者行为，可以按照预定的研究目标来设计整个实验过程，控制实验环境及相关变量，分析和探索变量之间的因果关系，揭示消费者心理活动和行为规律，因而也是因果性研究的常用方法之一。根据实验场所的不同，实验法可分为实验室实验和现场实验两种。

4. 投射法

投射法是利用无意识的刺激反应而探询个体内心深层心理活动的一种研究方法。投射法不是直接向消费者明确提出问题以求回答，而是给消费者一些意义并不确定的刺激，通过消费者的想象或解释，使其内心的愿望、动机、态度或情感等深层次的东西在不知不觉中投射出来。因为消费者通常不愿承认或者并未意识到自己的某些愿望或动机，却乐于分析或探索他人的心理活动，他们在探索或推断他人的想法、动机或态度时，往往会不知不觉地暴露或表明自己的心理活动。常用的投射法有语言联想法、造句测验法、主题感知测验法和角色扮演法等几种。

思政案例

大数据解析政府工作报告：如何把握更加可持续的消费升级带来的机遇

2018年的政府工作报告中，供给侧结构性改革、乡村振兴、创业创新、新经济等关键词被一再提出，同时指出过去五年居民收入年均增长7.4%，超过经济增长，形成了世界上人口最多的中等收入群体，在2018年要"增强消费对经济发展的基础性作用，推进消费升级，发展消费新业态新模式"。而随着经济工作更加注重平衡，使经济发展成果惠及更多中低收入群体；降低个人所得税负，城乡居民的消费升级过程将变得更加可持续。

根据2018的政府工作报告，在过去的一年，国民经济保持稳步增长，国内生产总值达到82.7万亿元，居民消费价格年均上涨1.9%，保持较低水平，说明物价上涨水平保持在了合理的范围之内，未来消费增长的空间很大。此外，推动传统消费提档升级、新兴消费快速兴起，使得网上零售额年均增长30%以上，社会消费品零售总额年均增长11.3%。可以看出，随着网络技术的不断发展，线上与线下消费均获得增长，这与国民生活消费理念与习惯的进化不无关系。

思考： 请结合案例并查阅相关资料，谈一谈"消费升级"中蕴藏着哪些新机遇。

分析提示： 2018年消费升级将动能不减，如何多方位迎合年轻人的消费需求是立于消费升级浪尖的关键。从满足生活基本需求到追求全面精致化，消费者日益呈现出多元细分的消费诉求：既追求健康，热爱马拉松等专业化运动；又崇尚个性消费，偏爱定制商品和特色小品牌。同时，年轻消费群体能够理性看待消费需求，不盲目追求进口或大牌，愿意接受二手产品买卖。因此，企业应当全面分析年轻群体的消费需求，把握消费者诉求，利用消费升级动能。

本章小结

国际标准化组织（ISO）认为，消费者是以个人消费为目的而购买使用商品和服务的个体社会成员。消费者是商品和服务的最终使用者，购买的最终目的是满足消费者或其家庭的生活需要。美国市场营销协会（AMA）把消费者行为定义为感知、认知、行为及环境因素的动态互动过程，认为它是人类履行生活中交易职能的行为基础。消费者行为学研究的内容主要是消费者及其行为反应，目标是深化对消费过程的认识和理解，帮助企业做好营销战略与策略。为此，消费者行为分析应包括消费者购买前、购买中和购买后的所有活动，如消费心理、对营销刺激的反应、影响域、影响力度、消费决策制定、产品评价及购买后处置等。

随着互联网技术的发展，消费者在互联网+背景下的贸易活动中居于核心地位。尤其是大数据和云计算技术的应用，使消费者数据的获取和分析方式也发生了巨大变化。企业可以通过网页浏览记录获取消费者的网络踪迹，通过搜索记录获取消费者的需求和关注对象，通过社交平台、媒体平台获取消费者的兴趣、类型等个人信息，通过线上订单、支付、物流等交易记录获取消费者购买历史信息等方式，获取消费者的用户画像，较为精准地进行消费者行为分析。

课后练习

第2章
消费者的购买决策

学习目标

- 掌握消费者购买决策的内容和类型
- 理解消费者购买决策的过程
- 分析影响消费者购买决策的因素

2.1 消费者购买决策的内容和类型

案例引入

玩具还是儿童的专属吗?

随着时代的发展,玩具早已不再是儿童的专属,多样化的生活方式让年轻人也成为玩具的主要消费群体。同时,由于多样化的消费需求,年轻人喜欢的玩具产品类型也十分丰富。其中,潮流玩具可谓是专门为年轻人量身打造的一种消费品。对于"90后"和"00后"消费者而言,潮流玩具没有固定的形态,可以是一个搪胶娃娃,也可以是一个漫画英雄雕像,还可以是一个造型别致的玩偶。在他们眼中,这些玩具并不只是一个简单的玩物,而是自身情感的寄托和展现个性的载体。

与传统玩具不同的是,潮流玩具更注重外观设计,其实际功能被弱化,设计师或艺术家只需呈现心中所勾勒的艺术形象即可。潮流玩具的这种设计理念完美地契合了年轻消费群体"我喜欢就买"的消费理念,所以才能在市场上大受欢迎。十年前,潮流玩具还很小众,而现在已经产生了生命力强大的潮流文化,渗透到我们所熟悉的艺术、品牌乃至娱乐等领域。潮流玩具融合了设计者的创意和想象,其设计感、艺术性和时尚感使消费者将其作为心头好,他们喜欢带着自己喜爱的潮流玩具去旅行、工作,而这也是时下年轻人的一种新流行风尚。

思考:消费者在进行购买决策时考虑的内容有哪些?

分析提示:本案例介绍了当下社会上普遍存在的消费现象——年轻人也开始买玩具了,玩具不再是儿童的专属。案例显示,新一代消费者在进行购买决策时,除考虑传统消费者会考虑的诸如功能、作用等要素外,还会更多地考虑自我心理感受和精神享受。

2.1.1 消费者购买决策的内容

消费者购买决策指消费者计划购买行为时想到问题的存在，寻求最佳解决方案，对多种购买方案进行评价和抉择，并对最终的选择结果展开评价的过程。讨论消费者购买决策本质上是在讨论引发消费者购买行为的关键点。

消费者购买决策的内容可以归纳为六个方面：谁来购买（Who）、购买什么（What）、为何购买（Why）、何时购买（When）、何处购买（Where）和如何购买（How）。我们将其简称为"6W"。

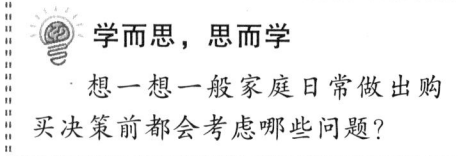

学而思，思而学

想一想一般家庭日常做出购买决策前都会考虑哪些问题？

1. 谁来购买

某一购买决策中想要知道谁来购买，本质上就是确定整个购买决策的参与者都有哪些人。实际上，同一购买决策可能有不同人的参与，不同的购买决策也可能有不同的人交叉参与。就算有些购买决策的整个过程只有一个人参与，这个人在购买决策实施过程的不同时间阶段担任的角色也是不同的。一般来说，在消费过程中消费者所扮演的角色基本上划分为五种类型：提议者、影响者、决策者、购买者和使用者（见图2-1）。①提议者，指最先提出或有意购买某一产品或服务的消费者。②影响者，指其建议和想法对最终决策有一定指导作用的消费者。③决策者，指在购买过程中决定是否购买、为什么购买、怎么购买、在哪里购买的消费者。④购买者，指最终实际实施购买行为的消费者。⑤使用者，指在实际生活中具体消费或使用产品和服务的消费者。销售产品或服务的企业本质上应该了解每个人在整个购买决策中具体扮演的角色，找到提议者与决策者，做好相关的产品或服务广告宣传，引导和激发提议者的购买动机，督促决策者下定购买决心以促使企业产品扩大销售。

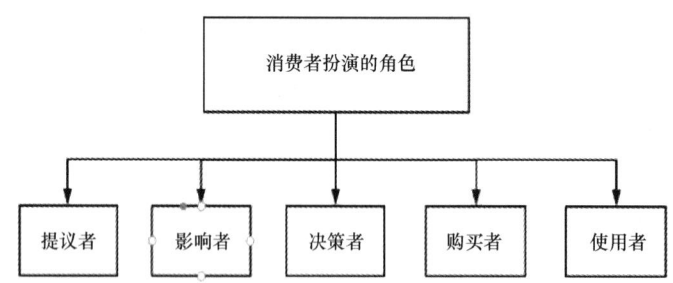

图2-1 消费者扮演角色的五种类型

2. 购买什么

知道购买什么，意味着要确定购买的实物或服务是什么，即购买的目标和对象。决定购买什么时，消费者一般有以下选择流程。第一步，要决定具体选择哪一类别的产品。举个例子，为了缓解个人的口渴情况，是买饮料还是买矿泉水，或者买冰激凌？在确定了具体买什么类别的产品之后，第二步要决定买什么品牌的产品，如果最终决定买矿泉水解渴的话，那么应该选择农夫山泉牌矿泉水，还是娃哈哈牌的矿泉水呢？值得一提的是，一般理性的消费者在决定购买什么的时候，基本上最关注的是要购买的产品能够带来什么样的实用价值和具体利益，而并不关注产品本身。例如，消费者最终决定购买农夫山泉牌矿泉水，并不是为了得到这瓶矿泉水本身，而是为了及时解决自己口渴的现状，满足自身对水的生理需求，从而使自己感觉到身心愉悦。但不得不提的是，矿泉水这个产品本身的外在包装造型、握在手里的舒适感、饮用口感及广告代言等各个方面如果很突出，能给消费者带来整体舒适感，也会使消费者选择这款产品的概率大大增加。所以，一般产品生产和销售企业在进行设计和市场营销时，要积极收集信息，努力发现消费者购买产品追求的重点，如实用价值和具体利益，这样有利于产品在最大程度上满足广大消费者的所需所求。与此同时，企业更要在产品外在的形式上花费功夫，尽可能从品牌影响力、产品款式、产品规格、产品配色、产品价位和产品适用场所等各个方面努力，加强产品本身的市场影响力，最终吸引广大消费者。

3. 为何购买

为什么购买，本质上要确定的是购买行为背后的主要动机。动机是心理学中的一个概念，指以一定方式引起并维持人的行为的内部唤醒状态，主要表现为追求某种目标的主观愿望或意向，是人们为追求某种预期目的的自觉意识。动机是由需要产生的，当需要达到一定的强度，并且存在满足需要的对象时，需要才能够转化为动机。个体的需要多种多样，所以动机也是千奇百怪的。就算是同一购买行为，本质上其动机也是各种各样的。消费者的购买也分不同的种类。第一种是冲动性购买，这源于突然的、强烈的冲动，在此之前并没有明确的动机，是一种购买产品或服务的非计划决定，临时发生于购买行为之前。有这种行为倾向的人被称为冲动购买者。研究发现，情绪和感觉是冲动购买的决定性原因，消费者在看到商品或精心制作的促销信息后激发这种冲动。第二种是计划性购买，这一般是经过深思熟虑的，是消费者在内在需求的驱动下有意识、有计划地做出的，购买决策经过了大量的信息搜集和对各个备选品牌的深入比较，是消费者通过对商品的广泛搜索和仔细评估后所做的理性、准确和谨慎的购买行为。关于消费者的购买动机问题，我们将在后面的章节中进行详细介绍。

> **案例链接**
>
> **简单又复杂的购买动机**
>
> 讨论为何购买这种问题，既简单又复杂。我们一般认为某人购买某物只是为了获得这个商品及其使用价值，这一层次的理解过于简单。深入探究和思考关于"为何购买"的问题就会发现，消费者购物的原因远远没有那么单一。根据我们的经验可知，对于某个人来说，购买某物除了实用价值的动机，还有很多其他动机。例如，购买物品或服务，能够炫耀，满足心理需求；能够让生活丰富，适当减轻孤独感；能够使心情变好，获得暂时快乐。还有一种单纯为了购买而购买的行为，消费者可能还没有弄清楚动机就已经行动了。
>
>

4. 何时购买

关于购买的时间，其实没那么简单。产品性质不同、用途不同，则消费者购买的时间不同。例如，有些消耗类的产品需要每天都买，像水果、蔬菜等。有些产品可能需要不定期间歇性购买，像牛奶、洗发水、纸巾等。甚至还有些产品基本上一个人一生只买一次，像婚纱、钻戒或不动产等。具体产品购买时间的差异性较大，一方面与消费者个人何时产生需求有关，另一方面也与消费者的自身生活条件、习惯、爱好、产品的性价比等有关。

企业在营销活动中要尽可能地搜集信息和数据，了解消费者在购买时间方面的特点和规律，以便适时满足消费者的需求。例如，中国人非常重视一年一次的农历春节，一般在春节前一个月就开始准备年货，进行大量的购买行为，食品、服装、年画、对联、鞭炮等产品的需求量较大、较集中。再如，中国自"双十一"概念落地以来，到每年的"双十一"前后，各大店铺的产品销量就会暴涨。

5. 何处购买

在哪里购买，就是要确定购买的地点，再详细一点就是要确定最终选择购买的商店或商场。一般来讲，消费者在选择购物的商场或商店时，主要受以下几个因素的影响。

① 自身特性。消费者个人日常的生活习惯、爱好和工作性质等都会影响其选择购物地点。例如，某人喜欢简捷方便，在选择购物地点时始终坚持就近原则，一般就会步行去离小区最近的菜市场买菜或者在小区内部超市购买生活必需品。

② 商店本身的形象。商店形象受多种因素影响，如商店所处地段、商店硬件装潢风格、商品摆放是否规律整齐且易找，以及销售人员的态度、着装与专业知识等。一般生意较好、顾客较多的商店都具有良好的门面、亮丽整齐的环境、吸引年轻人的风格、地段较好、人流量较多等特点，正是这些特点吸引了大量消费者前来购物。

③ 消费者自身的购物观。对一部分人来说，在他们的世界里，购物是一个枯燥无味的过程，是为了满足生活实质性的需要而不得不去实施的一种行为，其过程没有任何乐趣可言，这样他们往往会就近、尽快地完成购买行为，而不会花很多精力去考虑购买地点。而对另一部分人来说，购物本身就是一种享受生活的方式，是充满乐趣的过程，与家人或朋友一起逛商场会给他们带来很大的愉悦感和满足感，因此他们经常会对几个商场进行实地评估，货比三家，花费很多精力才最终确定购买地点。

6. 如何购买

怎样购买，或者说用什么样的方式购买也很重要，这涉及很多具体的情况。例如，选择去商店线下购买还是直接拿起电子产品在线上购买，具体支付的时候是选择现金支付、支付宝或者微信支付还是刷卡支付，是选择一次性结算还是选择分期支付，购买时是自己亲自去买还是让朋友或保姆代为购买。本质上，消费者在确定购买方式的过程中，无形中就会对企业的产品设计、价格政策、渠道选择和促销策略产生或多或少的影响，所以企业最好通过广泛的市场调研，认真研究消费者在选择购买方式时考量的主要因素，以使产品最大化地吸引消费者。近年来，随着互联网和大数据的迅速发展，以线上购买为代表的多种新兴购物方式悄然崛起，发展势头异常迅猛，这给一些企业带来机遇的同时也带来了挑战。

> 视野拓展

苹果推出线上购买、线下取货服务

苹果在官网推出了线上购买、线下取货的下单模式。在国内，这种购物方式其实不算新鲜。依托于国内发达的电商行业，国内很多商家早已推出了线上购买、线下取货的模式，这为消费者的购物方式提供了一种新的选择。

2.1.2 消费者购买决策的类型

消费者购买决策的类型复杂多样，按照不同的分类依据，会产生不同的分类结果。按照消费者处理问题的熟练程度不同划分，消费者购买决策可以分为常规型和非常规型两种。按照购买决策过程的复杂程度划分，消费者购买决策可以分为扩展型、有限型和名义型三种。按照消费者购买行为的特征划分，消费者购买决策可以分为复杂型、寻求变化型、减少失调型和习惯型四种。

1. 按照消费者处理问题的熟练程度进行划分

（1）常规型决策

常规型决策指消费者对生活中日常购买行为的一系列决策。一般来说，消费者经常购买的面、米、油、盐、肉、禽、蛋、奶等，其购买决策就属于常规型决策。常规型决策对于消费者来说比较简单，不需要深思熟虑，做出这个决策的时间和精力花费较少，而且对于某一日常购买产品的决策结果通常变化不大，如某消费者经常购买同一品牌的洗发水。所以，常规型决策一般具有简单、重复和低风险等特点。

（2）非常规型决策

非常规型决策指消费者对不经常购买、只购买一次或者首次购买的产品进行的购买决策。生活中，这种购买行为很多，如消费者购买住房、汽车或结婚戒指等这类产品时的购买决策就属于非常规型决策。由于这种决策不常发生，一般消费者自身没有经验，最多的是借鉴他人经验，所以一般这种决策耗费精力较多、时间较长，决策结果通常具有一定的风险性。

2. 按照购买决策过程的复杂程度进行划分

购买决策过程的复杂程度受很多因素的影响，一般来讲，消费者对某次购买行为或购买产品的重视和关心程度直接决定着购买决策的复杂与否。在购买不同产品时，消费者的重视和关心程度是不一样的，如买一双球鞋和买一套房子相比，消费者更加重视和关心买房子，自然购买房子时的决策更加复杂。在购买同一种产品时，因为不同情况下的购买需要不一样，购买决策的复杂程度也不一样。例如，同样是买一组茶具，第一次买是为了自家使用，第二次买是为了送给朋友当乔迁礼物，这时消费者可能会更加重视和关心第二次的购买行为，自然第二次购买决策会复杂一些。所以，我们不得不提到一个概念——购买介入程度。购买介入程度指的是消费者由某一特定购买需要而产生的对购买

 学而思，思而学

想一想你在购买哪类商品时对购买决策过程关心或感兴趣的程度要大一些，而哪类商品随意即可。

决策过程关心或感兴趣的程度。一般来说，随着消费者购买介入程度的变化，其决策过程的复杂性也会随之变化。根据购买决策过程的复杂程度，我们可以将决策类型划分为名义型决策、有限型决策和扩展型决策。

（1）名义型决策

名义型决策指一个问题被认知后，经内部搜索（长期记忆），在你的头脑中浮现出一个偏爱的品牌，于是你就选择和购买了这个品牌。这是一种习惯性行为，很少或没有仔细思考。只有当被购买的品牌没有产生预期的功能时，购后评价才会产生。名义型决策往往发生在购买介入程度很低的情况下，有时候根本不考虑选择其他品牌的可能性。例如，如果看到家里的蓝月亮洗衣液用完了，你就会提醒自己下次到超市的时候购买几瓶，本质上根本没有去想要用别的牌子替代。于是到了超市，你会到货架上直接寻找蓝月亮洗衣液，对其他品牌的价格和功能特点丝毫不予考虑。

 思政小课堂

在中国特色社会主义新时代下，我们已经在2020年全面建成小康社会，这是全国各族人民共同创造的美好生活。随着我国工商业的迅速发展和工艺的提升，许多国货品质优异，价格亲民。作为消费者的我们应当培养正确的消费观，支持国货，支持国牌。

名义型决策通常可以再分为两种：品牌忠诚型购买决策和习惯型购买决策。品牌忠诚型购买决策很好理解，一般来说，消费者因为长期使用某个品牌的产品，对其产生了认可、忠诚和信赖，自然而然地就会成为这个品牌的忠诚顾客。例如，你经常使用华为手机，长期的使用让你感觉到了华为品牌出众的质量，那么你在选择购买第二部甚至第三部手机时，甚至在选择购买电脑时，丝毫不会考虑其他品牌，而是自然地因为品牌信任而选择华为。这时说明你对产品的介入程度高，而对购买的介入程度低。这属于品牌忠诚型购买决策。习惯型购买决策是指消费者认为同一类产品的不同品牌之间没有太大的差异，因此在购买了某一品牌的产品并感到使用满意后，下次就会重复购买，逐渐成为该品牌的重复购买者。但是，与品牌忠诚型购买决策不同的是，当消费者再次购买这类产品时，如果正好遇到其他品牌在搞促销活动或者有其他消费者推荐更多品牌的话，他有可能会不经过多的思考就转换品牌。这属于习惯型购买决策。

（2）有限型决策

有限型决策指在一定的产品领域或品牌领域，消费者对一部分产品或品牌有了一个大致的了解，基本上知道这些产品或品牌的价位、使用效果或口碑，也就是说，对这些产品和品牌的选择建立起了一些基本的评价标准，但还没有绝对的偏好表明他一定会购买某一产品或品牌的东西，所以在每次做出购买决策的时候，还需要简单对比和搜集相关信息，目的是在这些有限的产品或品牌之间有一个利弊权衡，最终做出最有利于自己的购买决定。有限型决策一般包括一些信息搜集步骤，但备选方案不多，所以决策规则很简单，通常购买后的评价也不多，属于一种处于名义型决策和扩展型决策之间的决策类型。例如，某消费者喜欢购买中等价位的华为手机，所以他需要换新手机的时候就会去华为实体店或者线上官网比较各种型号的华为手机价格，最终会购买价格相对居中、性价比不错的那款华为手机。

有时候，消费者因为自身情感或者具体需要发生改变时也会导致有限型决策。例如，某消费者打算购买一款新的华为手机，原因不是他对目前已经拥有的华为手机不满意，而是这款手机用了好久已经没有新鲜感了,是他自己产生了喜新厌旧的情绪。这种情况下,在制定购买决策时,消费者一般就会比较关注华为手机的新机,也就是关注手机型号的新颖程度,从而做出决策,而不考虑其他方面的因素。

(3)扩展型决策

扩展型决策一般会发生在消费者购买不熟悉、昂贵、稀少或购买次数较少的产品或服务时,属于一种比较复杂的消费者购买决策方式。因为比较复杂,所以选择这种决策方式时通常会进行大量的信息搜集,而且要在大量的备选方案中进行较长时间的评价。根据经验,在这种决策下购买某物之后,消费者经常会反复评价,对自己当初的购买决策正确与否、合理与否、性价比合适与否都会产生质疑,也会继续对购买决策进行丰富和长期的评价。一般情况下,这种决策往往发生在购买介入程度很高的情况下。例如,消费者在购买住宅、交通工具时的决策一般就是扩展型决策。做这种决策时,消费者往往都会斟酌很久,评价很久,综合考虑许多因素后才会做出最终购买决策。

综上,我们可以进一步总结归纳,通过五个要素来描述以上三种不同的决策类型:消费者介入程度、决策所需时间长短、产品或服务成本、信息搜集程度、替代方案数量。三种决策类型的不同之处如表2-1所示。

表2-1 三种决策类型的不同之处

决策类型要素	名义型决策	有限型决策	扩展型决策
消费者介入程度	低	适中	高
决策所需时间长短	很短	适中	很长
产品或服务成本	常购买、成本低	适中	不常购买、贵
信息搜集程度	信息搜集少	适中	信息搜集多
替代方案数量	有限	适中	较多

3. 按照消费者购买行为的特征进行划分

有些学者依据购买的介入程度和竞争品牌之间的差异程度的高低,将消费者的购买决策分为四种类型:复杂型、寻求变化型、减少失调型和习惯型,如表2-2所示。

表2-2 消费者四种购买决策类型

		介入程度	
		高度介入	低度介入
品牌差异	品牌差异大	复杂型决策	寻求变化型决策
	品牌差异小	减少失调型决策	习惯型决策

(1)复杂型决策

根据表2-2所示,复杂型决策取决于消费者对产品的高度介入,同时竞争的品牌之间差异比较大。消费者采取这类购买决策,往往发生在特殊情况下,如购买价格昂贵的产品、购买不常买的产品、购买风险大的产品及非常瞩目的产品时。在这种情况下,消费者一般对所要购买的产品的基本情况了解甚少,在做出购买决策时需要多方面搜集信息,多方面学

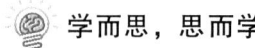

学而思,思而学

想一想你在日常购买行为中做出复杂型决策时的大致步骤。

习。在现实生活中，一般购买房子、汽车及出国旅游套餐的决策属于复杂型购买决策。一般来说，消费者做出复杂型决策有三个步骤：第一，消费者对某产品感兴趣；第二，经过比较了解后对产品形成一定的倾向性态度；第三，最终做出慎重的购买选择。

基于这类购买决策，相关企业应该做好基础工作，及时调查了解消费者做出购买决策前获取购买信息和购买情报的渠道，并且及早通过广告、公关等有效手段，及时、准确地向这类消费者传递产品的有关信息，积极主动地帮助消费者了解、熟悉本企业产品的价值、性能、特点和功能等。当然，要鼓励销售人员与其合作，尽最大可能向消费者告知本企业产品相关信息和购买渠道，获得消费者支持，最终影响消费者做出期望的购买决策。

（2）寻求变化型决策

根据表 2-2 所示，寻求变化型决策取决于消费者对产品的低度介入，同时竞争的品牌之间差异比较大。做出这种购买决策的过程一般是，消费者先货比三家，对不同品牌的产品进行一番比较，再决定选择哪个产品，同时快速实施购买行为。一般来说，寻求变化型决策下所购买的产品，消费者对它的忠诚度不高，很容易产生购买新品牌的意愿和冲动。所以，市场上这类产品的品牌比较丰富多样，存活率也较高，出现新品牌的概率很大。例如，消费者购买雪糕时，每次可能会购买不同的品牌，愿意多多尝试不同口味，满足一定的新鲜感和探索欲。

本质上，寻求变化型决策常常是商家不愿让消费者选取的，所以为了阻止消费者轻易更换品牌，商家会通过各种方式鼓励和吸引消费者继续购买同一品牌的东西。例如，超市会通过摆满货架以避免脱销，或者经常做出新的广告创意来吸引消费者眼球，希望消费者养成习惯型购买行为。当然，一部分处于市场劣势地位的商家可能会通过降低价格、推出各种优惠政策、赠消费券、赠免费样品或者宣传新产品的特色广告活动来刺激顾客进行产品品牌的更换，以此获得新的顾客源。

（3）减少失调型决策

根据表 2-2 所示，减少失调型决策取决于消费者对产品的高度介入，同时竞争的品牌之间差异比较小。一般情况下，消费者购买和使用了某一产品一段时间之后，可能会渐渐发现此产品的不足和缺陷，感到有些不满意，这有很多方面的原因，有可能是此产品确实质量不佳或者功能有瑕疵，也可能是见到了其他同类产品的品牌，发现了其优点。那么消费者为了使用更好的产品，同时说明自己决策的科学性，一般就会自发主动地去掌握更多的信息，寻找各种方法来减轻、化解这种不满意。在这种情况下，只要价位合适、购买方便、有适当的机会，消费者很快就会做出购买决策并且实施购买行为。

针对消费者这种决策行为，相关企业可以通过售后服务或者售后信息沟通等方式及时向消费者了解情况，促使消费者坚定不移地相信自己购买行为的准确性。例如，企业可以运用各种价格策略或者积极的人员推销，选择一个好的销售地点，及时向消费者提供信息和对商品的良性评价。

（4）习惯型决策

根据表 2-2 所示，习惯型决策取决于消费者对产品的低度介入，同时竞争的品牌之间差异比较小。选择习惯型购买决策进行购买的产品或服务有一些基本的特点，如价格低廉、频繁购买、没有固定的品牌偏好等。例如，消费者购买食醋，对于食醋消费者的介入程度很低，他们可能会长期购买某一品牌的食醋，但这并非出于对品牌的忠诚，而仅仅是一种习惯或者仅仅是因为食用习惯了。一般来讲，类似购买食醋这种简单的购买行为常常不经过信息搜集、产品特点评价、最后做出购买决策的过程，在购买之后也不会对其进行购后评价。

对于这类产品，企业可以通过扩大知名度的方式来营销，尽可能达到家喻户晓的程度。例如，企业使用价格优惠与广告促销等手段推销此产品，或者在广告宣传中突出产品的视觉标志与形象，或者利用电视广告多次重复，吸引消费者并给消费者留下较为深刻的印象，以诱导消费者长期使用本品牌产品。企业还可以通过在普通产品上增加一些吸引人的或者目标消费者比较看重的元素，如在普通的水果糖中增加维生素含量以吸引那些比较在意身体健康的消费者的注意力，吸引这群消费者的购买力。

思政案例

机场霸屏，如虎添翼

"鸿星尔克×王者荣耀"联名款战靴霸屏全国机场，以威猛如虎的中国精神，迎接壬寅年！

自古以来，老虎就有"万兽之王"的美誉，虎在中国是力量、活力、勇敢和权威的象征，人们将其视为一种不可侵犯的动物。崇虎的文化意识，已成为中华民族共同的文化观念。在中国的传说中，人们相信"虎"是能祈福辟邪的动物，虎年的时候会在孩子们的头上写上"王"字，以期增强他们的精力和活力，这个习俗流行了几千年。

2022 年 1 月 28 日，鸿星尔克携手中国专业航空场景媒体运营商——航美传媒，将"鸿星尔克×王者荣耀虎年限定联名款"产品宣传画面投放至北京、广州、上海、成都、重庆、杭州等全国 21 个城市、22 个高价值核心机场，开启霸屏模式！

依托航美传媒强大的航空场景媒体资源网络优势，在多个关卡核心位置以全空间、高频次同步呈现品牌宣传画面，效果震撼，吸引旅客关注，有效提升了品牌影响力！

思考：请简要分析中国消费者为何疯狂购买鸿星尔克这一品牌产品。

分析提示：新型冠状病毒疫情期间，鸿星尔克自己还在亏损却向河南灾区捐出 5 000 万元物资，这一善举使得沉寂已久的鸿星尔克得到了消费者的野性"宠爱"，原本顾客寥寥的直播间涌入上千万粉丝。以鸿星尔克为代表的国货爆红，很可能是国货品牌力量的分水岭，消费者买国货不再是没钱凑合，而是主动选择。国货崛起需要支持与爱护，更需要企业自身的努力。企业需要从产品到运营等方面入手，尽快补齐短板，重视产品和服务质量。首先，要对中国市场保持信心，坚定地与国家站在一起。其次，要研究消费升级与产业升级的趋势，了解消费者需求的不断变化。最后，要重视产品和服务质量，不做侵害消费者权益的短视之举。

2.2 消费者购买决策的过程

案例引入

消费者购买"网红"零食

随着电商行业的不断发展及消费升级，我国的零食行业正在以前所未有的速度爆发性发展。很多之前在街头售卖的零食，经过产品与工艺升级、进行品牌化运作成为包装精美的礼盒后，在各大电商平台上疯狂热销。由于消费者对零食外观设计的重视程度不断加深，礼盒装零食的销量尤为突出，呈现出高端化趋势。

零食的主要消费群体是 20～30 岁的年轻人，他们对于零食不再是单纯地要求好吃，还要求健康。例如，"低烘焙、无添加"的每日坚果系列，果蔬干、有机水果干等产品的销售规模呈现出大幅度增加的趋势。很多之前以口感为卖点的饮料也想方设法地与健康建立联系，就连瓶身的设计也模仿哑铃的形状，就是为了与健身产生关联。在全民健身的热潮下，少糖、无糖食品的销量也大幅度增加。

很多零食在外观、结构、口味和包装上设计得非常有新意，这对年轻消费者具有巨大的吸引，能够满足他们的尝鲜心理。例如"考古巧克力"，消费者要先敲开巧克力外壳，除去中层的巧克力粉，才可以看到最里边的恐龙骨架。外壳和骨架是能直接食用的巧克力，中层的巧克力粉则可以冲泡饮用。另外，"CD 唱片水果巧克力"也曾因出众的外观成为热门的"网红"零食。

在看到"网红"零食的巨大影响力之后，很多老品牌也通过推出"网红"零食焕发出新的活力。例如，旺旺集团推出了一系列针对年轻人的产品，包括邦德咖啡、冰品"冻痴"、法式布等；好利来推出了半熟芝士、冰激凌等。

当然，"网红"零食的规模化爆发也得益于电商平台的助力。天猫相关负责人曾表示，当工作人员发现某类产品销量增速非常快时，就会向有供应链和营销能力的头部企业做出反馈，使其尽快开发同类产品，从而带动整个市场的快速发展。例如，自热小火锅最开始是由较小的腰部企业做出的新品，在销量增长之后，平台推荐给头部企业，从而使这一新品实现了大规模生产。

思考：消费者购买"网红"零食在消费者购买决策基本环节中的具体体现是怎样的？

分析提示：本案例介绍了"网红"零食的兴起，解释了企业是怎样通过抓住消费者的消费需求而影响消费者决策的。随着消费方式的改革，"网红"零食很快兴起，相比于以往的购买决策，消费者在购买"网红"零食时更加快速果断。

消费者在购买产品或服务的过程中，一般要经历如图 2-2 所示的五个步骤。

问题确认 → 信息搜集 → 方案评价与选择 → 制定购买决策 → 购后行为

图 2-2 消费者购买决策过程

以上这五个步骤是大多数消费者产生购买行为前做出购买决策的大致过程，基本上涵盖消费者最开始有购买想法，进而初步认识想购买的产品，再经过一系列评估和比较最终做出购买决策的过程。了解以上五个步骤，可以帮助我们清晰地知道消费者制定购买决策的心路历程，也可以帮助我们了解大多数消费者做出最终购买行为的具体细节。同时，这里需要说明的是，并不是每一位消费者都会遵循以上五个购买决策的步骤，也并不一定所有消费者的所有决策都会按照以上顺序做出，因为在一些特殊情况下，或者购买某些特殊产品时，可能会出现某些特殊现象而使得购买决策的过程不一定同时包含以上五个步骤。例如，我们在买家庭常用的物品（如洗手液）时，大多数消费者可能会从第一步的问题确认直接到第四步的制定购买决策（因为家庭常用消耗品一般比较固定且熟悉，也很少与不同品牌比较，洗手液可能就直接购买雕牌的），而中间的信息搜集和方案评价与选择则忽略或者跳过。

2.2.1 问题确认

消费者产生购买行为前首先需要确认需求并将之与特定的产品或服务联系起来。消费者需要的不满足来自消费者理想状态与实际状态之间的差距。所谓的理想状态是指消费者当前想达到或感受的状态，而实际状态则是指消费者对自己当前的感受及处境的认知。问题确认是消费者的理想状态与实际状态之间的差距达到一定程度并足以激发消费者决策过程的结果，其过程如图 2-3 所示。

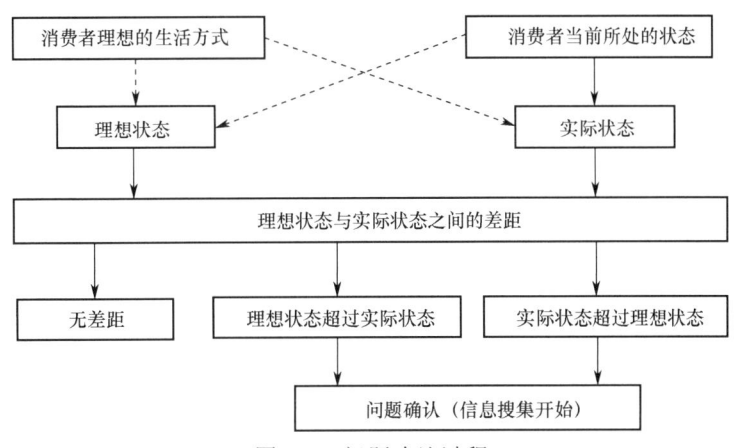

图 2-3 问题确认过程

消费者需要的不满足可能是由内部或者外部的刺激引起的。例如，一个人每天都要喝水，这种行为就是由这个人内部的生理需要引起的，而这个生理需要就是一种内部刺激（喝水是因为感到口渴或身体缺水）。当然，外部刺激一般来源于外部环境。例如，我们想喝奶茶，并不一定是我们渴了，有可能是我们看到别人在喝而诱发了想喝的冲动和欲望。一般而言，我们在生活中看到的企业广告、海报及其他消费者正在使用这个产品，都属于外部刺激，都可以引发消费者的需要不满足。一般来说，各种内外部的刺激都会产生需要的不满足感，进而产生驱力，这种驱力会迫使消费者采取行动。而这种驱力就是我们通常提到的动机。

1. 问题确认与购买动机

有一点我们必须清楚，以上提到的问题确认并不都会导致购买动机。被消费者确认的某一问题是否会导致购买行为基本上取决于以下两大因素：

① 消费者内心的理想状态与生活实际状态之间差距的大小。按理说，理想状态与实际状态之间的差距达到一定程度才能激发消费者的购买行为。举个例子，如果消费者希望自己的汽车每百公里的耗油保持在 7 升的水平，而他现有汽车的耗油是每百公里 8 升，虽然这二者之间存在差距，但这一差距并没有达到促使该消费者购买新车的地步。

② 被确认的问题的相对重要性。也就是说，就算是理想状态与实际状态之间的差距

很大，但如果问题并不十分重要，不妨碍消费者的正常生活，消费者也不一定会着手解决这一问题。例如，某消费者现在拥有一套城市郊区的 90 平方米两居室，他一直希望可以住上 200 平方米的花园房，虽然两者之间的差距确实很大，但实际生活中与他需要解决的孩子上大学的问题和父母看病的问题相比，这个差距的相对重要性就很小，所以一般不会诱发他新房购买行为。相对重要性是一个极其关键的概念。现实生活中，消费者一般都会受到时间和金钱的约束，只有相对更为重要的问题才会被重视和期待得到尽快解决。

2. 激发问题的确认

一般来说，在消费者的问题确认阶段，企业营销人员最主要的事情是帮助消费者了解他们目前现实中的状态与需求偏好之间的差异性，即需求的不均衡性。换种说法就是企业营销人员要想办法激发消费者对问题的确认，进而创造消费者的需要，从而使自己的产品能被消费者购买。那么，值得我们讨论的是，企业营销人员该怎样激发消费者对于问题的确认呢？解决这一问题首先要找到问题的关键——什么是问题确认。根据前面问题确认的理解我们已经知道：问题确认是由理想状态与实际状态之间差异的大小及其重要性所决定的，所以，本质上企业营销人员就可以通过以下两个方面来激发消费者的问题确认：

① 企业营销人员可以通过改变消费者当前对产品的理想状态，或者改变消费者对实际状态的认识，来影响理想状态和实际状态间差距的大小。

② 企业营销人员可以影响消费者对现有差距重要性与否及重要程度的认识来达到推销产品的目的。

根据经验，很多企业的营销活动或者营销手段的目的都在于通过合理的方式影响消费者的理想状态。但这里需要说明的是，营销策略的选择通常需要根据消费者被确认的问题的具体类型进行调整。一般来说，被确认的问题可以划分为两类：主动型问题和被动型问题。主动型问题是指消费者在正常情况下会主动地意识到或将要意识到的问题，如家里的洗衣机时间久了不好用了，需要换一台新的。主动型问题一般只需要产品营销人员令人信服地、清楚地向消费者介绍其产品的优越性即可，因为消费者对问题已经有了基本的认识。被动型问题是指消费者尚未意识到的问题，如家里的房子才买了一年多，从来没想过换一套新的。对于被动型问题，营销人员不仅要使消费者意识到问题的存在，而且要使其相信企业所提供的产品或服务是解决该问题的有效方法。

3. 问题确认的结果

消费者问题确认的结果就是产生相应的需求。一般而言，消费者的需求可以简化地分为两类：一类是初级需求，另一类是次级需求。所谓初级需求，是指消费者对产品或服务本身的基本需求，如一个家庭一般会需要一台洗衣机。所谓次级需求，是指消费者对于某一产品大类中的某一具体品牌的需求，如一个家庭在购买电视机的基础上是购买创维电视机还是小米电视机。一般而言，企业在设计新产品的时候，或在刚刚推出产品的时候，最初的目的在于让消费者了解该产品并产生兴趣，这本质上就是要激发广大消费者的初级需求。而当一部分目标顾客对该产品产生了一定的兴趣之后，才会引发到底需要哪一具体品牌的问题，这时企业就要把重点放在激发次级需求上。

2.2.2 信息搜集

消费者确认了问题之后，自然就进入了信息搜集阶段。消费者的信息搜集是指消费者识别和获取可以解决自身问题的相关产品信息的行为，其最直接的目的在于获取能够解决问题的产品信息。一般来说，信息搜集阶段将通过多种渠道获得产品或服务信息，以提高决策理性。

我们一般根据所搜集信息的来源，把消费者的信息搜集过程划分为基本的两种类型，即内部信息搜集和外部信息搜集，如图2-4所示。

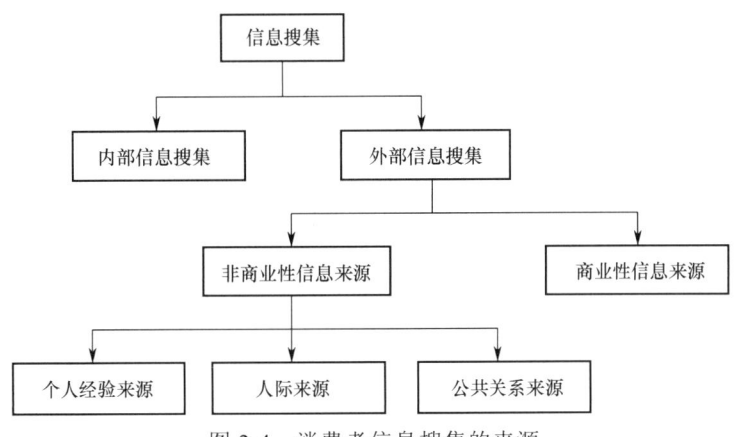

图2-4 消费者信息搜集的来源

1. 内部信息搜集

内部消息搜集是指消费者从长期记忆和经验中获取帮助解决问题的产品或服务的信息的搜集类型。一般情况下，消费者在问题确认之后，就开始进行内部信息搜集。他们希望从长期记忆和自身经验中回想起产品是否能解决当前的问题。通常很多问题通过内部搜集所获取的信息就能够得到解决。面对某个特定问题，如果消费者回忆起唯一且令人满意的解决方案（某品牌或商店），此时消费者就会购买这个被回忆起的品牌，进一步的信息搜集或评价就不会发生。例如，最近洗发水用完了想买一瓶新的洗发水，根据自己以往的记忆一直觉得飘柔还不错，就直接购买飘柔，即问题得到了直接的解决。

2. 外部信息搜集

如果通过内部信息搜集没有找到合适的解决方案，问题还没有被解决，消费者自然就会转向选择外部信息搜集，即想各种办法从外部来源获取信息。一般的外部信息来源有朋友、亲属、广告、App和企业推销人员等。外部信息搜集的价值和作用体现在两个方面：第一，可以帮助消费者了解目前市场上有哪些可供选择的优质品牌，知道选择品牌时应该从哪些方面对品牌进行货比三家；第二，可以帮助消费者获得关于产品评价标准及各种标准相对重要性的信息,掌握不同品牌在各种产品属性上的差异性数据。因为外部决策对消费者的决策过程一般具有一定程度的影响和指导,所以我们继续进一步讨论外部信息搜集。

(1) 外部信息搜集的来源

在信息搜集的过程中,消费者向外进行搜集信息一般会有两个基本来源,即非商业性信息来源与商业性信息来源。

① 非商业性信息来源。这种类型的信息来源是指产品的信息来源不直接与产品所属企业的意图相关,基本上是消费者自身性的信息来源,一般包含个人经验来源、人际来源和公共关系来源。个人经验来源是指消费者个人在有了购买想法之后,本人亲自到销售或展览的商场视察、了

> **学而思,思而学**
> 列出你做出购买决策前一般的外部信息搜集来源。

解、亲自试用或感受产品或服务,进而获得一手经验或积累一些对目标产品的基本认知。当然,随着时代和网络的发展,现在个人经验来源有时也是消费者通过观看直播展示、解说等形式来获得的。因为个人经验来源一般来自消费者真正购买产品或服务之前,所以一般就是产品或服务购买前的最后一个信息来源。人际来源与消费者的人际关系网络有关,消费者的人际关系网络里主要包含家人、朋友、同学、同事、邻居、熟人等人群,而这些群体之间的日常交流、推荐等是产品信息来源最自然的方法。人际来源信息的可信度随着消费者对这些群体中的具体的人的信任程度不同而有所不同,一般规律是消费者越相信哪些群体,那么这些群体所提供信息的可信度越大,越能影响消费者最终的消费决策。公共关系来源一般分布较广泛,指的是产品或服务交易双方之外的客观存在的第三方,生活中常见的有广播、电视、报纸、杂志、消费者权益保护组织和专家学者等。在消费者群体的观念里,这种类型的信息来源可靠、值得信赖,而且具有较高的客观性和权威性,所以消费者普遍信赖这一信息来源。

② 商业性信息来源。顾名思义,商业性信息来源基本上属于产品的介绍信和推广信,其背后隐藏着巨大的商业动机和营利目的。在生活实际中,商业性信息来源一般包括产品或服务的广告、产品或服务的推销员、产品或服务的经销商、产品或服务的贸易展览会、产品或服务的标签与包装等。可以看出,商业性信息来源的信息量巨大,消费者获取信息易如反掌,随处可得,但是成熟的消费者都知道其背后具有明确的商业意图,所以一般还是会给予高度警惕。当然,根据当今广告产业、代购产业及直播带货产业的迅速发展来看,商业性信息来源还是具有一定市场影响力的,还是会对消费者的购买决策产生或大或小影响的。

(2) 影响外部信息搜集的因素

消费者依赖外部信息搜集程度的高低,主要受以下因素的影响:

① 市场特征。市场整体的状况特征会对外部信息搜集活动产生许多影响,主要体现在以下几个方面。第一,备选方案。这里的备选方案指的是产品或服务的类型、品牌的选择方案等。一般来说,消费者在做出购买决策之前,解决目标问题的备选方案越多,就会进行越多的外部信息搜集活动。第二,商店的数量及距离。在消费者工作和居住的附近,商店的数量越多,外部搜集信息活动就越多。同样,在消费者工作和居住的附近,商店的距离越近,外部搜集信息活动就越多。所以,当消费者生活在商店林立的大型商业中心时,他们的外部搜集信息活动会更多。当然,随着网络购物这种商业模式的迅速

发展，商店的数量及距离的影响程度在发生着变化。第三，消费者对品牌价格差异的感知。在消费者日常的购买行为中，如果其通过"货比三家"的传统方式进行外部信息搜集活动，最终发现能以较低的价格买到市场平均售价较高的产品或服务的话，这种结果就会促使他下一次继续选择更多的外部信息搜集活动。

> **视野拓展**
>
> **购买银行理财产品的风险**
>
> ① 信用风险；
> ② 投资风险；
> ③ 汇率风险；
> ④ 利率风险；
> ⑤ 政策风险；
> ⑥ 系统风险。
>
> 投资人购买银行理财产品时要认清理财产品存在的风险，增加风险的承受能力。

② 产品特征。产品特征会对外部信息搜集活动产生许多影响，主要体现在以下几个方面。第一，产品或服务的购买风险。一般来说，产品的购买风险主要包括财务风险、功能风险、心理风险、时间风险和社会风险等。当消费者认为某一产品或服务的购买风险很高时，他自然就会花更多的时间、更大的精力去搜集外部信息。例如，买不动产就会有一定的高风险，消费者往往多次对比，去多家开发商处察看，反复斟酌。再如，一般消费者认为购买无形服务的风险比购买有形产品的风险更大，购买出现故障和问题的可能性大的产品也会带来较高的风险。因此，在这两种情况下，消费者往往会进行更多的外部信息搜集活动。第二，消费者对产品的知觉。一般来说，购买某些特殊的产品或服务，如花鸟鱼虫、服装、体育用品和电子产品、按摩服务、洗脚服务等，会给消费者带来愉悦的心情和舒适的体验，那么自然就会产生更多的外部信息搜集活动。有些情况下，消费者进行外部信息搜集活动本身就是愉悦的体验，如逛花卉市场等。相反，如果购买某种产品给人带来的感觉并不愉快，则消费者的信息搜寻活动可能会相对减少。

③ 消费者特征。消费者自身的某些特征会对外部信息搜集活动产生许多影响，主要体现在以下几个方面。第一，消费者的产品知识。当消费者的某一产品知识相对丰富时，通常不会进行专门的外部信息搜集，如消费者本人从事的就是家电销售行业，而他要买一台冰箱时。与之相反，如果消费者的产品知识很匮乏，则往往需要进行大量的信息搜集，如某位消费者不太懂汽车，当他需要买汽车时就需要大量的外部信息搜集活动。第二，消费者的产品经验。消费者的产品经验会直接影响其进行的外部信息搜集活动，具体的影响规律可以通过消费者先前购买和使用产品的经验与信息搜集数量之间存在倒 U 形关系来体现，如图 2-5 所示。由图可知，在消费者的产品经验较少或较多时，外部信息搜集活动都较少；而在

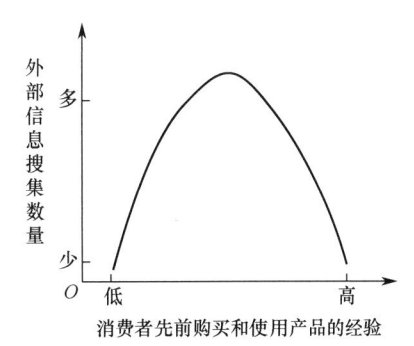

图 2-5 消费者先前购买和使用产品的经验与外部信息搜集数量之间的关系

消费者具备中等数量的产品经验时，就会有较多的外部搜集活动。第三，消费者的年龄特征。按经验来说，消费者的年龄与外部信息搜集活动的数量成反比。即随着年龄的增长，外部信息搜集活动呈下降趋势，这主要是由于随着年龄的增长，消费者自身的产品知识和产品经验也会逐步增加。

④ 情境特征。情境特征对信息搜集活动的影响主要体现在以下几个方面。第一，时间。当消费者可用于购物的时间很少、很紧张时，自然就不会进行较多的外部信息搜集活动。例如，在等地铁的时候想顺便买瓶饮料解解渴，如果地铁快进站了，由于时间紧迫，消费者就不会进行过多的外部信息搜集活动，而是就近随便购买某一品牌的饮料。第二，身体和情绪状态。一般来说，消费者在做出购买决策之前自己感到疲劳、头晕或心里不舒服，那么就不会过多地进行外部信息搜集活动。第三，购物环境。商店里的整体购物环境会影响消费者是否进行过多的外部信息搜集活动，具体影响因素包括商店的音乐风格、气味、灯光、拥挤程度等。例如，消费者进入非常拥挤的商场时，会产生压抑和不快，这时消费者本能的反应就是尽快离开，而不愿进行过多的信息搜集。第四，购买任务。购买任何产品或服务，消费者其实都是带着一定的目的和任务的。例如，购买一件儿童服饰，买来给自己的小孩使用和买来送给朋友的孩子当礼物进行比较，任务不一样，所进行的外部信息搜集活动也不一样，后者会伴随更多的信息搜集活动。

信息搜集的类型除内外部分类外，还可以根据是否与特定的购买行为有关分为买前搜集和即时搜集。买前搜集是指消费者在问题确认之后，在购买之前采取的一系列的信息搜集行为。例如，某女性消费者过几个月就要结婚了，半年前就开始搜集关于婚纱的相关信息。即时搜集是指与特定购买需要或决策无关的搜集活动。例如，某消费者酷爱无人机，即使在不买的时候也总是倾向于搜集与无人机相关的一些产品信息，这种搜集的形式丰富多样，包括观看有关无人机的广告、逛无人机展览会、登录无人机行业的网站或与其他无人机爱好者交流等。这种即时的信息搜集在让消费者感到快乐的同时，也为他将来的购买决策积累了很多有价值的信息。

2.2.3 方案评价与选择

在方案评价与选择阶段，通过信息搜集，消费者将根据产品或服务的属性、利益和价值组合，形成若干可能采用的购买方案。接下来，消费者将根据一定的评价标准并利用一定的选择方法，对这些方案进行评价与选择，并确认购买态度。

1. 评价标准

在对方案进行评价与选择时，首先要确定采用什么样的评价标准。所谓评价标准，指的是产品的一些基本特性、利益或其他受消费者重视的因素。消费者正是通过对评价标准里所包含的这些要素的具体分析和对比，最终确定是否购买这一产品的。一般来说，评价标准的产生有两个基本阶段。第一阶段是内部信息搜集阶段，这时消费者通过简单的内部信息搜集可能会形成初步的评价标准。第二阶段是外部信息搜集阶段，这时的评价标准会在第一阶段的基础上经过一系列改变和调整，变得更为清晰、明确和合理。例如，在购买家用冰箱之前，消费者通过内部信息搜集而确定的评价标准可能会把关注点放在冰箱的价格、送货是否安装、节能效果和静音效果怎么样等方面；再经过一系列的外部信息搜集，消费者会继续修改和补充评价标准，这时的标准还会关注冰箱的外观造型、售后服务质量和途径、使用年限等方面。这样通过前后两个阶段的共同努力，消费者的评价标准就会趋于完善，基本上同时包含价格、送货是否安装、节能效果、静音效果、外观造型、售后服务和使用年限等。但是这里需要指出的是，对于同样的产品，不同消费者重视和关注的方面不一样，从而最终形成的评价标准包含的要素也不一样。

再进一步讲，消费者还要确定评价标准里面各个要素的相对重要性。最简单的方法是根据各个要素的重要性给出权数，所有标准的权数之和为100分。单个标准的权数越大，表明消费者认为该标准越重要。

视野拓展

某位消费者在确定冰箱评价标准的相对重要性时，所给出的权数如表2-3所示。从该表中我们可以看到，该消费者很重视冰箱的价格和节能效果，相对来说，外观造型的重要性就比较低一点。

表2-3　某消费者对冰箱各评价标准给出的权数

评价标准	重要程度得分
价格	30
节能效果	25
静音效果	10
送货安装的及时性	10
外观造型	5
售后服务	20
合计	100

为了对备选的各个最终方案进行评价和选择，消费者还要对不同方案在具体评价某一标准要素上的表现进行判断，给出相应的评价值。例如，通过信息搜集，消费者最终决定在海尔、科龙、美的、格力、奥克斯和伊莱克斯这六种品牌中进行选择。针对不同的评价标准要素，消费者分别给出了相应的评价值，如表2-4所示。

表2-4　某消费者对六个品牌冰箱的评价

评价标准	消费者的评价					
	奥克斯	格力	美的	海尔	科龙	伊莱克斯
价格	5	3	3	4	2	1
节能效果	3	4	5	4	3	4
静音效果	5	5	5	2	5	5
送货安装的及时性	1	3	3	3	1	5
外观造型	3	3	4	3	5	3
售后服务	3	3	3	5	3	3

备注：表格中，1代表很差，5代表很好。表中所给出的评价值是为了说明案例问题而虚构的数值，并不代表现实中这六个品牌在六个评价标准要素上的真实绩效。

2. 方案评价模式

方案评价模式宏观上可以分为两大类，即补偿性模式和非补偿性模式。

补偿性模式是指消费者依照所考虑的产品属性来得到各个替代方案的加权或单纯加总的分数，然后根据分数的高低来评估替代方案的优劣。这种模式最大的特点是不同的产品属性之间可以相互弥补。例如，在对某品牌进行评价的时候，消费者有时希望在一些表现上佳的属性与一些表现不尽如人意的属性之间寻求一定程度的平衡，这时可以采用补偿性模式。如果采用这一模式，消费者将按属性的重要程度赋予每个属性相应的权数，同时结合每一品牌在各个属性上的评价值，得出各个品牌的综合得分，得分最高的就是被选择的品牌。

非补偿性模式则不允许用某一表现较佳的属性来弥补另一表现较差的属性。一般而言，补偿性模式所考虑的属性较多，因此通常比非补偿性模式更为复杂。非补偿性模式又可以具体分为四种，即联结式模式、析取式模式、排除式模式、编撰式模式。

2.2.4 制定购买决策

经过方案评价和选择阶段，在制定购买决策阶段，消费者将会在不同方案之间形成购买意图和偏好，进而形成购买意向，也就是有了购买某一品牌的意愿和打算。但是，有了购买意向，并不表示消费者就一定会下决心购买，或者说消费者不一定会制定购买决策。有三类因素会影响消费者最终购买决策的制定，即他人的态度、意外的情况和可认知的风险，如图2-6所示。

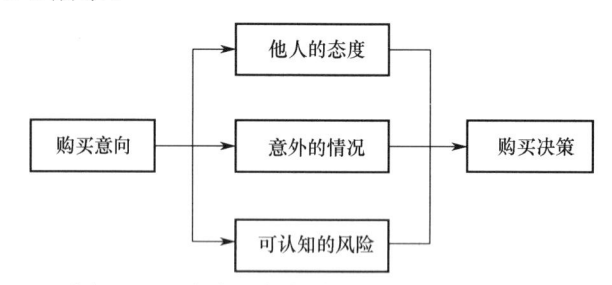

图2-6 影响购买意向转化为购买决策的因素

1. 他人的态度

消费者本质上是社会属性的，其很多购买决策都不是单独制定的，而是在征求他人的意见，共同商议之后，甚至是在多人的参与下制定的。家人、亲戚、朋友、同学或同事的态度对于消费者是否会进行购买有着重要影响。他人的态度对于购买决策影响程度的大小主要取决于两个因素：一是对于消费者所偏好的品牌所持态度的强烈程度；二是与消费者关系的密切程度。一般来说，他人对于品牌所持的否定态度越强烈，且与消费者的关系越密切，消费者就越有可能听取其意见而改变购买意图。从另一个方面来讲，如果与消费者关系密切的其他人对消费者所偏好的品牌也持非常肯定的态度，那么消费者购买某一品牌的可能性就会很大。

> **学而思，思而学**
> 你认为哪些因素会影响你的最终购买决策的制定？

2. 意外的情况

消费者生活中会有很多意料之外的情况发生，而这些情况或者某些突发事件会使得消费者改变原有购买意图。例如，消费者因为暂时失去赚钱能力而没有了原来的稳定收入，这时可能会推迟或取消原有购买计划；或者，消费者因为一次性购买了房产或者大件物品而支出了大量的积蓄，这时原有的购买意图可能也会改变。另外，与产品或市场营销活动有关的因素也会改变消费者的购买意图。例如，某品牌推出了一款新产品，或者某家企业大幅促销，降低了产品价格，这些都有可能使得消费者对购买方案进行重新评价，并改变原有的购买意图。

3. 可认知的风险

可认知的风险是指那些个体可以感受和认识到的存在于外界环境中的各种客观风险，突出强调个体由直观判断和主观感受获得的经验对个体风险认知的影响。消费者在决定购买某一产品时，通常会面临一些矛盾和问题，即他们所购买的某一产品在给他们带来满足和愉快感受的同时，也会带来一些他们不愿意、不希望接受的损失或潜在的危害。当消费者对可认知的风险的认识达到一定程度时，就有可能改变原有的购买意图。

消费者在购物时通常会遇到的可认知的风险主要有以下几种。

（1）功能风险

功能风险指的是消费者所购买的产品或服务可能并不具备企业广告所宣传的功效，没有产生预想中的效果。例如，消费者在接受整形美容手术时，往往会发现手术后的效果并不像整形美容机构所宣传的那么好，有时甚至会出现美容不成反毁容的结果。

（2）资金风险

资金风险本是一个经济学术语，原指企业的实际利率或者实际回报率因为金融市场的通货膨胀或者气候现状影响等其他因素造成的不确定性，它主要体现在企业的应收应付款控制上。在这里，通俗地讲，资金风险指的是消费者花费了很多金钱，却不一定能够买到高质量的产品或享受到优质的服务。例如，消费者花高价买了飞机头等舱，却在旅途中没有得到该有的高质量服务。这就是我们生活中常说的"花冤枉钱"的情况。

（3）社会风险

从社会学角度讲，社会风险指的是一种导致社会冲突、危及社会稳定和社会秩序的可能性。更直接地说，社会风险意味着爆发社会危机的可能性。一旦这种可能性变成了现实，社会风险就转变成了社会危机，对社会稳定和社会秩序都会造成灾难性的影响。这里的社会风险指的是消费者购买某一产品或服务有可能会损害到他的社会关系。例如，消费者如果购买安装家庭 KTV 设备在家 K 歌，就有可能影响邻居的正常休息和学习，导致邻里之间的矛盾，损害与邻居原本和睦的关系。

（4）安全风险

安全风险原指安全事故发生的可能性与其后果严重性的组合。在这里，安全风险指的是消费者购买某一产品或服务有可能会危害自身及家人的健康和安全。例如，家用燃气热水器可以为消费者带来洗浴的便利，但是如果安装和使用不当，或购买了质量低劣的产品，就会给消费者的人身安全带来极大的隐患。

2.2.5 购后行为

消费者购买了产品之后，购买决策行为并没有结束，而是进入了最后的购后行为阶段。这一时期，消费者将会先使用产品，后评估购买获得的价值，并通过行动表达满意或不满意等。当然，购后行为不仅仅包括使用并评估这一环节，还包括当购买的产品被闲置后如何处置的问题。

在购后行为这一环节，企业销售也有很重要的任务，那就是努力减轻消费者购买后的认知失调。认知失调是一个心理学上的名词，用来描述在同一时间有着两种相矛盾的想法，因而产生了一种不甚舒适的紧张状态。更精确一点来说，是两种认知中产生了一种不兼容的知觉，这里的"认知"指的是任何一种知识的形式，包含看法、情绪、信仰、行为等。这里说的认知失调，指的是消费者对自己的购买行为是否明智感到怀疑，进而产生不安和紧张的感觉。认知失调的发生是很正常的（有时也不产生），因为消费者往往在做出最终购买决策时选择了某一产品，必然会放弃其他产品，而这些被放弃的产品可能具有消费者认为很有吸引力的特点。

一般来说，购后不会产生认知失调的问题。例如，消费者在购买牙膏的时候，有五个品牌可以选择，他认为这五个品牌除价格外其他属性都是相同的，这时他就会选择最便宜的、最实惠的品牌，而选择之后通常不会产生认知失调。而当消费者需要对各个备选品牌的众多属性进行多方权衡，决策没那么容易做出来的时候，产生认知失调的可能性就很大。例如，在购买笔记本电脑的时候，不同笔记本电脑的性能、价格、材料质量、标配和主要功能等各有优势，消费者在做出最终购买决定之后，往往会对自己的选择是否正确产生疑虑。

总体来说，消费者产生认知失调的因素有很多，主要有以下几个：

① 消费者个人特征。生活中那些优柔寡断的消费者，往往更容易产生认知失调。而那些做事果断、干脆利索的消费者不容易产生认知失调。

② 购买决定对消费者的重要程度。对消费者来说，购买大件或重要的产品之后更容易产生认知失调。

③ 购买决策可改变的程度。一般来说，消费者的购买决定越容易改变，就越不容易发生购买之后的认知失调。

④ 产品的选择难度。供消费者选择的产品越多，且选择的产品之间的相关属性越多，消费者做出最终选择的难度就越大。难度越大，产生认知失调的可能性就越大。

消费者产生认知失调之后，企业要做的就是尽可能想办法在购后环节帮助消费者消除认知失调。

视野拓展

怎样减少由于戒酒而引起的认知失调？

第一，改变态度。改变自己对戒酒的态度，使其与以前的行为一致。第二，增加认知。如果两个认知不一致，可以通过增加更多一致性的认知来减少失调。第三，改变认知的重要性。让一致性的认知变得重要，让不一致性的认知变得不重要。第四，减少选择感。让自己相信自己之所以做出与态度相矛盾的行为，是因为自己没有更好的选择。第五，改变行为。使自己的行为不再与态度有冲突。

> **思政案例**

> **淘宝信用等级**
>
> 　　淘宝信用等级是淘宝网对会员购物实行评分累积等级模式的设计，即每在淘宝网购物一次，至少可以获得一次评分的机会，分别为"好评""中评""差评"。卖家每得到一个"好评"，就能够积累1分；中评不得分；差评扣1分。250分以内的积分用红心表示，251分到1万分用蓝色钻石表示，1万零1分至50万分用蓝色皇冠表示，50万分以上的信用等级用金色皇冠表示。淘宝网对会员的评价积分进行累积，并在淘宝网页上进行评价积分显示。一般评价有效期是指订单交易成功后的15日内。
>
> 　　这种购后评价的意义非凡。淘宝卖家信誉等级和店铺评分，都是店铺的信誉度表现。作为卖家，买家收到货物主要是看商品与网上描述是否一致，卖家服务是否耐心、细致等。真实客观的评价不仅可以提升卖家的信誉度，也可以供更多的潜在买家参考。
>
> 　　注：淘宝网信誉等级分为心、钻、冠三档，每档五个等级，共计15个信誉等级。
>
> 　　**思考**：淘宝网店铺评信用等级属于消费者信息搜集的来源吗？如果属于，那么属于哪一种信息搜集来源？
>
> 　　**分析提示**：淘宝网店铺评信用等级属于消费者信息搜集的内部信息搜集。内部信息搜集是指消费者从长期记忆和经验中获取帮助解决问题的产品或服务的信息的搜集类型。一般来说，消费者在问题确认之后，就开始进行内部信息搜集。他们希望从长期记忆和自身经验中回想起产品是否能解决当前的问题。一般情况下很多问题通过内部搜集所获取的信息就能够得到解决。面对某个特定问题，如果消费者回忆起唯一且令人满意的解决方案（某品牌或商店），此时消费者就会购买这个被回忆起的品牌，进一步的信息搜集或评价就不会发生。例如，最近洗发水用完了想买一瓶新洗发水，根据自己以往的记忆一直觉得飘柔还不错，就直接购买飘柔，即问题得到了直接的解决。

2.3　影响消费者购买决策的因素

> **案例引入**

> **疫情是消费者购买决策的影响因素吗？**
>
> 　　新冠肺炎疫情让全球陷入大停摆和大变局之中，疫情的作用也从短期变化延伸到长期影响，这意味着整个商业市场需要将它作为新的变量，附加到产业链上、中、下游全链路各个环节与参与者中。2021年伊始，巨量算数策划"大势发声"年度盘点系列研究，推出上游《消费篇：2020十大消费新机遇》、中游《内容篇：2020十大短视频内容价值观察》、下游《用户篇：2020十大新消费人群》三份洞察报告，分别聚焦供给侧的商品消费变化、渠道侧的内容平台价值升级、需求侧的潜力人群挖掘全面剖析影响未来商业发展的核心变量。
>
> 　　我们研究发现，在疫情的催化下，整个商业链路的价值变量都在重构：消费的高潜力人群在重构；短视频的内容价值在重构；消费市场的重心开始回归价值创造，关

注真正给用户带来精神满足的新商品、新理念、新渠道，消费的意义也在重构。因此，"价值重构"是我们在大势中献给2021的发声词。

巨量算数"大势发声"年度盘点系列之《用户篇：2020十大新消费人群》联合《新周刊》发起"2020中国网民消费潜力调研"活动，通过消费能力、人群规模和消费潜力等多维度加权，筛选出十大新消费人群，意欲从数据视角洞悉未来潜力人群消费新趋势。

本次研究发现，具备高消费价值的潜力人群在重构。一方面，精英、白领、新晋父母等主流人群的消费心态在变化。另一方面，新老人、新蓝领、自由创富者等人群在疫情背景下大幅触网，从而带动了消费主体的重构。

思考： 疫情下影响消费者购买决策的因素有哪些？

分析提示： 本案例结合国际疫情形势，分析了因为疫情的影响，消费者购买决策发生了变化的事实，由此启发我们认识到影响消费者购买决策的因素有很多，而且处于不断变化之中，作为企业应该时刻关注这些因素，从而抓住市场。

2.3.1 影响消费者购买决策的内部因素

1. 消费者的群体特征

群体是指为了达到一定的目标而组织在一起的，相互影响、相互作用的，两个或两个以上的人的集合。一般来说，群体具有以下三个特征：

① 联系的纽带。一个群体的成员需要通过一定的纽带联系起来。以血缘为纽带组成了氏族和家庭，以地区为纽带组成了邻里群体，以职业为纽带组成了职业群体。

② 目标和交往。群体成员之间有共同目标和持续的相互交往。排队买奶茶的人或是电影院里一起看同一场电影的观众不能称为群体，虽然他们要实现的目标相同，但是他们之间缺乏持续的交往。

③ 意识和规范。群体成员之间要有共同的群体意识和群体规范。首先，群体成员在接触和互动过程中，通过心理和行为的相互影响和学习，会产生一些共同的信念、态度和规范，他们会对消费者的行为产生潜移默化的影响。其次，群体规范和群体压力会促使消费者自觉或不自觉地与群体的期望保持一致，即使那些个人主义色彩很重、独立性很强的人，也无法摆脱群体的影响。最后，很多产品的购买和消费是与群体的存在和发展密不可分的。比如，加入某一球迷俱乐部，不仅要参加该俱乐部的活动，而且要购买与该俱乐部的形象相一致的产品，如印有某种标志或某个球星头像的球衣、球帽、旗帜等。

2. 消费者的个体特征

不同的消费者有着不同的个性，不同个性的消费者对产品或服务有着不同的需要，不同的性格和生活环境决定着每个消费者都有自己独特的生活方式。消费者的个性、自我概念和生活方式是影响消费者行为的个性特征的组成部分，且它们之间有着密切的联系，是构成消费者千差万别、各具特

> **学而思，思而学**
> 想一想你的哪些特征影响着你的购买决策。

色的购买行为的心理基础。通过学习消费者的个性、自我概念和生活方式的相关理论，以及它们对消费者行为的影响，企业不仅可以解释当前的消费者行为，还可以在一定程度上预测未来的消费趋向。

3. 消费者的心理活动

消费者的心理活动，包括心理过程和个性心理两个方面。心理过程指人的心理活动的过程，它是人的心理活动一般的、共有的过程，是人的心理活动的基本形式。心理过程包括认识过程、情感过程和意志过程，它们是统一的心理过程的不同方面。

个性是指个体全部心理过程的总和，是具有一定的倾向性的各种心理特点或品质的独特结合，是一个相对稳定的复杂体系。一般认为个性心理具有四个特征：独特性、整体性、稳定性和社会性。个性心理结构包括三个方面的内容：第一，个性倾向性，比如需要、动机、兴趣、理想、信念、世界观等心理成分；第二，个性心理特征，比如气质、性格和能力；第三，自我意识。影响个性心理发展的因素基本上可以归结为家庭的影响和社会的影响，消费者的购买决策也受消费者的心理活动的影响。

心理学研究结果表明，人脑对客观世界的认识是从感觉和知觉开始的。感觉和知觉是人的心理活动的基础，也是消费心理的基础。消费心理活动的认识过程是通过客观的感觉、知觉、记忆、注意、思维和想象等心理活动实现的。

4. 消费者需要和动机

（1）消费者需要的概念

消费者需要是指消费者某种生理或心理体验的缺乏状态，并直接表现为消费者对获取以产品或劳务形式存在的消费对象的要求和欲望。只有当消费者的缺乏感达到某种迫切的程度时，需要才会被激发，并促使消费者采取某种消费行为。需要并不总是处于唤醒状态，如果需要没有被唤醒或者没有被充分意识到，也不会转化为实际的消费行为。需要通常与人的活动紧密地联系在一起，人们购买产品或接受服务都是为了满足某种需要。一种需要被满足后，又会产生新的需要，一直处于交替的循环中，所以人的需要基本上是持续性的。例如，家庭厨房洗碗时有洗洁精的需要，当家里有时，即需要被满足时，不会发生消费行为；当家里洗洁精用完时，就会发生消费行为。

（2）消费者需要的分类

对于消费者需要的分类，按不同的分类依据，会产生不同的分类结果。

① 按需要的起源划分，消费者需要可以分为生理性需要和社会性需要

生理性需要：个体为维持和发展而产生的对客观事物的需求和欲望，如人们对食物、水、睡眠、排泄的需要等。生理性需要是人类最原始、最基本的需要。

社会性需要：人类在社会生活中形成的为维护社会发展而产生的需要，如交友、荣誉、社交等。社会性需要是人类所特有的需要。

② 按需要的对象划分，消费者需要可以分为物质需要和精神需要

物质需要：消费者为了参加社会活动，进行社会交往而产生的对客观事物的需求和欲望，包括对与衣食住行有关的物品的需要。

精神需要：人们为了改善和提高自身素质，对精神生活和精神产品的需求和欲望，主要包括人们对认知、审美、交往、道德、自尊、创造等方面的需要，具体表现为对艺

术、知识、美、认识、追求真理、满足兴趣爱好及亲情、友情等方面的需要。这类需要主要是由心理上的匮乏感引起的。随着社会越来越稳定,人们对精神需要的追求也越来越多。

③ 按需要的层次划分,消费者需要可以分为生理需要、安全需要、社会需要、尊重需要和自我实现需要

这种划分是由美国心理学家马斯洛提出的。马斯洛需要层次论对消费者心理、行为的分析研究具有重要的指导意义。首先,它对企业针对消费者需要特点制定市场策略具有重要价值。该理论对企业的营销有一定的指导作用。企业在设计、开发产品时,重视产品核心价值的同时也不能忽视为消费者提供附加价值,因为核心价值更多地与消费者的某些基本需要相联系,而附加价值主要与更高层次的需要相联系,越是满足高层次需要的产品,企业就越有机会创造产品差异。其次,它有利于企业做好市场预测,根据消费者不同层次的需要确定目标市场和产品定位等。

马斯洛需要层次理论为企业营销及市场预测提供了基础和依据,具体如下:

- 生理需要。满足最低层次需要的市场,即消费者只要求产品具有一般功能。
- 安全需要。满足对安全有要求的市场,即消费者关注产品对身体带来的影响。
- 社会需要。满足对"交际"有要求的市场,即消费者关注产品是否有助于提高自身的交际形象。
- 尊重需要。满足对产品有与众不同要求的市场,即消费者关注产品的象征意义。
- 自我实现需要。满足对产品有自己标准的市场,即消费者拥有自己固定的品牌。

视野拓展

马斯洛的需要层次理论

需要层次理论认为人类的基本需要有五种,按照对个体的重要程度从低级到高级依次排列如下。

① 生理需要:人类为了维持生命所必需的需要,如对食物、氧气、水、睡眠等的需要,是最重要、最基本的需要。

② 安全需要:人类为了在生理及心理方面免受伤害,获得保护、照顾和安全感的需要,体现在人类追求对生活和环境的控制力,包括对秩序、规则、健康等的追求。

③ 社会需要:人们希望给予或接受他人的友谊、关怀和爱护,得到某些群体的承认、接纳和重视,体现为人们对爱情、友情、亲情和归属感的需要。

④ 尊重需要:人们希望获得荣誉,受到尊重,博得好评,得到一定社会地位的需要。

⑤ 自我实现需要:人们希望充分发挥自己的潜能,实现自己的理想和抱负的需要。这是一种超越尊重需要的更高层次的需要。

生理需要和安全需要是人类低层次的基本需要,社会需要和尊重需要是在基本需要得到满足的基础上的较高层次的精神需要,而自我实现需要是最高层次的发展需要。一般来说,低层次的需要得到满足后,就会向更高层次的需要发展。这五种需要并不是每个都能满足的,越是高层次的需要,满足的人数越少。同一时期、同一个体可能存在多种需要,因为人的行为往往是受多种需要支配的,但每一时期都有一种需要占据支配地位。

（3）消费者动机的概念

任何消费者行为都是有目的的，这些目的的实质是满足消费者的某种需要。动机是推动个体采取行为的内在驱动力，是促使消费者行为发生并为消费者行为提供目的和方向的动力。它是由于需要没有得到满足而产生的紧张状态引起的。动机的形成需要具备一定的条件，它是在需要的基础上产生的。需要只是一种潜在的驱动力量，表现为某种愿望、意向。一旦有某种与需要相适宜的目标物出现时，在外界条件的刺激下，作为潜在驱动力的需要就会被激活，从而转化为动机。需要和动机存在紧密的联系：需要可以引发动机；动机引导人们采取特定的行动。如果需要得到满足，此轮过程即告终结，新一轮的需要又会产生；如果需要未得到满足，紧张状态没有得到缓解，那么紧张状态就会持续存在，在一定的外界条件刺激下转化成行为，如此形成循环的过程。

（4）唤起动机的因素

很多时候消费者有消费需要，但他们自己可能并不知道，说不出来或者不愿意说，这就需要挖掘消费者的需要，唤醒其购买动机。动机是消费者行为的直接动力。在市场营销中，营销人员要善于激发和调动消费者的消费动机。

> **学而思，思而学**
> 列举能唤起你的消费动机的因素。

要唤起消费者的购买动机，主要依靠内部刺激和外部刺激的共同影响。内部刺激主要指生理上、情绪上及认知上的唤起，而外部刺激主要指来自外部环境刺激的唤起。唤起动机的因素具体有以下几类。

① 生理方面的因素。生理上的唤起来自生理上的变化，通常是非自愿性的。例如，因为气温下降而感到寒冷、因为血糖降低而感到饥饿等，这种生理上的变化会引起消费者的紧张感，继而产生购买某种产品的动机，如感到寒冷而买厚衣服、感到饥饿而买面包。

② 情绪方面的因素。在情绪方面，商家可以利用消费者的想象促使其采取某些购买行为，以降低令人不舒服的紧张程度。例如，化妆品广告经常让消费者想象自己如果用过之后会变得更有魅力、更加自信，使其处于一种想要实现这种想象的情绪中，进而采取实现该目标的购买行为。

③ 认知方面的因素。有时一些不经意的念头会促使消费者在认知上感受到某种需要的存在，从而激发其购买动机，促进实现购买行为。例如，每逢情人节，很多商家会大肆宣传浪漫情人节的各种消费项目，唤起消费者在认知上的消费需求，激发并唤起人们的消费动机。

④ 环境方面的因素。消费者的有些需要是被环境的刺激所引发的，所以商家可以利用环境刺激唤起他们的购买动机。优雅舒适的购物环境能够强烈刺激消费者的感官，唤起他们的无意注意，强化他们的有意注意，使他们产生购买动机。商家可以通过这些方面营造良好的购物环境。例如，制造强烈的视觉冲击；播放适宜的音乐，调节消费者的购物心情和速度；带给消费者清新的嗅觉刺激；给消费者提供良好的触觉感受，如适宜的温度。

关于消费者的需要和动机，具体内容将在本书第五章详细阐述。

2.3.2 影响消费者购买决策的外部因素

1. 社会环境

（1）社会环境的概念

社会环境指的是人与社会群体的关系的总和。人是社会性动物，社会环境会对人的行为产生各种各样的影响，主要可以分为两类。一是心理角度上。社会环境对个人行为的影响主要表现在对人的态度、意见、成见、舆论、谣言、群众行为及其他心理等方面。二是文化角度上。社会环境对个人行为的影响主要表现在道德、法律、宗教、风俗、时尚及人格的形成等方面。人作为"社会人"，追求着共同的生存需要、共同的生活服务设施、共同的文化、共同的风俗、共同的利益和共同关心的问题。这六个方面的追求交错互动，升华为道德、信念、情感的和谐。这是人与社会环境的关系中最现实的问题。和谐表现为人与自然的和谐、物质文化与精神文化的和谐、人际关系的和谐等。人是通过适应社会环境来实现这种和谐的，因此从一定意义上说，人是环境的产物。个人的行为取决于社会，首先是社会群体。社会环境制约、影响着人的态度和行为，决定着人的发展。人只有在能动地适应环境、不断优化环境的过程中才能真正融入社会。

（2）社会环境的分类

一般来说，社会环境可以分为三类。一是社会物质环境。这主要包括农业生产环境、工业生产环境、科学技术生产环境、居住环境、通信交通环境、环保卫生环境、饮食环境、安全环境和其他生活环境等。二是社会制度环境。这主要包括社会层次环境、社会准则环境、社会交际环境、社会风俗环境、社会宗族环境等。三是社会精神环境。这主要包括社会一般人格环境、社会宗教信仰环境、社会文化环境、社会文学艺术环境等。当然，如果从社会环境的构成因素看，社会环境又可以分为政治环境、经济环境、家庭、社会阶层、文化环境、宗教等。其具体内容将在本书第七章详细阐述。

2. 产品与品牌

产品是激发消费者行为最直接的因素。产品直接接触消费者，其中命名、商标、包装、定价、价格调整及背后的品牌资产等要素都会对消费者的购买行为产生或多或少的影响。企业要想保证营销工作取得成功，就必须围绕消费者的心理和行为来设计并实施相关的心理策略，打破消费者的心理障碍，促使其产生购买行为。

随着消费市场品牌数量的迅速增加，人们的消费理念也在不断发生变化。品牌要想立足，就必须打造出自己的核心竞争力。企业在市场竞争中关注的越来越多的不是生产中的产品，而是产品和品牌如何与消费者沟通，形成消费者认同，进而吸引更多消费者的眼球。

品牌有广义和狭义之分。广义的品牌是指具有经济价值的无形资产，用抽象化的、特有的、能识别的心智概念来表现其差异性，从而在人们的意识中占据一定位置的综合反映。狭义的品牌是指通过对理念、行为、视觉、听觉四个方面进行标准化、规则化，使之具备特有性、价值性、长期性与认知性的一种识别系统的总称。

对于品牌而言,识别和差异化是其基础功能。消费者在看到品牌名称或品牌商标时,能够很清晰地进行确认和区分,其核心是消费者看到品牌之后被激发起来的记忆和情感反应,即品牌存在于消费者心中。当品牌可以激发出消费者除产品功能考量外的情感效应时,该品牌就获得了巨大的市场优势,就可以为企业带来非常高的消费者忠诚度,消费者甚至会主动为该品牌建立社区。对于消费者来说,品牌不只区分了产品,还代表了产品质量、服务质量,并与其自身的存在、生活方式和价值观有紧密的联系。

3. 广告与营销

广告与营销是刺激消费者行为的催化剂。广告的功能是使消费者对产品形成明确概念,诱发消费者的情感,引起购买欲望,从而促使购买行为发生。企业可以通过分析消费者行为,使广告包含更多的信息量,以便有针对性地作用于消费者购物全过程,增强广告效果。要想更好地促使消费者产生购买行为,除广告外,系统性的营销也必不可少。好的营销就是替消费者做决定,而成功的营销背后少不了对消费者的尊重和理解,以及对其想法和理念的解读。只有做到这些,才能引导消费者的消费行为。

案例链接3

本章小结

消费者的购买决策是指消费者感受到问题存在、寻找解决方案、对诸多方案进行评价和选择,并对选择结果进行评价的过程。一般认为,消费者购买决策的内容可以归纳为谁来购买(Who)、购买什么(What)、为何购买(Why)、何时购买(When)、何处购买(Where)和如何购买(How)六个方面。购买决策类型可以依据消费者决策过程的复杂程度划分为扩展型、有限型和名义型三种,也可以按照消费者的购买行为特征划分为复杂型、寻求变化型、减少失调型和习惯型四种,还可以按消费者处理问题的熟练程度不同分为常规型和非常规型两种。

消费者在购买产品或服务的过程中,一般要经历五个步骤:①问题确认,即消费者所感受到的需要不满足,来源于理想状态与实际状态之间的差距。②信息搜集,即消费者识别和获取可以解决自身问题的相关信息的行为。③方案评价与选择,即根据一定的评价标准并利用一定的选择方法,对信息搜集后形成的若干可能采用的方案进行评价和选择。④制定购买决策,即消费者经过方案评价与选择后形成对于某一品牌的购买意向。⑤购后行为,即消费者对产品的使用、消费和处置,以及对是否满意的感知。这五个步骤形成了消费者从认识产品和服务需求到评估购买的总体过程,但并不是消费者的所有决策都会按照顺序经历这一过程的所有步骤。

课后练习

第 3 章
影响消费者行为的内部因素——群体特征

学习目标

- 掌握主要消费者群体的消费心理特征
- 了解消费者群体的含义及与消费者个体的关系
- 了解参照群体的类型，掌握参照群体对消费者行为的影响
- 了解消费习俗与消费流行

3.1 消费者群体概述

案例引入

屈臣氏在中国的消费者——18~40 岁的女性

屈臣氏是全球第三大保健品及美容产品零售商，不仅销售众多世界知名品牌的个人护理用品，还自己开发了 700 余种自有品牌产品。屈臣氏通过市场研究发现，亚洲女性会用更多的时间进行逛街购物，愿意投入大量时间去寻找更便宜或是更好的产品，这与西方国家的消费习惯明显不同。中国女性平均在每个店里逗留的时间是 20 分钟，而在欧洲只有 5 分钟左右。

这种差异，让屈臣氏最终将中国的主要目标市场锁定在 18~40 岁的女性身上，特别是 18~35 岁的时尚女性。这个年龄段的女性消费者是最富有挑战精神的，她们喜欢用最好的产品，寻求新奇体验，追求时尚，愿意在朋友面前展示自我；她们更愿意用金钱为自己带来大的改变，愿意进行各种新的尝试。随着中国经济的增长，人们的收入不断增加，这一阶段的女性是收入增长最快的一个群体。而之所以更关注 40 岁以下的消费者，是因为年龄更长一些的女性大多早已有了自己的固定品牌。屈臣氏以低价作为吸引点，针对目标顾客的心理定位是"健康、美态、快乐"，通过为消费者提供别出心裁的产品、幽雅的购买环境和专业的资讯等服务来传达积极美好的生活理念，旨在帮助热爱生活、注重品质的女性塑造自己内在美与外在美的统一。

第 3 章　影响消费者行为的内部因素——群体特征

> **思考**：18～40 岁的女性有哪些消费特征？
> **分析提示**：不同的消费者群体具有不同的消费特征，从而会有不同的消费行为。本案例通过全球第三大保健品及美容产品零售商屈臣氏经过调研，将中国的主要目标市场锁定在 18～40 岁的女性，尤其是 18～35 岁的时尚女性身上，由此启发企业在销售前了解消费者群体及其特征，从而准确定位销售对象是多么重要。

人类是社会动物，总是生活在一定的社会环境之中，各种各样的环境因素都会对消费者行为产生直接或间接的影响。对于大多数人来说，他们都有成为自己向往的人的理想，或融入所向往的群体的愿望，这正是其产生购买行为的主要动机。研究消费者群体的特征，可以有效地与消费者进行沟通，从而引导其做出合理的消费行为。

3.1.1　消费者群体的含义

想要理解消费者群体的含义，需先了解社会群体的含义，因为消费者群体含义是从社会群体的含义中引申出来的。社会群体指的是人们在相互交往的基础上所形成的团体或组织，一般是指两人或两人以上通过一定的社会关系结合起来进行共同活动而产生相互作用的集体。群体规模可以比较大，如几十人组成的班级；也可以比较小，如经常一起逛街购物的两个好朋友。处于这个团体或组织中的成员具有共同的特征，或者具有共同的目的，或者从事共同的活动，或者具有共同的需要。每个人在群体中都充当着一定的角色，群体内部一般有一些成文或不成文的规范来约束群体内的成员。

社会成员构成一个群体，应具备以下基本条件和特征：①群体成员需以一定纽带联系起来，如以血缘为纽带组成了家庭、以业缘为纽带组成了职业群体。②群体成员之间有共同目标和持续的相互交往。③群体成员有共同的群体意识和规范。具有共同消费特征的人群所构成的群体即消费者群体。它是特定的社会群体，具有消费方面的共同特征与一定的规律性，会表现出相同或相近的消费心理行为，因为同一群体成员之间一般有较经常的接触和互动，从而能够相互影响。消费者群体的共同特征，包括消费者的收入、职业、年龄、性别、居住分布、消费习惯、消费爱好、购买选择、品牌忠诚等。同一消费者群体中的消费者在消费心理、消费行为、消费习惯等方面具有明显的共同之处，而不同消费者群体成员之间在消费方面存在着多种差异。一般来说，消费者都具有一定的群体意识和归属感，遵守群体的规范和行为准则，承担角色责任，同时也会意识到群体内其他成员的存在，在心理上相互呼应，在行为上相互影响。不同的消费者群体具有不同的心理特征，通过分析不同消费者群体的心理特征，可以为企业的营销管理提供最基本的依据和思路。

> **学而思，思而学**
> 电影院里的观众是偶然和临时地聚集在一起的，缺乏持续的相互交往。那么电影院里的观众能不能称为群体呢？

3.1.2　消费者群体与消费者个体的关系

消费者群体是与消费者个体相对应的一个概念，多个消费者个体因为共同的特征而自然构成了消费者群体。研究消费者的心理和行为，目的是开发商品市场，更好地满足消费者的需要，也是让企业得到相应的经济利益。正是基于这样的目的，研究消费者的心理和行为就必须与企业的经济利益联系起来。企业要取得相应的经济效益，其商品的销售通常是建立在规模化基础之上的，也就是建立在消费者群体的基础之上的。当然，研究单个消费者行为及为单个消费者实施营销策略一定会取得经济效益，这一点不可否认，但是这种经济效益最大的特点是不具有普遍性。对于绝大多数的企业来说，它们的经营活动不能建立在满足个人消费需要的基础之上，而是必须建立在满足众多消费者（消费者群体）的基础之上，所以研究消费者群体的心理和行为的重要性大于研究个体消费者的心理和行为。

除真实的消费者群体外，网络的发展还提供了网络社区这一新的虚拟消费者群体形式。

视野拓展

新的虚拟消费者群体——网络社区

网络社区通常由公司、媒体、专业性或非营利性组织设计的网站来维护，消费者就某些感兴趣的主题在网上进行交流，如"吉普车主""星球大战影迷""未来父母"等具体社区。

网络虚拟社区与真实社区的差别很大。网络虚拟社区的参与者往往不需要像真实社区的参与者那样对群体进行持续不断的投入，而是通过非面对面的交往，可以很大程度地消除现实交往中所传递的象征与情绪性意义。交往者的匿名性使交流不必承担由此带来的责任，同时也不像现实交往那样常常伴随明确或隐含的利益或报酬交换。

相对于发达国家而言，我国消费者的个体行为容易受到群体的影响。我国社会群体相对稳定，人与人之间的影响较为密切，研究消费者群体内部的影响可以更好地为市场开发提供依据。比如，我国的家庭是一种很稳定的消费者群体，由于我国大多数人的家庭观念较重，很愿意维持家庭的稳定，在建立家庭的时候需要投入很大的花销，这就为研究人员提出了特殊的要求，即必须研究家庭这种特殊的消费者群体。日常工作与生活中，我国消费者个体之间的交往较多，人们比较注意与周围环境保持良好的人际关系，尽量不出格；注意与别人的交往，注意听取别人的意见；愿意参考别人的看法，购买商品比较注意别人对商品的评价；愿意参考别人已有的消费经验，用别人的消费经验来判断自己将要购买的商品质量等。因此，研究消费者的心理和行为，必须研究消费者所处的群体是如何影响群体成员的。

思政案例

大学生消费者群体心理特征

作为一个特殊的消费者群体，大学生在当前的经济生活中，尤其是在引领消费时尚、改善消费构成方面起着不可替代的作用。但是，经济尚未独立的他们在消费上受到很大的制约。同时，他们的消费现状、消费特点在一定程度上折射出当前大学生的生活状态和价值取向。

大学生消费者群体心理特征主要有以下几个：

① 从众性。社会心理学家认为，从众行为是由于在群体一致性的压力下，个体寻

求的一种试图解决自身与群体之间的冲突、增强安全感的手段。从众行为是日常生活中普遍存在的一种现象。大学生虽然接受的是先进的科技知识，具有理性的思维，但是有的学生自我认识能力较差、自信心较弱、自尊心与虚荣心较强，使得他们在消费时很容易发生从众行为。

② 时尚性。时尚即流行，是社会上一时崇尚的样式，从发式到服饰，从语言到动作，都有时尚性。大学生站在先进文化的最高端，容易接触到、也容易接受新生事物的产生和发展，消费观念比较超前，消费观念变化比较快。大学生对产品的包装和外观形象的要求比较高，他们追求漂亮的、新颖的、能带来新鲜感的包装。

③ 易受暗示性。暗示是在无对抗条件下，通过语言、行动等刺激手段，对人们的心理和行为产生影响，从而使人们按照一定的方式行动或接受一定的意见思想。社会心理学研究指出，暗示者、被暗示者及环境的特点都会影响暗示的效果。现代社会中的大众传媒，如电视、网络、报纸、杂志等众多媒体，就常利用暗示心理向大众传播信息，引导大众采取相应的行为。大学生接触各种媒体的机会更多，虽然他们有较高的知识水平，但心理不甚成熟，在各种暗示纷扰的情况下，难免会失去分辨和判断能力，盲目地采取媒体所宣传的决策或行为。

④ 攀比性。人们总是选择他人作为自己的参照标准。大学生在生活、学习、人际交往及休闲娱乐中，总是有意无意地与他人做比较，以求心理平衡、获得自我认同，这种不考虑自己的经济状况、一味攀比促成的不合理消费，扭曲了大学生的心灵。

⑤ 个性化。在这个崇尚自由的时代，大学生开始不喜欢集体活动，而是追求个性独立、表现自我，以求与众不同。这是新型青年文化的显著特点。大学生正处于追求个性发展、自我意识增强、乐于接受新鲜事物的年龄阶段，面对五彩缤纷的消费市场，他们追求独特、个性和自由。

思考： 每个人都属于群体，消费者群体是如何影响消费心理的？

分析提示： 人类是社会化动物，我们每个人都或多或少地属于某个群体，并遵循这个群体的规则。对某些人来说，购买等行为的动机正是为了融入自己所向往的群体。在我们的生活中，有很多人通过贷款或信用卡购买超出自己购买能力或者根本不需要的产品，以营造一种中产阶级的错觉。这就涉及了参照群体的概念，参照群体指的是与个人的评价、追求或行为有重大相关性的真实或虚构的个人或群体。参照群体通过三个方面对消费者施加影响：信息、功利和价值表达。简单来说，我们的家人和朋友会给我们提供相应的信息和评价。比如，朋友刚刚给我介绍了一款阿玛尼的香水，那么即便对香水不了解，我在购买的时候依然会倾向于购买阿玛尼品牌的产品。除了身边的人，我们还会从关键意见领袖、社交媒体（朋友圈、微博、抖音等）或者专业媒体及评测机构获取信息。

3.2 主要消费者群体的心理特征

案例引入

女性消费者的消费观念悄然转变

人们早就意识到女性消费者在经济活动中的重要地位。最近多个研究成果显示，女性消费者群体的购买力在显著上升,而且其消费观念正在悄然转变。

某房产机构调研了北京、深圳、上海、杭州等12个城市的二手房交易数据之后发现,单身女性购房者的比例逐年增加。2018年,女性购房者的比例整体达到近7年来的最高值(46.7%),即将追平男性。波士顿咨询公司于2018年发布的《中国奢侈品市场消费者数字行为报告》显示,在新一代奢侈品消费的主力军中,有71%的消费者是女性。

女性消费者在消费升级、拉动内需的过程中将成为一支重要力量,越来越多的女性意识到赚钱能力和消费能力不仅能让自己过上想要的生活,更能获得应有的尊重。

思考:女性消费者有怎样的心理特征?

分析提示:本案例通过女性消费者的消费观念悄然转变这一研究现状帮助企业进一步意识到女性消费者在经济活动中的重要地位。如果按照市场营销的目的进行市场细分,消费者群体可能形成几十个甚至几百个类型。本书接下来仅以消费者的性别、年龄和职业作为市场细分的标准,简要归纳消费者群体的行为特征,为经营管理者提供最基本的参考思路。

群体是指为了实现某个特定的目标,由两个或更多的相互影响、相互作用、相互依赖的个体组成的人群集合体。一般而言,群体成员有着共同的需要和目标,具有共同的规范和行为模式,群体成员之间相互作用、相互影响,具有共同的归属感。

消费者群体及群体身份对个体的消费者行为有着很深的影响。在消费心理研究中,将消费者按照年龄、性别、职业等划分为不同的群体,分别探讨不同群体的消费心理特征有着重要价值。

3.2.1 不同年龄段消费者群体的心理特征

以消费者的年龄段为标准,可以把消费者群体分为婴幼儿消费者群体(0~6岁)、少年儿童消费者群体(7~18岁)、青年消费者群体(19~26岁)、中年消费者群体(27~55岁)和老年消费者群体(55岁以上)。

1. 婴幼儿消费者群体(0~6岁)

婴幼儿消费者群体比较特殊,他们没有消费能力,不是消费决策者或购买者,只是最终的消费者,但他们的消费意识会影响成人的消费心理。

(1)心理特征

婴幼儿消费者群体具有生存的信赖性,生存需要占主导地位,主要以自我为中心。婴幼儿的主要活动是游戏,其思维活动带有明显的具体形象性。随着年龄的增长,他们的自我意识开始增强,社会情感日益丰富,思维趋向成熟,具有强烈的好奇心。

(2)消费特征

婴幼儿消费者群体主要的消费对象是食物和玩具,他们的消费选择具有被动性,消费对象差异小。随着年龄的增长,他们逐渐开始模仿性消费。他们受广告的影响比较大,一些玩具和糖果广告对其有很强的吸引力。幼儿因其自身条件的限制,购买自主性低,但会要求成人给自己买喜欢的东西,有的幼儿甚至为了博取家长的信任和夸奖而自己主动挑选商品并购买。幼儿的消费行为也会受幼儿园其他小朋友、教师及书籍等因素的影响。例如，别的小朋友有一款变形金刚玩具，自己也想要一款。

2. 少年儿童消费者群体（7～18岁）

这一阶段的消费者多为学生。他们的主要任务是学习，主要消费对象是学习用品。其消费心理特征如下。

（1）依赖心理

由于少年儿童的购买能力还没有完全成熟，在购买商品时往往缺乏主见，所以他们常常表现出很大的依赖性，而且年龄越小，依赖性越大。例如，购买学习用品时主要是听老师的指导，购买生活用品时总是由父母来明确购买目标。

（2）好奇心理

少年儿童天真、幼稚，对事物抱有强烈的好奇心和幻想，其选择标准往往是成人所难以理解的。例如，一些制作精美的高级糖果可能引不起他们的食欲和兴趣，而一些制作简单但包装内附带各种不同玩具的糖果却备受其青睐。

（3）直观心理

少年儿童对外界事物的认识主要靠直观表象的形式，缺乏逻辑思维。例如，他们多从商品的直观印象上进行比较和选择，通常以"好看""我要""我喜欢"等情绪因素为主，凭直观、直觉来决定消费，而不去注意商品的品牌、质量或性能等。

（4）可塑心理

少年儿童处于认识事物的学习阶段，容易接受新生事物，在消费心理上表现为容易被一些动人的推销宣传所说服和影响。例如，受动画片《小猪佩奇》的影响，一些儿童对小猪佩奇的各种玩具爱不释手，这说明他们对新鲜事物特别感兴趣，喜欢模仿，容易从众。随着年龄的增长，他们会从模仿性消费逐步发展为有个性特点的消费，购买行为开始有一定的动机、目标和倾向。他们的消费情绪开始从不稳定发展到比较稳定，消费逐渐由受家庭影响转变为受社会影响，并乐于接受社会影响。

3. 青年消费者群体（19～26岁）

在青年时期的初期，年轻人的思维能力得到发展，能够独立思考，在购买时具备了基本的选择能力，消费心理也日益复杂。到了青年时期的后期，这一群体能力逐渐成熟，又有相当多的文化知识和生活经验的积累，接触的社会面广，信息增加，而且具备了一定的经济能力，所以消费心理也愈加丰富。青年消费者群体的消费心理主要具有以下特征。

（1）追求个性

这一时期，青年人的自我意识日益加强，强烈地追求独立自主，做任何事情都力求表现自我个性。他们希望树立完美的个性形象，喜欢标新立异，对大众化的事物不屑一顾。他们喜欢购买一些具有特色、能够体现自己个性特征的商品，追求与众不同。

（2）追求时尚

青年人热情奔放、思想活跃、热爱生活、富有理

案例链接 1

想，热衷于追赶时代潮流，具有冒险精神和创造力。在消费心理上，他们追求时尚和新颖，对商品的结构、性能等要求符合现代科学技术和现代生活方式；对于服务方面的消费，则表现出追求享受、新鲜、刺激和独特的特点。

（3）极易冲动

青年人对事物的分析判断能力还没有完全成熟，他们的思想感情、兴趣爱好、个性特征还不完全稳定，所以在处理事情时容易感情用事，甚至产生冲动行为。这种心理特征表现在购买行为上就是容易产生冲动性购买，在购买商品的过程中感情因素占据主导地位，往往以能否满足自己的情感愿望来决定对商品的好恶，只要自己喜欢的商品，便会对其产生浓厚的兴趣，迅速做出购买决策。

（4）攀比心理

攀比心理是青年早期消费者群体的一个重要特征，他们的消费心理往往是相互影响、相互攀比，以满足自身的虚荣心理。青年消费者自我需求强烈而多样，他们站在时代的前沿，是新时尚、新消费方式的追求者，拥有新的消费观念，喜欢拥有具有独特风格的商品。他们往往表现出超前消费，购买各种名牌手机、服装、包包，不考虑自身经济状况，甚至借贷消费。

4. 中年消费者群体（27~55岁）

中年消费者群体人数众多，一般处于购买决策者的位置，其消费心理具有如下特征。

> **学而思，思而学**
> 思考你所了解的自己父母的消费心理特征。

（1）比较理智

中年消费者一般生活经验丰富，情绪比较稳定，很少感情用事，多以理智支配自己的行动，比较注重商品的品质、价格、外观和实用性的统一。大多数中年消费者会经过反复比较与分析，深思熟虑后才会做出购买决策。

（2）计划性强

中年消费者大都是家庭经济责任的主要承担者，所以他们一般会按照自己的实际需求来购买商品，养成勤俭持家、精打细算的生活习惯，通常以量入为出作为原则，消费支出计划性强，计划外开支或即兴购买的情况很少发生。

（3）注重品质

中年消费者拥有丰富的生活阅历，积累了丰富的购物经验，他们不再完全按照自己的兴趣爱好来选择商品或消费方式，而是更加注重商品品质，重视性价比，对于曾经使用过的优质商品及品牌印象比较深刻，而且对其非常信赖，是其忠实的消费者。

（4）坚持主见

中年消费者大多有自己的主见，并且十分相信自己的经验和智慧，不易受广告宣传或销售人员的诱导，他们会通过自己的分析与判断来决定是否购买某种商品。企业在对待这类消费者群体时，应当给予充分尊重并听取他们的意见，对其"晓之以理"，而不是"动之以情"。

（5）重便利性

中年消费者群体工作比较繁忙，同时又担负着照顾老人、养育孩子的重任，在时间上会比较紧张,所以在购买商品时希望节约时间,还不想花费太大的精力,因此很多中年消费者会选择网上购物,因为既方便又快捷。

5. 老年消费者群体(55岁以上)

老年人是一个特殊的消费者群体,生理机能和体力都在下降,已有的信念越来越稳固,处理问题的方式也越来越模式化。老年消费者群体的心理特征主要包括以下几个方面。

(1)怀旧心理

老年消费者倾向于保留自己的生活习惯和生活风格,留恋过去的生活方式,情感很难转移,不会因为外界刺激而轻易改变。他们常常抱有一定的怀旧心理,对商品品牌的偏好很难改变。

(2)注重实际

老年消费者心理稳定程度高,注重实际,很少幻想,购买动机形成与否常常取决于商品给其带来的方便与舒适程度,所以会特别关心商品的质量、使用性能及携带是否方便等。另外,随着身体机能的衰退,他们逐渐意识到健康的重要性,因此健康需要成了他们最强有力的消费动力。

(3)需求稳定

随着生理机能的衰退,老年消费者的需求结构也在逐渐发生变化,用于穿戴方面的支出相对减少,而食品和医疗保健方面的支出较多。

(4)补偿性消费

一般情况下,老年消费者的子女已经独立,其经济负担有所减轻,所以他们可能会产生较强的补偿性消费心理,对营养食品、健身娱乐、个人嗜好、旅游观光等商品与服务产生较强烈的消费兴趣,以弥补以前未能实现的消费所带来的遗憾。

消费心理现象是消费者个人行为的心理表现,必然会受到消费者所处年龄阶段的影响。不同年龄阶段的消费者有着不同的人生阅历,必然会有不同的心理品质特征,所以消费心理会表现出显著的差异。

案例链接2

3.2.2 不同性别消费者群体的心理特征

男性和女性不仅在生理上存在差异,在社会角色、心理、行为等方面也存在一定的差异(见表3-1)。在消费者行为中,从消费者群体的角度来说,一般研究典型的男性消费群体和女性消费群体的心理特征。

表3-1 男性、女性消费特征关键词对比

性 别	男 性	女 性
消费特征关键词	实用 理性 迅速 自尊好胜 科技含量高	完美 情感 过程 精明有余 浪漫

1. 女性消费者群体的心理特征

在现代社会中，谁抓住了女性心理，谁就抓住了市场机遇。企业应当充分重视女性消费者的重要性，挖掘女性消费市场。女性的心理特征一般表现为情感丰富、易情绪化、观察细腻、联想丰富、重视家庭、重视外表与形体的美感。

女性消费者群体的消费心理特征如下。

（1）追求美观

"爱美之心，人皆有之"，追求时尚、追求美是当代女性一个明显的共性特点。这种心理体现在消费活动中，就是女性希望通过消费既能保持自然美，又能增加修饰美。她们首先想到的是这种商品能否展现自己的美，使自己显得更加年轻和富有魅力。在购买商品时，她们特别注重商品包装、色彩和艺术美，重视商品对人体的美化作用、对环境的装饰作用和对人的精神陶冶作用。

> **学而思，思而学**
> 想一想你所了解的当下的女性消费者在购买衣服的时候会比较注重哪些因素。

（2）情感强烈

女性往往比较感性，极易受周围环境的影响，购买决策带有较强的情绪性。女性的情感丰富细腻且强烈，遇到自己感兴趣的商品时容易产生购买意愿，也容易受一些外在因素的影响，如商品的色彩、外观及动人的广告画面等，进而迅速形成购买决策。

（3）联想丰富

女性消费者在购买决策中经常进行商品的自我比拟，联想商品的消费效果。很多女性逛商场的目的并不是购物，而是通过逛和看产生的联想来满足心里的愿望。女性消费者经常通过同伴的评价、媒体上的宣传等来反馈商品对自我形象的影响。对于自己满意的商品，她们具有强烈的购买欲望。

（4）追求实用

女性在购买各种基本的生活物品时，往往从商品的实用性和具体利益的大小上来平衡商品价值，判断其是否物美价廉、经久耐用，即典型的实惠心理。她们往往不厌其烦地反复挑选，全面权衡利弊，商品某些细微的优点或不足都会引起她们的注意，并影响其购买决策。例如，生活中常见的女性消费者购物时往往会货比三家，不厌其烦地进行比较，最终给出购买策略。

（5）名牌心理

女性在购买名牌时装、首饰、高级化妆品等高档消费品时，容易受流行风尚的影响，会将满足自己的精神需求放在首位。她们通常追求并信任品牌，喜欢炫耀，希望通过购物来炫耀自己的不同之处，显示自己的身份地位，从而得到他人的羡慕和尊重。

（6）便利新颖

现代女性上得厅堂、下得厨房，既要工作、又要持家，她们对日常用品的便利性具有较高的要求，新出现的、能够减轻家务劳动负担的便利性消费品往往会博得她们的青睐。女性消费者还具有追求新鲜和变化的心理，她们不希望一直生活在一个静止不变的环境中，喜欢富有创造性的事物与生活。例如，她们喜欢室内布置的变化、服装款式的不断变换等。

（7）重视价格

女性消费者，特别是中年女性消费者料理家务较多，对日用消费品考虑得比较周到，观察商品时比较仔细，在经济上精打细算，对商品的价格较为敏感，求廉动机十分突出，讨价还价的现象比较普遍，特别容易受促销活动的吸引。

2. 男性消费者群体的心理特征

男性在商品消费上一般是需要时才会购买，基本处于被动状态。他们对商品结构与功能的了解要优于女性，一般是较为复杂的、贵重的消费品的购买决策者。出于男性的成就感和控制欲，他们能更积极、主动地接受新产品。男性只要形成对某种产品的购买动机，就会迅速进行购买行动。男性的心理特征一般是刚强、心胸开阔、意志坚定、决策果断，通常以事业为重，富有探索意识和冒险精神，爱好体能型运动等。

男性消费者群体的消费心理特征如下。

（1）被动性强

男性消费者通常是事业型的，他们不像女性消费者那样经常料理家务、照顾家人，购买活动远不如女性频繁，购买动机也比较被动。在许多情况下，男性消费者购买动机的形成往往是因为外界因素的作用，如家人的嘱咐、同事的委托、工作的需要等，动机的主动性与灵活性都比较差。许多男性消费者在购物时都是事先记好自己所要购买的商品名称、样式、规格等，如果商品符合他们的要求，他们就会迅速采取购买行动，否则就会放弃购买动机。

（2）目标明确

男性消费者购物时一般比较理智，购物前就有明确的目标，逻辑思维能力强，能够果断决策，很少犹豫，能够迅速将购买愿望转化为购买行为。在购买商品时，他们也不会像女性消费者那样精心地挑选与比较，较为重视商品的整体效果，不太关注细节，整个购物过程缺乏耐心，只要遇到目标商品，就会迅速购买，然后尽快离开，这也体现出男性消费者在购物时力求方便、快捷的心理。

（3）好胜心理

相对女性消费者而言，男性消费者具有更强的攻击性和支配性。这种心理在消费上表现为求新、求异和开拓精神，他们往往对新产品的特性有较高的要求，敢于尝试新生事物。

（4）考虑全面

男性消费者习惯从整体方面搜集商品信息，考虑比较周到，能够比较全面地评价商品的优缺点。他们重视商品品质，更愿意购买品质优良、使用方便、能够满足自己需求的商品。

（5）自主性强

男性消费者独立性很强，在购买商品时善于独立思考，有主见，非常自信，处理问题时能够冷静地权衡各种利弊因素，做购买决策时很少受到广告宣传、商业环境气氛的影响。他们在购买过程中善于控制自己的情绪，不会轻易被销售人员说服，能够很好地控制自己的购物欲望，一般不会轻易受外界环境或他人的影响。

3.2.3 不同职业消费者群体的心理特征

目前，我国对职业的分类主要有以下几种：工人、农民、文教卫生科研人员、国家机关人员、商贸人员、金融证券保险人员、军人、警察、个体经营者等。本书主要讨论比较具有代表性和典型性的农民、文教卫生科研人员、商贸人员这三种职业群体的心理特征。

1. 农民消费者群体的心理特征

农民消费者群体占我国消费者的大多数,户籍管理体制使他们长期生活在农村地区。改革开放之后,随着经济的发展,农民的收入明显提高,生活也得到了很大的改善,但与城市居民仍存在一定的差距。

农民消费者群体的心理特征如下。

(1) 实用型消费动机明显

总体来说,农民消费者特别重视商品的质量与性能,要求商品经久耐用,一般不太看重商品的包装与外形等外在因素。

(2) 低价型消费动机强烈

农民消费者对商品的价格十分敏感,容易对价低质优的商品产生极大兴趣,这种强烈的低价动机有时导致农民消费者忽略商品的实用性而购买了价廉无用的商品。

2. 文教卫生科研人员消费者群体的心理特征

这类消费者群体,收入的两极分化现象加速。一部分人因拥有的专长在市场上有良好的经济效益而获得了较高的收入,少数文教科研人员已经进入富豪级消费者阶层,大部分人处于社会平均收入水平;农村中小学教师、在高等院校从事基础学科教育的部分人员,他们的收入水平较低。总体来说,这类消费者群体的购买心理特征如下。

(1) 决策理智

这一消费者群体的知识水平普遍较高,在决策过程对商品的物理属性会考虑得多些,决策过程相对理智。同时,由于相当一部分人的收入水平较低,决策过程可能较慢,在购买大件商品的时候这种现象更为突出。他们对于商品信息的收集、分析与判断需要较长的时间,对商品信息的评价相对慎重,在选购商品时首先要求质量可靠、使用方便、性价比合理。

(2) 自主性强

由于这一群体的知识水平较高,鉴别能力较强,多数人愿意自己挑选商品,对于各种广告与促销宣传也有很强的评判能力,不会盲从商家的宣传内容。当市场上出现大规模流行与消费潮流、出现奇异的消费行为时,他们会比较客观地看待这些消费现象,一般会预测到消费潮流必然"退潮"的结果,因而不会积极自觉地作为消费榜样参与领导潮流,而是采取顺其自然的消费态度。

(3) 求美动机

这一群体所受文化教育程度较高,因而对美的认识能力会相对增强,美感意识比较明显,一部分人接受过系统的美育教育,能够包容不同的美感标准,所以他们是高雅艺术消费的主要群体,乐意消费音乐、戏曲、演唱会、文化艺术表演等商品。

3. 商贸人员消费者群体的心理特征

商贸人员作为一种消费者群体出现,是改革开放之后的事情。商贸人员主要是指在国有、集体、民营、个体、三资等企业中从事商业、贸易、管理、经纪中介等工作的人员,如业务员、公关人员、管理人员、经纪人等。他们的收入水平高,是我国现阶段收入水平最高的消费者群体。他们所表现出来的购买心理特征如下。

（1）追求高档

商贸人员的工作环境具有很浓的现代气息，对个人形象要求较高，他们身上及身边的用品必须与工作环境相适应，这促使他们购买商品时要求高档化。比如服装消费方面，他们追求简捷高雅，一般选择中高档的职业装；为了达到高档的效果，他们重视名牌，重视价格，许多高价位的顶级商品都是由他们消费的。

案例链接3

（2）表现性强

这一群体必须在工作中树立良好的形象才能获得业务上的较大回报，所以他们经常购买名牌商品和名贵商品，这既帮他们塑造了良好的个人形象，也帮他们建立了良好的职业形象。

（3）追求方便

这一群体工作节奏快、工作强度大，劳累一天之后，几乎不可能每天花费两小时在家里洗菜做饭，而是力求简便，尽量使用自动化的炊具设备，或者购买现成食品或半成品食物，甚至直接去餐馆用餐或电话点餐。至于家里的搬运、装修、子女教育等活动，也经常委托给服务公司，自己省下难得的时间和精力用于工作或休闲。

（4）求新求异

这一群体收入水平高，购买力强，消费需要比较容易得到满足，而且原有的需要满足之后，新的需要很容易出现，追求新风格、新样式、新奇消费的动机随之产生。新风格、新样式的商品容易在这个消费者群体中推广。

思政案例

跟随时代，理性消费

改革开放使我国经济迅猛发展，消费也在随之提高，我国现已成为世界第二大消费品市场、第一大网络零售市场。新时代的形势下，我国消费结构也在持续发生着新变化。消费见证历史变革。消费之变，折射出了从贫困到温饱再到总体小康，人民生活的历史性跨越。

超前消费可以带动新的社会消费热点，扩大市场需求，以消费刺激拓宽市场，反过来又以市场促进生产的增长，使生产与消费保持良性的循环，从而拉动我国的经济增长。不理性的消费可能会导致个人的资金负债，从而严重影响日常生活。

当代年轻人应当树立正确的消费观。对于年轻人来说，正确的消费观应该是做到最基本的三点：理性消费、不超前消费、不过度超支消费。在当今时代，直播购物、网络平台植入带货等各种新颖的促销方式充斥着当代年轻人的生活，再加上平台推出的花呗、白条、信用卡透支等各种提供资金的便捷，使得年轻人每分每秒都处在消费的战场中。所以当代年轻人应当做到心中有数，不论钱多钱少，都能做到合理消费。

思考：广大青年（19～26岁）作为比较有活力的消费者群体，他们的消费心理主要具有哪些特征？

分析提示：青年消费者群体（19～26岁）处在青年时期的初期，年轻人的思维能力得到大力发展,能够独立思考,这一消费者群体的消费心理特征主要有追求个性、追求时尚、极易冲动、喜欢攀比等。

3.3 参照群体与消费者行为

> **案例引入**
>
> **名人效应**
>
> 名人特别是电影明星、体育明星、歌星等作为参照群体具有强大的号召力和感染力,其生活模式代表了一些人的理想,因此产品制造商不惜重金请名人做产品的代言人,期望的是消费者能够对与名人有联系的产品做出积极的反应。"名人效应"的广告手段现在被越来越多的商家所采用。例如,百事公司强大的广告宣传阵容,宝洁公司为旗下的各个洗发水品牌聘请名人作为产品代言人,为公司带来了巨大的经济利益。利用名人做广告,公司能获得多种利益,如名人的名誉、才能、可信度或者个人魅力。在这些利益中,名人的可信度是最重要的。
>
> **思考:** 广大消费者消费过程中的参照群体有哪些?
>
> **分析提示:** 本案例通过百事公司、宝洁公司等聘请诸多名人作为产品代言人,为公司带来巨大的经济利益的情况,引导我们意识到影响消费者行为的还有名人效应。本质上,名人效应中的名人在消费市场上属于参照群体,这些企业通过抓住消费者的从众心理和模仿特点引导消费者在缺乏自主性和判断力、在复杂的消费活动中犹豫不决的时候,快速做出消费选择。

3.3.1 参照群体的概念与类型

1. 参照群体的概念

参照群体也称相关群体,是指对个人的行为、态度、价值观等有直接影响的个人或群体,其看法和价值观常被个体作为其当前行为的基础。参照群体的规模可大可小,从一个人到成百上千人不等。它的存在方式可以是真实的形象,也可以是虚拟的形象,如卡通明星等。参照群体的存在给个体提供了判断态度、行为的标准和常数。

2. 参照群体的类型

从消费心理学的角度,根据不同的划分标准,参照群体有以下划分结果。

(1) 正式群体与非正式群体

参照群体根据消费者群体组织的特点可以划分为正式群体与非正式群体。正式群体是指具有明确的组织结构、完备的组织章程、确切的群体活动时间的消费者群体。正式群体中的消费者必须遵守群体的行为准则,严格保证群体活动的规范性。例如,业主代表大会、职

> **学而思,思而学**
>
> 你的消费参照群体哪些是正式群体,哪些是非正式群体?

业协会、消费者俱乐部、同业者联谊会等均属于正式的消费者群体。与此相反，没有明确组织结构与章程、结构比较松散、通常以情感或兴趣为纽带结成的消费者群体称为非正式群体。例如，几个聊得来的好姐妹、多年的邻居、羽毛球球友、驴友等，都属于非正式群体。

（2）首要群体与次要群体

参照群体根据群体成员影响力的大小可划分为首要群体与次要群体。首要群体也称主要群体或主导群体，是指由有着极其密切关系的消费者所组成的群体。首要群体对其成员的消费心理和消费行为都有十分重要的制约作用。例如，家庭、亲朋好友、单位同事就属于首要群体。次要群体也称次级群体或辅助群体，是指对成员的消费心理与行为的影响作用相对较小的消费者群体，通常是由具有某种共同兴趣、需要、追求的消费者组合而成的。例如，绘画兴趣班一起上课的朋友就属于次要群体。

（3）所属群体与渴望群体

参照群体根据消费者与群体的关系状况可以划分为所属群体与渴望群体。所属群体是指消费者实际加入其中或所属的群体，群体和群体中的其他个体对消费者都有很大的参照作用，对消费者的心理与行为有着稳定的、直接的、重要的影响甚至制约的作用。渴望群体是消费者渴望加入其中但实际尚未加入的群体，对消费者行为具有很强的示范作用，使其产生模仿行为。

（4）自觉群体与回避群体

参照群体根据消费者对群体的意识与态度不同可以划分为自觉群体与回避群体。自觉群体是消费者根据自身条件在主观上把自己列为其成员的某个群体，如中年知识分子群体、"老三届"群体、传统型消费者群体等。自觉群体中的成员并无直接交往，但是其成员通常会自觉地约束自己的行为使之符合群体的规范。因此，自觉群体对增强消费者的趋同心理和从众心理具有明显的影响，能够促成消费者行为的统一化和规范化。回避群体是指消费者认为与自己完全不符合并极力避免与之行为相似的群体。消费者对于回避群体的消费行为持坚决的反对态度，并且极力排斥其对自身的影响。例如，高收入者对低收入者的消费行为，成年人对青少年的消费行为，男性消费者对女性消费者的消费行为，都在一定程度上采取回避态度。

（5）长期群体与临时群体

参照群体根据消费者与群体联系的时间长短可以划分为长期群体与临时群体。长期群体指消费者加入时间较长久的群体。长期群体的规范及准则对消费者行为具有重大且稳定的影响，甚至可能使群体成员形成一定的消费习惯。临时群体只是消费者暂时参与其中的群体。临时群体对消费者的影响也是暂时性的，但影响力可能很大。例如，参加某个企业有奖销售的消费者群体，部分成员的参与热情会激发更多人的购买欲望，形成一时的热潮。

（6）实际群体与假设群体

参照群体根据消费者群体的真实存在与否可以划分为实际群体与假设群体。实际群体是现实生活中客观存在的群体，成员之间具有实际交往和相互的影响与制约。假设群体也称统计群体，特指具有某些共同特点的消费者群体，而成员之间并没有现实的联系，也没有任何的组织形式，只是具有统计意义或研究意义的群体。例如，相同年龄、性别、职业、收入水平、居住地区、居住环境、宗教信仰的消费者群体，都属于假设群体。假设群体的界定在市场营销活动中具有十分重要的应用价值。

3.3.2 参照群体对消费者行为的影响

1. 向消费者展示新的行为和可供选择的消费方式

消费者个人总是生活在一定群体之中的，与众多的群体成员在一起生活，随时传递各种信息，进行相互沟通与交往，必然会产生一种相互感染、相互影响的集体心理现象。集体心理现象的存在就会使每个成员趋向某种共同的追求和目标，形成具有群体特征的生活方式。既然是群体所认可的生活方式，该群体成员一般会自觉遵守，并且对新加入成员具有明确的示范作用。

2. 引起消费者的模仿欲望，影响消费态度

具有较强影响力的参照群体或消费者自我归属意识十分强烈的消费者群体，会对其成员的消费态度与习惯具有重要的诱导作用。以作为某群体成员而自豪的消费者，都愿意按群体的消费习惯做事，以表明自己作为某群体成员的特征。

3. 促使成员购买行为的一致化

共同的心理特征必然产生行为的一致化。作为某个群体的成员，消费者在大多数情况下都会自觉采取与群体成员一致的消费行为。这是由于不同的群体有不同的内部规范。消费者对商品的评价、选择、购买、使用都会受到群体内大多数成员的影响。尽管随着社会经济的发展，消费者的消费行为正向着个性化、独特化发展，但群体成员消费行为的一致化仍然表现得十分普遍。

3.3.3 模仿与从众现象

1. 模仿现象

模仿是指仿照一定榜样做出类似动作和行为的过程。研究表明，人类在社会行为上有模仿的本能，这一本能也存在于人们的消费活动中。消费活动中的模仿，是指当某些人的消费行为被他人认可并羡慕，便会产生仿效和重复他人行为的倾向，从而形成消费行为模仿。

案例链接 4

在消费活动中，经常会有一些消费者做出示范性的消费行为。这些人可能是普通的消费者，他们的消费兴趣广泛，个性独立，消费行为具有独创性；也可能是一些名人，如影视歌星、体育明星、商界名流等；还可能是某行业的消费专家，如美食家、电脑发烧友、音响发烧友、汽车发烧友等。这些特殊消费者的示范性行为会引起其他消费者的模仿，模仿者也以能效仿他们的行为而感到愉快。

模仿可以是消费者理性思考的行为表现，也可以是感性驱使的行为结果。成熟度较高、消费意识明确的消费者，对模仿的对象往往会经过深思熟虑，进行认真选择。相反，观念模糊、缺乏明确目标的消费者，其模仿行为往往带有较大的盲目性。在消费领域中，模仿是一种普遍存在的社会心理和行为现象。可供模仿的内容极其广泛，从服装、发型、家具到饮食习惯、娱乐休闲方式，都可以成为消费者模仿的对象。

2. 从众现象

从众是指个体在群体的压力下改变个人意见而与多数人取得一致认识的行为倾向。与模仿相似，从众也是普遍存在的社会心理和行为现象。从众现象在消费领域中表现为，消费者自觉或不自觉地跟从大多数消费者的消费行为，以保持自身行为与多数人行为的一致性，从而避免个人心理上的矛盾和冲突。这种个体因群体影响而遵照多数人消费行为的状况，就是从众消费行为。例如，人们吃饭时喜欢到人多的餐馆；进行品牌选择时，偏向市场占有率高的品牌；选择旅游景点时，倾向热点城市和热点线路。

从众行为的产生，是由于人们寻求社会认同感和安全感的结果。在社会生活中，人们通常会有一种共同的心理倾向，即希望自己归属于某一较大的群体，被大多数人所接受，以便得到群体的保护、帮助和支持。此外，对个人行为缺乏信心，认为多数人的意见值得信赖，是从众行为产生的另一重要原因。有些消费者由于缺乏自主性和判断力，在复杂的消费活动中犹豫不决、无所适从，从众便成为他们最为便捷、安全的选择。

3.4 消费习俗与消费流行

案例引入

奇怪的流行密码

英国一位研究服装问题的专家曾指出：如果一个人穿上 5 年后会时兴的服装可能会被认为是怪人；提前 3 年穿戴，会被认为是精神不大正常；提前 1 年穿戴，则会被认为是大胆的行为；而在正流行的当年穿，会被认为非常得体；但 1 年后再穿，就显得土气；5 年后再穿，就成了老古董；10 年后再穿，只能招来耻笑；可是过了 30 年后再穿，又会被认为很新奇，具有独创精神。

思考： 研究顾客群体的消费习俗与消费流行，对企业营销活动有何作用？

分析提示： 本案例通过社会上普遍存在的消费流行现象来突出消费习俗和消费流行的重要性。在现实生活中，顾客经常以群体的方式参与购买与消费，因此研究顾客群体的消费习俗与消费流行的群体表现对企业营销活动具有重要意义。消费习俗的形成与沿袭，既有政治、经济、文化的原因，又有消费心理的影响。不同国家、地区、民族的人们，在长期的生活实践中形成了多种多样的、彼此不同的消费习俗。

3.4.1 消费习俗

1. 消费习俗的概念

消费习俗是指一个地区或民族的人们在长期的经济活动与社会活动中约定俗成的消费习惯。它是社会风俗的重要组成部分，主要包括人们对信仰、饮食、婚丧、节日、服饰等物质与精神产品的

学而思，思而学

列举出你所了解的身边的消费习俗内容。

消费习惯。消费习俗的形成有自然、社会及政治经济等方面的原因，也有消费心理的影响。消费习俗一旦形成，不但对日常生活消费行为产生直接的影响，对消费心理也有一定的影响。

2. 消费习俗的特点

作为一个地区或民族约定俗成的消费习惯，消费习俗具有以下特点。

① 长期性。消费习俗是人们在长期的经济活动与社会活动中，由于政治、经济、文化、历史等方面的原因，经过若干年乃至更长时间，逐渐形成和发展起来的。消费习俗一旦形成，就会世代相传，稳定且强有力地影响人们的购买行为。

② 社会性。消费习俗是人们在共同的社会生活中互相影响产生的，是社会生活的重要组成部分，带有社会性的共同色彩。也就是说，生活消费受社会影响，才能形成习俗。

③ 地域性。从某种意义上说，消费习俗是特定地域范围内的产物，通常带有强烈的地域性色彩。比如，广东人有喝早茶的习惯，东北人有吃大饼、面食的习惯，四川人有吃辣椒的习惯。至于少数民族地区的消费习俗，更是他们在特定的地域环境中长期生活而形成的民族传统和生活习惯，如藏族人喜欢喝青稞酒、蒙古族人喜欢喝烈酒。消费习俗的地域性使我国不同地区形成了各不相同的地域风情。

④ 非强制性。消费习俗的产生和沿袭往往不是采用强制手段推行的，而是通过无形的相互影响和社会约束力量发生作用而形成的，具有无形的但强大的影响力，以潜移默化的方式影响着人们，使人们自觉或不自觉地遵守这些消费习俗，并以此规范自己的消费行为。当然，在消费习俗中，有些属于健康、文明的，有些则属于不健康、不文明的。对于不健康、不文明的消费习俗，只能在较长时间内通过科学与教育的方法予以纠正。

3. 消费习俗的分类

按照消费习俗的特点，可以对其进行如下分类。

（1）喜庆类

这是消费习俗中最主要的一种形式。它往往是人们为表达各种美好感情、实现美好愿望而产生的各种消费需求的反映。这类消费习俗多是由远古时代人们对大自然、对太阳、对某种图腾的崇拜逐步演化而来的。各国都有自己的传统节日，如我国的春节、西方的圣诞节等，都属于这类消费习俗。

（2）纪念类

这类习俗是指人们为了表达对事物或对人的纪念之情而形成的消费习俗。这是一种十分普遍的消费习俗。例如，我国人民在农历五月初五吃粽子，据说就是由战国时期楚国人民纪念屈原而逐渐形成的。其他国家和民族也都有类似的习俗。

（3）宗教信仰类

这类习俗多受宗教教义、教规、教法的影响，并由此衍生而成，因此宗教色彩极重。而且这类消费习俗的意识约束力极强，如宗教信仰引起的禁食习惯、服饰习惯等。

（4）社会文化类

这类习俗是在较高文明程度基础上形成的。它的形成、变化、发展与社会经济、文化水平有着密切的关系，如我国广州每年的花市、山东潍坊的风筝节、郑州的武术节、东北的冰雪节等。再如，我国各地的地方戏，更是社会文化类消费习俗的典型表现，代表着不同地区间的文化消费风尚。

（5）地域类

这是由于受自然、地理及气候等因素的影响而形成的习俗。这种习俗的变化与社会经济发展水平呈反向变化趋势，即随着社会经济发展水平的不断提高，地域性消费习俗呈逐步弱化的趋势。例如，我国南方人喜欢吃米、北方人喜欢吃面食就是受农作物生长分布影响形成的生活消费习惯，而在经济发展水平不断提高的今天，这种习俗有被多样化饮食结构取代的趋势。

3.4.2 消费流行

1. 消费流行的概念

消费流行是指在一定时期和范围内，某种消费品或某种消费样式，一段时期内得到人们的认同和追捧，在短时期内形成群体效仿的消费现象。消费流行既是社会经济和物质生活变化的风向标，又是引导人们转变消费观念、更新消费方式、促进社会消费的推进器。离开消费流行潮起潮落的变幻，现代商业社会就会失去其特有的魅力和活力。

案例链接5

（1）流行的含义

流行是指一个时期内社会上流传很广、盛行一时的大众心理现象和社会行为。从日常生活中的行为方式到人们的思维方式，从生产、消费活动到文学、艺术领域，都可发现流行。流行歌曲、流行词、流行服装、流行发式、流行生活方式等，社会生活中的流行现象数不胜数。

（2）流行的分类

流行可以从多种角度进行分类。从流行的内容看，流行可以分为三类：一是购买物的流行，如新潮家具、时装、健康食品等。二是行为的流行，如搓麻将、打太极拳、街舞、扭秧歌等。三是思想的流行，即某些思想方法、某种专门思想的流行，如尼采热、存在主义热、后现代主义热等。

（3）消费流行的成因

消费流行和前面提到的消费习俗有关。一般来说，消费流行往往是建立在一定的消费习俗基础之上的，是消费习俗的变异；而消费习俗则是消费流行的巩固化和稳定化。形成消费流行的原因主要有两个。第一，商品生产者和销售者为了自身的利益，有意制造出种种吸引人的消费气氛，诱导消费者进入流行的节奏中。法国巴黎是世界时装的窗口，这里发布的时装款式信息，经常代表下一季度世界时装流行的趋势。而这些流行趋势，主要是时装生产者和销售者为了扩大经营，借助巴黎这一国际时装中心的权威性影响，引导和推动众多消费者追随形成的。由于消费者具有某一共同的心理需求，所以表现出模仿和从众的消费心理现象。在这种现象的影响下，许多消费者主动追求某种新款商品或新的消费风格，从而自发推动了流行的形成。第二，社会文化发展水平及媒体传播对消费者流行的产生也有深刻的影响和巨大的推动作用。

2. 消费流行的规律

对企业来讲，由消费者心理活动促成的消费流行，既是市场营销的机会，又是企业营销的"陷阱"。所以，把握消费流行规律是企业掌握市场动态与方向的重要一环。消费流行与其他社会经济现象一样，有其自身的发展变化规律，主要体现在以下两个方面。

（1）地区传播规律

消费流行按其地区范围的大小，可划分为地区性流行、业界性流行、全国性流行和世界性流行四种类型。这些类型所反映的是流行的地域特性。其流行的规律主要表现在以下两个方面。一是从发达地区向不发达地区传播。由于消费的基础是经济发展水平，市场商品的多样化促成消费行为的多样性，商品更新换代的速度影响消费行为的转换速度，因此消费流行总是由经济发展水平较高的国家或地区开始，而后向经济欠发达的国家或地区扩展和延伸。二是波浪式传播。消费行为表现为短期内爆发式地向外扩展与延伸，当一种消费流行由发达地区兴起并传播到欠发达地区时，随着欠发达地区流行的兴起，发达地区的流行趋势一般随之下降，同时又会酝酿新的流行。这种波浪式运动的传播趋势，是消费者对原有流行产生厌倦心理的结果。波浪式的传播在时间上表现为继起性，具有从发达地区向欠发达地区顺序转移的基本特点。

（2）人员结构规律

消费流行作为人类的社会行为，反映出消费者消费需求的阶段性和阶层性的变化。消费者群体的构成形式及按群体层次的传播方法，形成了消费流行的人员结构规律。一般来讲，可形成以下三种基本的流行形式。一是滴流，即由上向下扩展延伸。这种形式多由社会上层、领袖人物、影视明星、社会名流等人物带头提倡，从其自身行为或因某种需要的活动开始，向下传，最终形成社会时尚或消费流行。二是横流，即横向扩展延伸。这种形式是由于社会生活环境变迁、消费观念的变化，某种商品或消费时尚由社会中的某一阶层率先使用，而后向其他阶层蔓延、渗透，进而流行起来。这种流行与社会经济发展的关系极大。例如，近年来外资企业中白领阶层的消费行为经常向其他社会阶层扩展，从而引发流行。三是逆流，即由下而上扩展。它是从社会下层的消费行为开始，逐渐向社会上层推广，从而形成消费流行。例如，牛仔服原是美国西部牧人的工装，现在已成为下至平民百姓、上至美国总统的流行服装。

3. 消费流行的特征

（1）追随者众多、流传甚广

流行是在较大范围内为大多数人所追求、所仿效的现象，这一点与时髦有所不同。一般认为，时髦流行于社会上层极少数人中间，而且它通常是以极端新奇的方式出现的，没有广大的追随者。比如，在西方上流社会，一些人以修建室内游泳池、购置豪华游艇和直升机为时髦，而这些行为对普通民

思政小课堂

新国货的流行，预示着年轻人消费理性的回归。民族企业和国货，正在迎来又一个春天。随着新生代的兴起，加之中国传统文化审美的复兴，一个个"爆款"赋予"新国货"不同以往的形象。"百年老店"尝试推陈出新，让年轻消费者感到"潮"的惊喜；许许多多的新国货品牌努力弯道超车，聚力打造新的"金字招牌"。当下发生的国货风潮，不仅肇始于国内消费者的爱国热情，更是理性的消费抉择、创新的产品设计、精准的营销策略使然，而这些都是推动民族企业行稳致远的根本动力。

众是可望而不可即的事，不可能有大批的追随者，因而也不可能在社会上流行。

（2）时期性

流行一般在一定时期内风行一时，过了这段时间便不再流行。流行时间有长有短。有的产品或行为，如"呼啦圈热"，表现为当时人们对这些事物的狂热追求，短时期内即在大多数人中间风行，但它们往往是昙花一现，来得快，消失得也快。有的产品或行为，如前面所说的牛仔裤，流行的时间则相当长。也有一些流行现象，如服装的款式，具有循环往复的特性。例如，现在汉服在大学生中间比较流行，在商场和景点随处可见。

（3）自发性

人们对流行的追求具有很大的自主性，可以不参与流行、不去追求流行现象，虽然在某些场合会被另眼相待，但不会受到社会的惩罚。在这一点上，流行与习俗、习惯和其他带有强制性规范的群体制度是不同的。

（4）反传统性

流行的最主要特征是与传统相悖，只有新奇、与众不同才会形成流行。长时间固定不变，或是约定俗成的东西即使为大多数人所采用，也不是流行。一些心理学家将流行看作人们对于现行社会形式的束缚与制约的反叛情感的一种表达方式。从这一角度看，只有与传统不符或相悖的事物才能充分地表达这种反叛情感。

对于流行的追随，会在不同性别、不同年龄、不同性格的人群中表现出较多的差异。从强度上看，女性较男性更热衷于流行；青年人较老年人有好奇心，也更容易参与流行。从内容上看，不同性别、不同年龄和不同性格的人也会表现出不同。比如，青年人中流行穿时尚服装、染烫发、KTV娱乐等，而老年人中则流行打太极拳、养生食品、保健疗法等。流行还存在地区、文化上的差别，城市与乡镇、南方与北方、沿海与内陆等也都有差别。

思政案例

美好家居寄托对生活的向往

如今的消费者越来越强调自我与个性，款式单一的家具已越来越难以满足现代人对家居空间的需求。个性张扬的年轻一代在追求舒适、便利的同时，也不放弃对于个性设计的执着。现代繁忙的都市生活让人们对家居环境的要求已不仅仅限于舒适和实用，对美好家居生活的向往、对高质量家居品位的不懈追求使得家具行业不断发展。

近几年，家具设计流行趋势求实用、重设计、讲外在、追内涵，在保证家具实用的基础上，新款家具更注重设计与讲究文化内涵。整体卧房概念悄然兴起。软床设计的另一个看点是床头的设计，通过多功能可调节的床头，让消费者在卧室内可以有多样化的睡姿、坐姿和靠姿，更满足了消费者在卧室内阅读、休息、看电视等多样化的功能。

思考：消费流行有哪些特征？

分析提示：消费流行的特征：追随者众多、流传甚广；具有时期性；具有自发性；具有反传统性。

本章小结

本章介绍了参照群体对消费心理的影响及其影响方式，以及决定影响强度的因素。消费者群体规范中有成文与不成文两种表现形式。消费者往往通过内部沟通加速群体规范的形成，并对消费者个人的行为以及群体的共同行为产生重要影响。模仿、从众和意见领袖的存在是消费者群体内部沟通的结果，并直接影响群体的行为。

消费者的心理活动的形成和变化，受到经济、文化、环境等多方面因素的影响。按照年龄指标，消费者可以分为婴幼儿消费者群体、少年儿童消费者群体、青年消费者群体、中年消费者群体和老年消费者群体五类。按性别差异分，可分为男性消费者群体与女性消费者群体。按职业类型分，本书主要讨论比较具有代表性和典型性的农民、文教卫生科研人员、商贸人员这三种职业群体的消费特征。消费活动中的模仿，是指当某些人的消费行为被他人认可并羡慕时，便会产生仿效和重复这类人的消费行为的倾向，从而形成消费行为的模仿。在消费领域中，从众表现为消费者自觉或不自觉地跟从大多数消费者的消费行为，以保持自身行为与多数人行为的一致性，从而避免个人心理上的矛盾和冲突。这种个人因群体影响而遵照多数人消费行为的方式，就是从众消费行为。在影响消费者心理与行为的各种环境因素中，消费习俗与消费流行是社会潮流与社会传统在消费者心理活动及消费行动中的特定反映。

课后练习

第 4 章
影响消费者行为的内部因素——个体特征

学习目标

- 理解消费者个性的含义、特征和组成部分
- 掌握基于消费者个性的营销策略
- 理解消费者自我概念的含义及对消费者的影响
- 掌握基于消费者自我概念的营销策略
- 理解消费者生活方式的含义及对消费者行为的影响
- 掌握基于消费者不同生活方式的营销策略

4.1 消费者的个性

案例引入

王府井百货大楼将充绒"车间"搬进商场

俗话说，百货迎百客。为了提高销量，北京王府井大楼亮出新招，把南京羽绒厂的充绒"车间"搬进了商场。果然，飞行羽绒被的日销售额由 3 000 元上升到万元以上。

这个现场充绒"车间"有 15m^2，透过全封闭铝合金玻璃墙，三位工人称绒、充绒、缝纫的一举一动，顾客一目了然。含绒量有 50%、70%、90%三种，重量可多可少，高密度防绒布袋有 7 种颜色和图案可供选择。"车间"外，围满了驻足的顾客。

思考：王府井百货大楼将南京羽绒厂的充绒"车间"搬进商场体现了什么营销策略？

分析提示：王府井百货大楼将南京羽绒厂的充绒"车间"搬进商场体现了基于消费者个性的营销策略。在信息时代，大规模生产和批量经营正受到强烈的冲击。为了赢得市场，企业必须看到消费者需求的差异性，为消费者量体裁衣，满足其个性化需求。案例中南京羽绒厂的做法使得消费者可以根据自己的个性需求自主选择和自由搭配，将消费者纳入产品的个性化设计参与中来，以便生产出令消费者满意的产品。

4.1.1 消费者个性的含义与特征

1. 消费者个性的含义

消费者在购物活动中产生的认识、情感与意志等心理过程,体现了人的心理活动的一般规律,是人类心理现象的共性。但在现实的购买活动中,消费者的心理现象除这些共性规律外,还体现出明显的个体差异性。构成消费者千差万别、各具特色的购买行为的主要因素就是消费者的个性。个性的存在,才使得大千世界更加丰富多彩。消费者个性是指消费者在消费过程中表现出来的具有稳定倾向性、稳定心理特征的总和,包括消费者的兴趣、偏好、能力、气质、性格等多个方面。

> **案例链接**
>
> **手袋"个性"解读**
>
> 有一种说法:假如你喜欢用大袋子,又爱把它塞得满满的,那可能意味着你是一个缺乏安全感的人。职业女性,尤其是年龄日长的职业女性大多如此。你看那些 20 岁刚出头的女孩子,背只小小的短肩袋或背囊,一派青春无悔的样子。
>
> 手袋的颜色也是一种语言。如果你常用的手袋是鲜红色,说明你活泼自信且有野心;暗红色给人一种神秘感;偏爱绿色的人性格可能有些古怪;喜欢白色手袋的,比较注重物质享受;黑色的手袋,给人大方稳重的感觉。
>
> 你常常会发现,当你的手袋用旧了想买只新的时,你的选择往往是一只跟旧款相同甚至颜色也相同的手袋。这就是女人的恋旧情结。或许你已备有好几只手袋作替换及陪衬用,但总有一只是你经常携带的,而这只手袋便最能代表你的个性。

2. 消费者个性的特征

从个性的表现来看,消费者个性具有多重特征。

① 消费者个性的稳定性,指消费者经常表现出来的某种心理倾向和心理特征具有稳定不变的倾向。

② 消费者个性的整体性,指消费者的各种心理倾向、心理特征及心理过程错综复杂地交互联系、相互制约、相互协调地联系在一起。

③ 消费者个性的独特性,指消费者所体现出来的个性心理特征都具有独特的个性倾向。

④ 消费者个性的倾向性,指消费者在实践活动中对客观事物所持有的一定的看法、态度和感情倾向。

⑤ 消费者个性的可塑性,指个体随着生活经历的变化而发生不同程度的变化,从而在不同的年龄阶段呈现出不同的个性特征。

4.1.2 消费者个性的组成部分

消费者个性包括消费者的兴趣、偏好、能力、气质、性格等多个方面。

① 消费者的兴趣。消费者的兴趣是指消费者对于客观事物特殊的认识倾向。所谓特殊的认识倾向，是指在认识过程中带有稳定的指向、趋向、偏好，并能持续较长的时间。

② 消费者的偏好。消费者的偏好是指消费者对一种商品（或者商品组合）的喜好程度。消费者会根据自己的意愿对可供消费的商品或商品组合进行排序，这种排序反映了消费者个人的需要、兴趣和喜好。

> **思政小课堂**
>
> 个性倾向性中的各个成分并非孤立存在的，而是互相联系、互相影响和互相制约的。其中，需要又是个性倾向性乃至整个个性积极性的源泉，只有在需要的推动下，个性才能形成和发展。动机、兴趣和信念等都是需要的表现形式。而世界观处于最高指导地位，它指引和制约着人的思想倾向和整个心理面貌，是人的言行的总动力和总动机。

③ 消费者的能力。消费者的能力包括对商品的辨别力、挑选力、评价力、鉴赏力、决策力等多个方面，每一方面都有着因人而异的差别。

④ 消费者的气质。从消费心理学的角度看，气质是指个体心理活动的典型的、稳定的动力特征。这些动力特征主要表现在心理过程的强度、速度、稳定性、灵活性及指向性上。消费者的气质类型主要可分为几种：多血质型消费者；胆汁型消费者；黏液型消费者；抑郁型消费者。

⑤ 消费者的性格。消费者的性格是指消费者的态度和习惯在购买方式上具有个人特点的表现。购买态度较典型的有节俭型、保守型、自由型、顺应型、怪癖型等；购买方式主要有习惯型、慎重型、挑剔型、被动型等类型。

4.1.3 基于消费者个性的营销策略

随着社会发展和消费者收入水平的提高，消费者之间需求的同质性将趋于减少、弱化，而异质性或差异性将不断增强、扩大。在崇尚个性化消费的今天，体现个性化需求的个性化产品为企业实行个性化营销提供了可能。没有个性化需求，就谈不上个性化营销。带有感性色彩的个性化消费理念、满足特定目标消费者追求个性的心理需求，将掀起新经济时代强劲的消费热潮。消费者需求个性化下的个性化营销策略包含以下内容。

1. 对企业商品客户的市场定位

> **学而思，思而学 1**

（1）建立客户数据库

"销售未动，调查先行"，掌握每一位顾客的详细资料对企业实施个性化营销来说相当关键。这意味着营销者对顾客资料要有深入、细致的调查和了解。对于准备进行个性化营销的企业来说，关键的一步就是能直接挖掘一定数量的企业顾客，且至少大部分是具有较高价值的企业顾客，然后建立自己的顾客数据库，并与数据库中的每一位顾客建立良好关系，最大限度地提高每位顾客的终身价值。

（2）营销速度化

21 世纪是生活快节奏的时代，在这种日新月异的时代，速度的快慢将决定企业的存亡。这就是说，营销要随时跟上市场变化的形势，稍一迟疑，就有可能折戟沉沙。因此，一个好的产品应迅速推向市场,不能等待观望。

(3)产品知识化

随着高新科技与信息产业的高速发展,不同产品的质量差异也会越来越小,供人们使用的功能也会越来越相似,竞争将会更加激烈。同时,消费者的教育水平也得到了广泛提高,人们对文化的渴求越来越强烈,产品的知识化优势在这时就会渐显出来。如果在满足消费者所需产品的同时,也给予消费者一种文化上的熏陶,则满足了消费者更高层次的需求。实际上,目前消费者对文化的追求已经达到了一定的水平,因特网会增加产品的知识成本,使知识产品成为时尚,并随着各种文化进行传播,那些能搭上文化传播快车的商品必然会得到越来越多的消费者的青睐。

(4)企业客户差别化

从广义上理解客户差别化主要体现在两个方面:一是不同的客户代表不同的价值水平;二是不同的客户有不同的需求。因此,个性化营销认为,在充分掌握企业客户的信息资料并考虑了客户价值的前提下,合理区分企业客户之间的差别是很重要的。

(5)目标客户沟通

面对个性化营销,大家所熟悉的一些大众媒介已经不再能满足需要,这就要求企业寻找、开发、利用新的沟通手段。计算机产业及信息技术的高速发展,为企业与客户提供了越来越多的"一对一"沟通选择。例如,有些企业通过网络站点向它们的目标客户传输及获取最新、最有用的信息,较之客户拜访大大节约了成本。

2. 企业必须实现营销观念的创新

观念创新是企业营销的先导。21世纪的企业,不能以树立市场营销观念为满足,而应追求与21世纪相适应的新营销观念。新营销观念包括以下几个。

(1)亲情营销策略

20世纪的市场营销观念强调的核心是顾客至高无上,把顾客当"上帝"。而21世纪的亲情营销观念则强调把顾客当"朋友"或"亲人"而不是"上帝",通过建立一种新型的亲情(鱼水)关系,最大限度地缩短企业与客户之间的距离。

(2)绿色营销策略

绿色营销是指企业在整个营销过程中充分体现环保意识和社会意识,向消费者提供科学的、无污染的、有利于节约资源和符合良好社会道德准则的商品和服务,并采用无污染或少污染的生产和销售方式,引导并满足消费者环境保护及身心健康的需求,确保消费者使用产品的安全性和便捷性,以提高人们的生活质量,优化人类的生存空间。

(3)营销服务创新

服务创新是指一切能增加产品附加值、方便消费者的新举措。随着社会的发展和消费水平的提高,消费者需求日益多样化、高档化,这必然促使消费者对服务的要求越来越高。这就要求企业对消费者提供的服务应不断创新,在服务方式、项目、态度、时间、效果及质量等方面为消费者提供更多更好的附加利益,以创造企业经营特色,引起消费者的偏爱。企业只有真正树立以消费者为中心的服务理念,切实维护消费者的利益，提高消费者的满意感，才能冲出传统营销服务的围城，焕发新的生机与活力。

3. 最大限度地满足消费者的个性化需求

在传统的目标市场营销中，消费者所需的商品只能从现有商品中选购，消费者的需要可能得到满足，也可能得不到满足，这时消费者只能选择与自己的理想产品最接近的商品将就一下。而在需求个性化营销中，消费者选购商品时完全以自我需求为中心，现有商品不能满足需求，则可向企业提出具体要求，企业也能满足这一要求，让消费者买到自己的理想产品。世界经济正以势不可挡的趋势朝着全球市场一体化、企业生存数字化、商业竞争国际化的方向发展，以互联网、知识经济、高新技术为代表，以满足消费者的需求为核心的新经济正迅速发展。

> **思政案例**
>
> **个性营销：一年赚了几年的钱**
>
> 江西有一个叫金达的小伙子，先前在建材市场租了一个门面房经营地板砖，后来由于同行越来越多，竞争逐渐激烈，生意越来越难做。有一天，金达到广东一厂家去进货，看见车间一个角落里堆着许多破损的地板砖。
>
> 这些地板砖花纹很美，色泽很亮，质地也很好，只是由于在生产或搬运过程中不小心弄坏了一点，结果就全部被当成了废品。正当金达为这些废品惋惜的时候，一个想法突然出现在他的脑子里：要是把这些破损的地板砖加工成特殊规格，或者当地脚线材料出售的话，说不定废品还能变成宝贝呢。于是，他找到销售科长，说出了低价购买这些破损地板砖的想法。没想到科长听后却大笑起来："这些破砖你要就拉走吧，反正过两天我们也准备清扫掉，这样我们还可以节省清扫费呢！"
>
> 金达把这些破损的地板砖拉回了老家，又买了两台切割机，开始按照自己设置的规格尺寸对其进行切割，然后配合普通规格的地板砖一起出售。目前市场上的地板砖一般都是60厘米×60厘米、80厘米×80厘米、100厘米×100厘米三种规格，而新房装修时要用的一些其他规格的地板砖就很难买到，往往得现场进行切割，这样除了麻烦不说，还造成了浪费。金达就把这批破损的地板砖按照装修的需求，切割成几十种不同的规格，让顾客根据自己的需求挑选。不少顾客听到这个消息后纷纷赶来购买，有些还特意跟金达签订了供货合同。一传十，十传百，金达的地板砖门市部很快就门庭若市。金达通过出售这种非常规规格的地板砖，找到了地板砖市场的个性之路，做到了"人无我有"，从而获得了丰厚的利润，一年赚了以前好几年的钱。
>
> **思考**：观念创新在个性化营销策略中所起的作用是什么？
>
> **分析提示**：在崇尚个性化消费的今天，体现个性化需求的个性化产品为企业实行个性化营销提供了可能。没有个性化需求，就谈不上个性化营销。带有感性色彩的个性化消费理念、满足特定目标消费者追求个性的心理需求，将掀起新经济时代强劲的消费热潮。
>
> 观念创新是企业个性化营销的先导。21世纪的企业，不能以树立市场营销观念为满足，而应追求与21世纪相适应的新营销观念。新营销观念包括绿色营销策略和营销服务创新等。

4.2 消费者的自我概念

案例引入

有意思的众筹咖啡馆——珞珈咖啡

人经常把自己放到一个集体中,然后用这个集体的某种共性来表现自己的形象。比如,北京开了一家非常有意思的众筹咖啡馆——珞珈咖啡,由武大校友(武大坐落在珞珈山上)发起,并且在整个咖啡馆营造了武大的校园氛围。当一个毕业多年的校友来到这个咖啡馆消费或者仅仅转发了微信上"珞珈咖啡"的文章,就相当于给自己贴上了"我属于武大"的标签。这种消费现象是消费者自我概念的体现。

思考:自我概念是怎样影响消费者行为的?

分析提示:自我概念是影响个体行为的深层个性因素。人们的自我概念和自己的行为往往是统一的,自我概念存在于消费者的心理活动中,并对消费者的消费心理和消费行为有着深刻的影响和制约作用。这是由于消费者在长期的消费实践中通过他人及社会交往逐步形成了关于个人形象的自我概念。自我概念涉及个人的理想追求和社会存在价值,它通过消费行为的不同特点体现出来,并直接影响消费者对商品的偏好、对价格的认同、对广告的接受程度,所以了解消费者的自我概念是企业认识消费者的消费心理和消费行为规律的重要途径。

4.2.1 消费者自我概念的含义及构成

自我概念,即一个人对自身存在的体验。它通过一个人的经验、反省和他人的反馈,逐步加深对自身的了解。自我概念是一个有机的认知机构,由态度、情感、信仰和价值观等组成,贯穿整个经验和行动,并把个体表现出来的各种特定习惯、能力、思想、观点等组织起来。关于自我概念的解释,存在两种观点:第一,自我概念是一个把个性统一成连贯综合系统的有机过程;第二,自我概念是知觉的客体。自我概念的作用包括自我引导作用、自我解释作用、自我期望作用和自我成败归因作用。

视野拓展

自我概念的构成

自我概念是由反映评价、社会比较和自我感觉三部分构成的。

① 反映评价。反映评价就是人们从他人那里得到的有关自己的信息。如果一个人年轻的时候得到了肯定的评价,他就会有一个良好的自我概念。如果这种评价是否定的,他的自我概念就可能很糟糕。例如,在学期开始时,如果老师对一个学生说,你行,你一定会成为一个好学生,这位学生听了以后一定会以好好学习作为回应;如果老师说你以后没有什么发展,他可能就会消极起来,认为反正自己不行,懒惰一点也无所谓。

② 社会比较。在生活和工作中,人们往往与他人比较来确定衡量自己的标准,这就是在进行社会比较。例如,在学校时,考试卷子发下来,就问自己的同桌是多少分,自己的朋友是多少分;走到社会上,又和同事比,比谁有钱,比谁生活得好;有了孩子后,

就比自己的孩子好还是别人的孩子好;当担任领导并管理一个单位时,就和其他单位比。无论什么人,从出生到长大,从家庭到社会,从学习到工作,都是在社会比较中发展和充实自我概念的。

③ 自我感觉。在年少时,人对自己的认识大多来自人们对自己的反应。然而,在生活的某一时刻,你开始用自己的方式来看待自己,这种看待自己的方式就被称为自我感觉。如果从成功的经历中获得自信,自我感觉就会变得更好,自我概念就会改进。例如,通过自己的能力安装调试好一台电脑,自我感觉就非常好,也就是改进了自我概念。

4.2.2 自我概念对消费者行为的影响

1. 自我概念影响消费者对商品的偏好

在现实生活中,我们每个人所拥有的东西和所喜爱的活动,都在一定程度上反映了我们希望表达自己的某些追求和情感(尽管这种希望表达的东西或情感有时是不自觉的)。也就是说,消费者购买商品旨在通过购置物表现自我意象。消费者一旦形成了某种自我概念,就会在这种自我概念的支配之下产生一定的购买行为和消费行为。大量实践证明,消费者在选购或者偏好某种商品时,他们不仅以质量优劣、价格高低、实用性能强弱为依据,而且把商品品牌特性是否符合自我概念作为重要的选择标准,即判断商品是否有助于"使我成为我想象或者期待的那种人",以及"我希望他人如何看待我"。有调查与研究表明,自我概念影响消费者从自我象征意义角度来感知和选择购买已有的产品或者想要得到的产品。如果产品的形象符合他们的自我概念,那么他们就会积极地评价或偏好此产品。消费者的自我概念与产品或者服务形象之间的一致性很强,如在汽车、服装、食品、香烟、家具等产品上。

2. 自我概念影响消费者对商品价格的认同

消费者对商品价格的认同常常受其已经形成的自我概念的制约。因为产品的价格在一定程度上能反映产品拥有者的社会政治和经济地位。消费者在购买行为中会根据自己的真实自我概念和理想自我概念对商品价格加以认同。比如,一般收入不太高的消费者,或者社会、政治、经济地位较低的消费者,或者具有勤俭节约传统的消费者,他们都希望购买到价格合适又实用的商品,并希望少花钱多办事。因此,他们对商品的价格特别敏感,可能会专门选购在同类商品中价格较低的商品。社会、政治、经济地位较高的消费者可能专门选购昂贵的商品。由此可见,在消费者的自我概念中,商品价格与个人的社会、政治、经济地位,以及社会角色、个人愿望、情感、理想和追求等有着密切的联系。购买不同价格、不同档次的商品与消费者不同的自我概念是统一的。

3. 自我概念影响消费者对广告的接受程度

由于自我概念的差异性,消费者对各种商标的知觉也不尽相同,这使他们对特定的商标产生偏好,最后导致购买行为上的差异。也就是说,消费者在购买过程中,自我概念首先会自然而然地成为其评价广告信息的参照标准。其次，按照自我概念的鲜明性和独立性程度，我们还可以把消费者分为两类。一类是自我概念鲜明、独立性强的消费者；另一类是自我概念较模糊、依赖性较强的消费者。前一类消费者很少受广告宣传和社会潮流的影响，自我的独立性强，往往按照自己的标准进行购物和消费，很少顾及别人如何评价，也不追求如何迎合别人的心理。后一类消费者由于自我的独立性差，往往随大流，易受广告宣传和社会流行观念的左右。

4.2.3 基于消费者自我概念的营销策略

理解和分析消费者的自我概念，对企业营销策略的意义有以下几点。

（1）企业应针对消费者的自我概念对消费者群体进行市场细分

在产品越来越同质化的时代，消费者之所以购买某种产品或服务，是因为该产品或服务满足了自身的潜意识需要，同时又与其自我概念保持一致。一般来说，消费者自我概念的每一个维度都对应着一个购买动机，而且具有同样自我概念系统结构的消费者会赋予同样产品或品牌以同样的形象和意义。消费者会从品牌中区隔自己；同样，品牌也从消费者中将自己区隔出来。品牌个性的追求是人们通过消费行为来反映自己的个性和生活方式的过程，它在某种程度上体现了消费者自我概念的扩大和延伸。因此，企业应该从消费者群体出发，根据消费者不同的年龄特征或者不同的社会阶层进行调查、分析、归类，研究和掌握同类自我概念结构的消费者的消费态度和品牌态度信息，通过消费者的自我概念对市场进行细分，并获得同类自我概念结构特征的消费者群体。

具体来说，品牌要通过广告创造与特定类型的使用者联系起来，或者与认可广告中这种品牌的那类人联系起来。换句话说，品牌要创造与特定消费者群相联系的价值观。因为价值观可以表现人们对生活的追求、对自尊的寻求、对理智的需求、对自我表现的要求等，而且每个人都会将不同的价值观作为其生活的中心。同时，消费者的自我概念是不断变化的，所以必须动态调整品牌个性以适应消费者自我概念的变化，这也是品牌个性成功塑造的基础之一。当品牌个性和消费者内心期望的自我形象相吻合时，便能有效增强其自尊与自我实现感。企业要相信品牌个性具有强大的情感感召力，一个品牌的价值观和生活方式反映了消费者不同的自尊感和自我形象，因此能够通过它紧紧抓住目标消费者的兴趣。在营销过程中，企业就要尽力吸引这一价值观细分市场。

（2）企业应寻找共鸣点，与消费者建立移情联想品牌

个性所倡导的生活方式既要与产品的特色相适应，又要能引发符合目标消费者个性需求的、心理上和情感上的联想，这样才能激起消费者的购买欲望。我国是个重感情的民族，谁占据了消费者的心，谁就是市场的领导者。在确认了目标人群的理想自我概念之后，通过广告诉求等多种沟通手段，将这些目标消费者的理想个性特征塑造为产品本身具有的品牌个性，或者引导目标人群转变其自我概念，使得产品的品牌个性与目标消费者的理想自我概念相互匹配，从而激发消费者更强烈的情感体验，而一旦消费者认可，那么他们便会与品牌产生千丝万缕的情感联系，最终产生购买欲望。因此，品牌管理者既要充分挖掘该使用人群的潜意识需要和自我概念，并为品牌的个性进行定位和塑造，又要挖掘目标

案例链接 2

消费者的价值观、需要、欲望和渴望，挖掘能与消费者产生共鸣的、有情感说服力的信息，进行广告宣传。在所有广告类型中，情感诉求型广告最容易引起消费者的共鸣，因为它从目标消费者心中已经存在的感情出发，因势利导，使品牌的形象能更强烈地触发消费者心中的感情，并与之完美地融合在一起，从而引起消费者的共鸣和认同，最终使消费者对该品牌产生好感并成为忠实用户。

（3）企业应努力提升消费者的自尊感和自我形象

自尊感和自我形象是与个性相关的一种观念。每个人都有自尊，维护自尊是人的本能和天性。另外，人在成长过程中会逐渐在心里形成一幅自我图像并以此定义自己，对自己的价值、智力、个性、品格、技能、外貌等做出评价。自我形象定形后，便不容易改变。人们在生活中总会有这样的心态，即人们怎样看待自己、认为别人怎样看待自己、希望别人怎样看自己等，人们总希望保持或增强自我形象，并把购买行为视为表现自我形象的重要方式。在现代社会里，人们的消费与其说是在消费商品，还不如说是在消费形象。消费不仅是物质性的消耗，更是一种对形象的符号价值的占有与使用。消费行为学家研究认为，消费者不仅消费实际的产品本身，还消费产品的象征意义，即通过产品的使用表现出一定的自我形象或生活方式。人们是通过被其他人见到的消费行为及消费品来构建自己的身份的，因此消费者一般倾向于选择符合或能改善其自我形象的商品或服务。可以说，一个品牌的价值观和生活方式反映了消费者不同的自尊感和自我形象。

总而言之，各企业在拟定品牌相关战略时，除要知道该品牌的目标对象是谁外，更要进一步了解该目标对象的自我概念类型，以便针对这些目标对象的自我概念，塑造符合他们自我概念的品牌形象，提升这些目标对象的购买意愿及企业的获利机会。作为品牌营销人员，要认识到品牌内隐特质对品牌营销的重要性，要迎合或超越消费者对品牌的心理体验，从增加消费者心理体验的角度出发，不断地丰富品牌形象。更重要的是要提升消费者的自尊心和自我形象，向他们承诺，这个产品将帮助他们实现某种理想或者产生更强的自尊感与自我实现感。

案例链接

如何帮用户戴上合适的"帽子"

"来拉萨，你需要的不是修行，你本身就是在修行。"在朋友圈打完这几个字，并且上传了当天刚在拉萨拍的照片，你满怀期待地放下了手机。过了1个小时，你重新打开微信，看到朋友圈有34条未读信息的标记，你满意地把它打开。这时你脸色一变，发现竟然有人在你的状态下面回复"女文青"甚至"伪文青"等字眼。你心里一颤，赶紧回复："我去拉萨和那些女文青目的不一样，我是因为……"见评论者还没回复你，你又加了一句："去拉萨不代表就是女文青啊，我就是恰好闲着随便挑了个地方度假而已……"最后，你删掉了这条状态。

一个产品，不光要满足用户的功能需求（比如旅游愉悦身心），更要帮用户戴上一个"帽子"，成为用户个人形象的某种象征。比如，你发"去拉萨"的状态，是希望给自己戴上"热爱生活"的"帽子"，但是你的朋友们理解成了"伪文青"。你觉得这个"新帽子"（旅行带给你"伪文青"的形象）并不是你想展示的形象，因此你摘掉了这个"帽子"（删除状态）。而这种你想展示的形象就是你的"自我概念"，它帮你解决了"我是谁"的问题,是你对自己形象的理解和感知。

你所使用的产品就像帽子一样成了你的"自我概念"展示符号——向你的朋友和自己展示:"我是一个什么样的人。"所以,企业设计产品和品牌时,不光要考虑"如何极致地提高性能"及"如何提高用户体验",更要考虑"我的产品给用户戴上了什么'帽子'"。如果产品没有给用户戴上正确的"帽子",即使产品体验很好,也往往难以销售。

思政案例

罗达的烦恼

直到 5 点钟,罗达还在努力试图把精力集中在客户要求的报表上。一直以来,她总是兢兢业业,以维持这项重要的生计。但是,今天罗达总是回想起昨晚与罗伯在一起的情景。尽管一切看上去也不错,但总有一种感觉在她心中挥之不去:罗伯只是把她当作好朋友,而不是一个可以分享浪漫的情人知己。

吃午饭时,罗达不经意地翻开《魅力与潮流》,她被书中各式各样关于如何使自己更迷人的方法这类文章所吸引,文章大多谈及减肥、运动和衣着性感的必要性。但是,面对那么多样式的香水、时装、化妆品广告,罗达不禁有些失望和无所适从。

由于情绪低落,罗达甚至觉得她该去专业化妆师处咨询一下。尽管她并不认为自己那么缺乏吸引力,可也许一个高挺的鼻子或更丰满的胸部会让罗伯留在她的身边。可是,又有谁知道,她这样做,是否值得呢?

思考:如何培养积极的自我概念?

分析提示:实际生活中,每一个消费者都可能有多重自我,从而形成了多种不同的自我概念。而罗达具有理想的社会自我概念,即"消费者希望他人如何看待自己"的自我概念形式。她的烦恼在于尽管她并不认为自己那么缺乏吸引力,但她认为自己在罗伯的眼中并不迷人。她想通过一系列的"调整",让罗伯能够留在她的身边,但她却无所适从。

培养积极的自我概念,首先需要全面客观地认识自我:积极参加社会交往;合理运用社会比较策略;留意他人对自己的态度和评价。其次需要积极悦纳自我。悦纳自我是发展积极自我概念的核心和关键。一个人应自我接纳,才能为他人所接纳。悦纳自我就是要无条件地接受自己的一切,无论是好的或坏的、成功的或失败的、有价值的或无价值的。凡自身现实的一切都应该积极悦纳,要平静而理智地对待自己的长短优劣、得失成败,要乐观开朗,以发展的眼光来看自己。最后需要不断完善和超越自我。人们在生活和学习过程中,免不了遇到困难和挫折。在困难和挫折面前,不灰心、不丧气,保持自信和乐观态度是积极的自我概念的集中体现。

4.3 消费者的生活方式

案例引入

宝马公司的生活方式营销

在 2002 年北京的一次国际汽车展览会上,宝马公司展出了专为中国"新贵们"量身定制的宝马"新7系"、宝马"个性极品"系列等数十款豪华轿车。在"个性极品"系列中，每一部个性极品车的内饰选材和色彩都是完全不同的。从消费心理方面来讲，这也充分满足了中国消费者"专属独尊"的个性要求。宝马"新7系"打造出来的是一种豪华气派和卓越动感的精神享受，对消费者来说自有一种高贵不凡的体验。

宝马公司的口号是"用宝马的产品来征服中国人的心"，但真正征服中国消费者的不是它的车，因为在很多商品都同质化的今天，商品真正能打动人的情况太少了，而宝马公司这次刻意打造的"宝马生活方式"却感动和影响了不少消费者。在宝马公司这种"生活方式营销"的推动下，"宝马生活方式专卖店"随即在北京应运而生。宝马公司中国区总裁席曼毫不掩饰自己的目的：让顾客通过购买宝马的产品来显示他们的成功，把宝马品牌和消费者本身的成功很好地融合在一起，让使用宝马产品成为客户的一种生活方式。

在宝马的摩托车方面，宝马公司同样在20世纪末采取了一系列"生活方式营销"的法则。宝马摩托借着"开宝马，坐奔驰"的口号，也在近几年快速崛起。数据可以证明宝马摩托在北美惊人的销售成绩——五年内翻了三番：1998年仅为6 000辆，2003年就迅速增长到16 000辆。在2003年短短一年的时间里，宝马摩托的销量增幅竟然高达32%！新的品牌定位"真正的骑士标志"和广告语"驾驶的乐趣"等非常接近生活方式的情感营销方法，这使宝马的摩托车骑驾上升到了一个新的高度。为了提升宝马摩托的品牌认知度，让更多的摩托迷考虑宝马，2004年的那次营销攻势则主要针对18～45岁的摩托车拥有者和潜在购买者。除常规的营销方法外，宝马公司还选用了大批世界知名杂志来做宣传活动，其中包括《摩托车世界》《男性周刊》《户外》《花花公子》《摩托骑士》《国家地理探险》等。

当时，宝马公司的核心目标是建立宝马摩托的品牌认知度。尽管宝马摩托已有80多年的历史，但是知之者甚少。在美国，平均每位摩托车骑驾者都拥有2.3辆摩托车，但哈雷摩托却占据着难以撼动的领导地位。宝马公司并不是野心勃勃地想成为第一，它只希望宝马摩托能成为人们车库中的第二辆摩托。有关资料显示，一旦摩托车迷购买了宝马摩托，就会成为该品牌忠实的购买者……

宝马公司的广告创意者们也充分考虑到了这一点：摩托车杂志是摩托车营销的敲门砖，当人们准备购买摩托时，会在杂志上寻找某一品牌的特定信息。但是，只有不到10%的摩托车骑驾者阅读摩托车杂志，因此选用生活方式类的杂志就显得尤为重要。因为在精神生活水准较高的地区，各类生活类杂志是人们生活中必不可少的文化快餐。所以，借助这些非摩托品类的杂志能帮助宝马公司将产品信息传送给那些通过传统营销方式无法到达的人群，这些人虽然不是摩托车爱好者，但是他们希望尝试另一种生活方式，而这种生活方式或许就与探险、体育运动或休闲活动有关（在美国，骑摩托已经成为一种休闲活动）。他们可能准备尝试骑摩托，也可能准备更换骑驾品牌。于是，宝马成功了。它借助充满亲情味道的生活方式营销法则，并着力于在生活中无处不在的杂志上做广告，这个"第二"的位置终于得以实现。当然，想要取得第一，首先要占据第二，否则便是空中楼阁。

非常有意思的是，"宝马"这个牌子也能延伸到服饰行业中，并且取得了相当不错的成绩。这也是宝马有意将情感营销延伸到生活中的例证。宝马品牌之所以能延伸到服饰上，是因为宝马不仅象征着非凡的制车技术与工艺，还意味着潇洒、优雅、时尚、

> 悠闲、轻松的生活方式，车和服饰都是诠释宝马核心价值观的载体。
> **思考**：宝马的生活方式营销给我们带来什么启发？
> **分析提示**：有情可感的地方，就有生活方式营销。宝马公司推行的这种生活方式营销，对我们国内的很多企业来说并不陌生，甚至在汽车的同行业中也一点儿都不陌生。比如，大众汽车"新甲壳虫"的"方便入车"功能——前排座椅放下靠背后会自动向前滑动，便于后排乘客上下车。它同样向人们证明，汽车不仅仅是一个交通工具，它还可以传达情感、代表个性，甚至创造不同的生活方式……

当然，生活方式营销是从情感营销中分离出来的，或者说是对情感营销方式进行细化的一种方式，而它同文化营销又有着密切的关系，因此并不能真正地把它归到哪种营销方式中去，事实上这在实施过程中也没有必要，但它的确是一种以感性的表现形式从精神生活的层面去深度触动消费者的一种方式。

在近几年的发展中，生活方式营销已经成为一种行之有效的方法，并且适用于很多行业。在以后的发展中，生活方式将会以更快的速度发展，并且不断地衍生出新兴的营销手段。只要人们还能被某些东西感动而执行消费过程，那么生活方式营销就有它生存的土壤。作为消费者，我们当然期待这样一种充满情感的世界。

4.3.1 消费者生活方式的含义

目前尚无一个公认的生活方式定义。在菲利普·科特勒的定义中，生活方式被看作人们以活动、兴趣和观点的形式表现出来的在这个世界上的生活模式，它描绘的是在与其生活的环境进行着交互作用的"整个人"。所罗门认为，生活方式指的是"反映了他或她对怎样花费时间和金钱的态度及所做的消费抉择的形式"。符同群教授认为，生活方式是"个体在成长过程中，在与社会诸因素交互作用下表现出来的活动、兴趣和态度模式"。从这些定义中可以看出，生活方式实际上是指消费者个体在与其环境发生交互作用的过程中所形成和表现出来的，并且有别于他人的活动、兴趣和态度模式。生活方式概念概括了营销者感兴趣的一系列基本问题。比如，消费者如何生活，对他们来说什么最重要，他们如何分配时间和金钱，以及他们在不同产品或服务上的花费如何等。因此，给不同的生活方式贴上"标签"，将有助于营销者描述和讨论不同的消费者群体或细分市场。

4.3.2 生活方式对消费者行为的影响

生活方式反映出消费者同环境相互影响的全部特征。它同社会阶层、个性等因素紧密相关，甚至在消费活动中，生活方式的作用既超越了社会阶层，也超越了个性。社会阶层说明某个群体或某类人的代表性特征，无法说明某人的具体特点。个性则侧重于从消费者的内部状况进行描述，而生活方式影响着消费者如何花费、如何消磨时间、收入与消费支出比例关系的确定和消费商品种类的选择等各个方面，与消费者的外部行为紧密相连，可以作为判断消费者购买行为的直接依据。

简单来说，消费者的生活方式就是消费者花费时间和金钱的方式。影响生活方式的决定性因素很多，而生活方式又会反过来影响消费者购买行为的方方面面，如图 4-1 所示。从图中可以看出，一个人的生活方式也是其个性内在特征的一种函数，这些个性特征在一个人的社会生活过程中通过社会交往逐步形成。总之，生活方式受到文化、价值观、社会阶层、家庭，甚至消费者的购买动机、情绪等多种因素的影响。

第 4 章 影响消费者行为的内部因素——个体特征

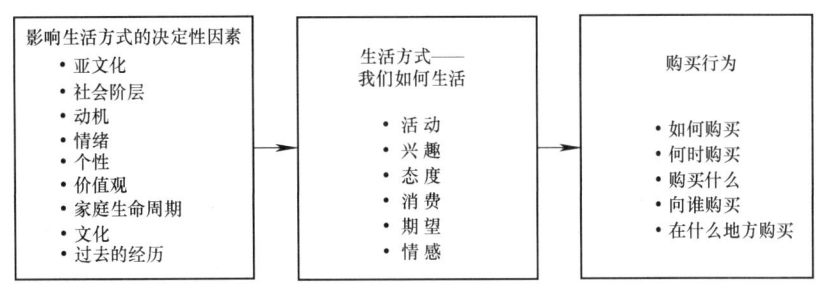

图 4-1 生活方式和消费行为

个体所追求的生活方式会影响其消费的需要与欲望，同时也会影响消费者自身的购买行为和使用行为。生活中的各种消费行为与生活方式高度相关。以服装为例，一个人得体的着装一定是与生活方式相适应的。比如，上班的白领男士常常需要穿西服打领带，女士则需要穿套裙和丝袜；从事户外活动就要穿休闲服或运动服；出入正式的社交场合就要穿正装或礼服。

生活方式对消费行为的影响体现在以下两点：

① 生活方式影响着消费者的需要、态度和购买行为，需要、态度和购买行为反过来强化了生活方式。

② 生活方式的分类和识别为市场细分和市场营销组合提供了依据。企业的营销目标是使其营销组合符合消费者的生活方式，使消费者实现自己所选择的生活。企业营销更重要的任务是确定哪些产品或服务与消费者特定的生活方式相近。

4.3.3 基于消费者不同生活方式的营销策略

企业基于消费者的生活方式进行的营销活动，我们称为"生活方式营销"。生活方式营销的意义源自"产品是人们生活方式的基石"。因此，开展生活方式营销，就必须将产品定位于某一特定的生活方式，使产品与目标消费者理想的生活方式相适应，从而更好地满足消费者的需要和欲望。

具体来说，生活方式营销要让大家认识产品从而引起销售的过程，其实就是把生活方式这种抽象的概念告知消费者，并让他们接受的一个过程。推行这种模式，首先要确立一个和自己所要推广的品牌或产品挂钩的生活状态的具体概念，然后在品牌或产品的推广过程中始终贯穿这个概念，并且在诉求点上分为两个点：一是诉求过去的生活方式是消费者不应该接受的生活方式，二是新的生活方式将会给消费者从心理和情感方面甚至物质方面带来怎样的感觉和品位，从而使消费者感到生活就应该是这样的，只有这样才会有生活品位，从而在接受这种方式的同时接受这种品牌或产品。

基于消费者生活方式的营销应该注意以下几点。

1. 把握准确的生活方式的概念

既然生活方式营销的引入前提是人们对自己的精神生活感到空虚，对自己的生活状态感到不满，那么营销者就应该找到一种真正符合企业产品目标消费群体定位的、准确的、能够吸引人的生活概念，只有这样才能使广告形式在和消费者最初的接触中引起他们的兴趣和注意。

2. 详尽地诉求和解释概念

在概念确立之后，就要在广告中从各个角度对概念进行独到的诉求和详尽的解释，使消费者在观看营销和广告的诉求后确实发现自己应该摒弃以前的生活状态而接受营销推广的生活方式。另外，在重点推广阶段可以进行促销，表现在广告中可以适当地对品牌和产品进行相关的优惠，使消费者产生一种可以很轻松地就拥有这种生活状态的想法，从而增加销售的可能性。

3. 和消费者的沟通最关键

生活方式的营销是从精神层面进行的一种营销方式，所以其诉求往往是以感性为表现手段的，而现代人最需要的就是真心的沟通，因此商家与其通过更多的广告轰炸使消费者接受这种生活方式，倒不如通过面对面的沟通使消费者从心理上产生更贴心的感觉。

4. 切忌空洞无物

在诉求过程中，生活方式本身就是一个抽象的概念，也正因为如此，要让消费者真正地体会到这种生活方式所带来的利益和好处，就必须在广告（文案、画面、促销）中进行实在的诉求，使消费者切实感到生活方式给自己的生活带来了良好的变化。

思政案例

宜家——比你还懂你

来自瑞典的宜家，正在向中国消费者展示源自北欧的生活方式。作为全球家居领先品牌，宜家销售的不只是产品，而是整体家居解决方案和可持续的生活方式。产品是宜家的标志。其产品设计遵从宜家愿景"为大众创造更美好的日常生活"。每一件产品都必须同时满足"民主设计"理念的五个维度，即美观、质量、功能、可持续和低价。为了给消费者带来最好的体验，宜家在进入每一个市场时，都会做充分的市场调查，目的是深入了解当地老百姓的生活，从而为他们提供更相关的家居解决方案。

宜家的每一环设计都与顾客的需求密不可分，如设计产品、家居解决方案、样板间等时，都积极收集顾客反馈并迅速调整，以满足顾客需求。每一位顾客都可以把宜家当作自己的家，进入宜家后可以摸、可以坐、可以躺……他们希望顾客在充分接触并体验了产品和家居解决方案之后，选择最适合自己的产品。

宜家已经不再是停留在功能性产品层面的家居卖场，它早已突破类别局限，成了一种文化符号的象征。这个符号，不仅让人找到了家的感觉，同时也找到了一种希望，一种建立自己美好生活的希望。

你会觉得，宜家永远是最了解你的那一位，它处处都能给你惊喜，让你在不经意间喊出那句"这就是我想要的家"。

宜家比你还懂你，这得益于宜家长年累月对大众家居生活的研究。就中国而言，宜家已经连续几年发布《家居生活报告》（简称《报告》），其中2017财年的《报告》在22个国家采访了超过20 000人，同时自驾家访了奥斯丁、成都、大阪、哥本哈根、孟买和慕尼黑的36个家庭，旨在理解生活方式不同却向往同样美好生活的人们，都是如何创造更美好的家居生活的。

思考：请从辩证唯物主义的角度分析宜家成功的原因。

案例分析：从消费者的实际生活和精神需求出发，符合市场规律的营销策略更容易获得成功。作为家居品牌，宜家丰富的产品支持多样化的室内设计风格，优化后的产品设计更易于生活使用，这些都帮助消费者认识到，在宜家购买的不再是单纯的物质，而是一种生活方案。这是宜家的典型优点，它可以很好地把自己的产品镶嵌到每一种生活风格和生活方式中。

宜家的营销策略也启示我们用更多品牌去理解生活方式：核心不在于创造一种生活方式，而在于服务一种生活方式，准确地把产品镶嵌到一种生活方式中，更容易获得转化效果和品牌价值。这种镶嵌，首先要找到产品解决了生活方式中的哪些问题。

本章小结

本章着重要论述了消费者的个性、自我概念及生活方式。因为消费者的自我概念与个性有着密切的联系，而生活方式又是一个人自我概念的外在表现，所以本章对这两个方面的问题做了详细的论述。个性指人的整个心理面貌，是个人心理活动的稳定的心理倾向和心理特征的总和。个性心理特征指区别于他人、在不同环境中表现出一贯的、稳定的行为模式的心理特征。消费者的购买决策行为以何种方式进行取决于消费者的气质、性格、消费能力等诸方面个性心理特征的差异。自我概念是指个人对自身一切的知觉、了解和感受的总和。生活方式就是消费者如何生活，它通过一个人的活动、兴趣和意见反映出来。生活方式的形成很大程度上由一个人的内在个性特征决定。

随着市场经济的发展和人们文化水平、综合素质的不断提高，消费者的个性心理特征愈加成熟和理性，同时市场竞争日益激烈，这就要求营销人员必须抓住消费者的心理和需求，在影响消费者购买行为的因素中找到适合本企业利用的有益武器。只有充分了解消费者，了解目标人群的个性，才能为消费者提供更好的商品，才能让营销手段发挥其效果，将新产品打入市场，也将新的品牌形象立于人心，从而在多元化的市场选择中立于不败之地。

课后练习

第 5 章
影响消费者行为的内部因素——需要和动机

学习目标

- 掌握消费者需要、动机的概念与特点
- 熟悉并了解消费者需要、动机的类型
- 熟练掌握挖掘消费者需要的方法
- 掌握激发消费动机的营销策略
- 理解消费动机作用的过程
- 了解唤起消费动机的因素

5.1 消费者的需要

案例引入

液体奶茶逐步迎合新消费需求

奶茶在当代年轻人的日常生活中所扮演的角色越来越重要,已从"普通饮料"变成"精神食粮",靠奶茶"续命"的年轻人也不在少数。而且喝奶茶不仅仅是一种情感需求,更是社交文化的一部分。

近年来,随着新茶饮市场的崛起,奶茶更是成了年轻人生活必不可少的一部分,奶茶品类热度不断上升。前瞻产业研究院研究报告显示,2014—2018 年间中国奶茶市场零售额复合增长率超过 20%,2018 年实现了超过 500 亿元的销售额。在新茶饮爆红的背景下,中国奶茶市场份额仍保持着快速增长态势,预计在不久的将来市场规模将突破千亿元。虽然新茶饮的出现对冲泡奶茶、液体奶茶等产品销量产生了一定影响,但是在 2020 年新冠肺炎疫情期间,在饮料行业普遍比较艰难之时,液体奶茶仍取得了不错的成绩。

统一企业中国控股有限公司 2020 年年报显示,饮品业务收入为 125.6 亿元,占整体收益比重的 55.2%。虽然较上年同期下滑了 1.3%,但是"统一阿萨姆奶茶"收入较上年同期增长了 7.3%。另外,统一阿萨姆奶茶在巅峰时期销量曾经达到 40 亿元,问鼎中国奶茶销量冠军,更是占据了市场近 70%的份额。反过来看新茶饮,即便近几年发展得十分红火,但是销量却很少超过阿萨姆奶茶。总的来说,奶茶市场是一门好生意，液体奶茶也是其中一个不容忽视的品类，仍旧还有很多企业选择进入这一市场。

在冲泡奶茶市场中，香飘飘一家独大、稳居行业龙头，市场占有率遥遥领先于行业内其他参与者。然而说到液体奶茶市场，虽然统一的阿萨姆奶茶表现突出，在市场中所占份额也最大，但是有实力的商家仍然前赴后继。比如，香飘飘子品牌兰芳园定位更高端的奶茶，其中的"丝袜奶茶""港式牛乳茶""鸳鸯奶茶"等产品备受消费者喜爱，已经成为液体奶茶市场的有力竞争者。除此之外，香飘飘已经将产品品类从冲泡奶茶拓展到了液体奶茶，与兰芳园高端液体奶茶形成了产品线互补和协同，方便进一步占据液体奶茶市场。还有伊利味可滋在 2019 年推出了"冷萃奶茶"新品，正式进军奶茶领域，通过切入新的细分市场、瞄准新的消费场景和消费人群，助力公司实现业务增长。2019 年，元气森林将"乳茶"带进了消费者的视野，随后迅速成为网红爆款。随着越来越多的品牌进入液体奶茶市场，这种态势虽然推动了产品的创新和变革，但也让市场竞争进一步激烈，而未来液体奶茶的市场格局也有可能发生新的变化。

如今消费者对新鲜、健康、天然的需求愈发突出，食品、饮料都在逐步迎合这些需求。基于以上需求，液体奶茶产品正在不断进行更新迭代，0 糖、植物基、鲜奶茶产品不断增加。比如，元气森林的乳茶主打"0 蔗糖""0 防腐剂""低脂肪"，不添加植脂末、不添加苯甲酸、不添加卡拉胶、不添加茶粉，使用赤藓糖醇代替白砂糖。还有汉口二厂在 0 蔗糖的基础上推出了"燕麦乳茶"，选择用当下热门的植物奶，适应乳糖不耐受人群的要求。达利使用豆乳+牛乳的组合，推出了"Soydo 初豆豆乳茶"，在口味上创新明显，并且减少了饮用奶茶的心理负担。统一推出了"布诺乳茶"，主打"厚乳茶"新概念，含乳量达 50%以上。这两款产品在创新上并没有盲从 0 糖的概念，而是从另一个角度突出了产品特色。每日鲜语联合奈雪的茶共同推出了迷你版鲜白桃乌龙奶茶、鲜红茶奶茶，采用生牛乳作为基底，100%生牛乳奶源，搭配鲜茶和鲜果，进一步突出了"鲜"字。

这些新液体奶茶的出现，在迎合消费需求的基础上，也为产品提供了更多的吸引力，为液体奶茶市场的发展创造了更多可能。

思考：液体奶茶是如何逐步迎合新消费需求的？

分析提示：相比冲泡奶茶，液体奶茶属于即食型饮料，方便快捷，满足了当今消费者追求便利、快捷的消费需求。如今消费者对新鲜、健康、天然的需求愈发突出，食品、饮料都在逐步迎合这些需求。基于以上需求，液体奶茶产品正在不断进行更新迭代，0 糖、植物基、鲜奶茶产品不断增加。例如，元气森林的乳茶主打"0 蔗糖""0 防腐剂""低脂肪"，就迎合了消费者要求健康、天然的需求；不同类型的液体奶茶，如"丝袜奶茶""港式牛乳茶""鸳鸯奶茶"等备受消费者喜爱，这满足了消费者对液体奶茶多样性、口味可选择的消费需求。可以说，液体奶茶正在逐步迎合新消费需求。

5.1.1 需要的概念与特征

1. 需要的概念

需要是一种生理和心理上的缺乏状态，这种缺乏引导人们向一定方向努力，去实施相应的行为，以消除缺乏的感觉。例如，生理上的缺乏导致人们对水、食物的需要；心理上的不平衡导致人们对社会交往、

> **学而思，思而学**
>
> 什么是需要？什么是消费者的需要？请列举几个身边的消费者需要的例子。

被人尊重的需要。

2. 消费者需要及其基本内容

> 微课堂 1

消费者需要，即人们为了缓解或解除生理或心理的匮乏状态而对商品或服务的需要。消费者需要是包含在人类一般需要之中的。消费者需要是推动消费者进行各种消费行为最基本的内在原因，是消费行为发生前的一种心理倾向。只有当消费者的缺乏感达到某种迫切程度时，需要才会被激发，并促使消费者采取某种消费行为。例如，一些消费者可能有购买豪华汽车的需要，但由于经济条件的制约，这种需要只能潜伏在消费者的心底，而没有被唤醒，或者没有被充分意识到，并不会转化为现实的消费行为。

消费者需要一般都指向对商品或服务的需要，包括以下几个方面的内容。

① 对商品使用价值的要求。消费都是针对具体物质内容的，消费者的消费行为无论是侧重于满足人的物质需要还是心理需要，都离不开特定的物质载体，而且这种物质载体必须具有一定的使用价值。因此，消费者需要首先表现为对商品使用价值的要求，它包括商品的基本功能、质量、安全性能、方便程度、供应数量等。

② 对商品审美功能的要求。在消费者需要中，广大消费者对消费审美的追求，是一种持久性的、普遍存在的心理现象，主要表现在对商品的工艺设计、造型、色彩、包装、风格等方面的追求。由于社会地位、生活背景、文化水平等方面的差异，不同的消费者往往具有完全不同的审美观和审美标准，因而也就具有不同的审美需要。每个消费者都是按照自己的审美观来评价商品的，因此对于同一商品，不同消费者会得出完全不同的审美结论。

③ 对商品社会象征性的要求。商品的社会象征性，是指消费者要求商品体现和象征一定的社会意义，使得购买、拥有某种商品能够显示出自身的某些社会特征，得到某种心理上的满足，如提高声望和社会地位、得到社会承认、受人尊敬等。

④ 对享受良好服务的要求。随着商品经济的发展和人们消费水平的日益提高，服务已不仅仅是一种交换手段，还成为商品交换的基本内容和条件，贯穿于商品流通的全过程。良好的服务可以使消费者获得尊重、情感交流、个人价值认定等多方面的心理满足。随着经济收入水平的提高，消费者会越来越重视购买产品时享受良好服务，因此提高服务品质已成为当今企业竞争的重要手段。

> **思政小课堂**
>
> 新时代的大学生应培养正确的消费观。商品具备社会象征性，有的消费者希望通过某种消费活动表明其社会地位和身份，有的消费者想通过某种消费活动表明其社会责任感，有的消费者则想通过所拥有的商品提高知名度。大学生应当理性判断商品的社会象征性，通过消费提升社会责任感。

3. 消费者需要的特征

消费者的需要与消费行为之间并不是一一对应的关系。一种消费需要可能产生一种消费行为，如衣服旧了需要新的衣服，消费者会直接购买一件新衣服。一种消费需要也可能产生多种消费行为，如消费者买回新衣服后觉得不够美观，又买回一些扣子、饰物，缝在衣服上。此外，多种消费需要也可能只形成一种消费行为，如消费者需要一部手机和一台数码照相机，最后购买了一部具有高像素拍照功能的手机，使一种消费行为同时满足了两种需要。消费者的需要具有如下特征。

① 对象性。需要是一种生理和心理上的缺乏状态，为了消除这种状态，消费者就要使用某种物品或实施某项活动，这就是需要的对象性。需要的对象通常既包括物质层面的东西（如衣、食、住、行等），也包括精神层面的东西（如信仰、文化、艺术、体育等）。

② 阶段性。消费者个体处于发展的不同时期，需要的内容及重点也不同，从而使其需要具有明显的阶段性。例如，在婴幼儿时期的消费者，主要的消费需要在生理方面，包括衣、食等需要；到了少年阶段，主要的消费需要是知识、健康、安全等需要；进入青年时代的消费者，又发展了对恋爱、婚姻、职业发展方面的需要；到成年时，经济安全、地位、尊重等方面的需要开始变得重要起来；而进入老年阶段后，消费者则普遍重视健康方面的需要。

③ 独特性。人与人之间的需要既有共同性，又有独特性。由于遗传因素、环境因素的不同，每个人的需要都有自己的独特性。产品和服务的定制化，满足的正是消费者需要的独特性。

④ 外部约束性。在社会实践中，人们的需要会受到历史、文化、经济、政治等多种外部环境因素的约束。例如，在经济发展水平落后的环境中，消费者对于食物的需要往往仅限于消除饥饿；而随着经济的不断发展，消费者更多地开始关心口味、营养、健康等方面的需要。

4. 消费者需要的影响因素

在市场营销活动中，消费者需要不是一个笼统的概念，它是由各种相关因素构成的具体的组合体。其影响因素具体包括以下内容。

① 消费者构成，即产生需要的消费者的总体数量及性别、年龄、职业、收入水平、消费习惯等基本特征。

② 消费品种与总量，即消费者实际需要何种商品，商品的性能、质量、价格、款式，以及所需消费品的总量大小。

③ 消费市场区域，即需要是表现为整体市场的还是细分市场的，以及市场的空间分布如何。

④ 消费时机与时限，即需要发生的时间、场合及持续的期限是突发的、短暂的，还是常规的、长年性或季节性的。

⑤ 消费实现方式，即消费者通过何种方式满足需要，如选购、订购或租用，分期付款、预付定金、现款交易或赊购，代运或自取等。

⑥ 环境，包括经济、法律、社会、文化等宏观环境对消费者需要的影响和制约，以及企业的营销策略等对消费者需要的诱导、激发与制约。

案例链接 1

5.1.2 需要和需求的区别

需要是有机体感到某种缺乏而力求获得满足的心理倾向，是有机体自身和外部生活条件的要求在头脑中的反映,也是人们与生俱来的基本要求。需求是指人们有能力购买并且愿意购买某个具体产品的欲望,而欲望是指想得到某些需要的具体满足物时的愿望,因此需求就是有支付能力和消费条件的欲望。

需要和需求既存在联系,又有一定的区别。需求是站在"需"和"求"两个角度看问题的,即需要和追求满足,强调"求"的实现,应当联系社会生产和社会制度来理解;而需要是指消费者生理和心理上的匮乏状态,即感到缺少些什么,从而想获得它们的状态,它只强调"需",虽然也要联系社会生产来理解,但与制度因素、社会运动关系不大。消费者需要是推动消费者产生各种消费行为最基本的内在原因,是消费行为发生前的一种心理倾向。

> **案例链接**
>
> **案例思考**
>
> **高科技"铱星"的陨落**
>
> 铱星移动通信系统是美国摩托罗拉公司设计的一种全球性卫星移动通信系统。该系统是多种高科技结合的产物,开创了全球个人通信的新时代,使人类在地球上任何地方都可以进行无缝隙的通信联络。在投产前,摩托罗拉公司也曾做过大规模的市场调研,当时几乎人人都表示如果有一种产品能够让他们随时随地保持联络,那么他们会非常乐意购买,并表示很需要这样一款产品。
>
> 每部铱星手机的价格约 3 000 美元,每分钟话费高达 7 美元,铱星系统从投入运营到申请破产,这个耗资 50 亿美元建立的通信网只拥有 5.5 万个用户,这个数字离公司盈利平衡的最低要求——65 万个用户相差甚远。高科技"铱星"很快陨落。如此炫耀而美丽的"铱星"为何如昙花一现般快速陨落了呢?
>
> 需要产生于人类自身的生理和心理本能,它不是市场营销者所能创造和改变的,它具有固有性,而且是有限的;而需求中的消费欲望是无限的,但欲望的满足受支付能力的限制,需求必须是有能力购买。在市场运营中,企业不能影响消费者需要,却能影响消费者对那些能够满足其需要的事物的愿望,也就是说企业能够针对消费者创造需求。
>
> 消费者的需求必然是需要,然而需要不一定是需求。需要的定义更为广泛,它是一种人们未被满足的状态。企业可以通过满足消费者的需求而获利,但关注其需要是抓住市场机遇的重要条件。要想在激烈的市场竞争中立于不败之地,企业就应当积极地发现和激发消费者的潜在需要。

5.1.3 消费者需要的类型

1. 需要的一般分类

按照不同的标准,人类的需要可以划分为不同的类别。

(1) 根据需要的对象划分

如前文所述,消费者的需要具有对象性。根据对象的不同,消费者的需要可以划分为物质需要和精神需要。

物质需要是指对具体有形的物质产品产生的需要,主要是为了满足生理方面的不平衡,又可以称为生理需

> **学而思,思而学**
>
> 一般来说,需要可以分为哪些类型?消费者需要可以分为哪些类型?请谈谈你的观点。

要。人们在生活中对于衣、食、住、行等方面的物品的需要主要是物质需要。随着经济的发展和社会的进步，很多物品满足的已不仅仅是人们的生理需要，消费者会通过所购买和使用的物质产品来展现自己的个性、品位、身份、地位。例如，奢侈品消费则更多地满足人们的精神需要而非生理需要。

精神需要是由心理上的缺乏引起的，是心理和精神活动的需要，包括对娱乐、认知、社交、道德、创造等方面的需要。随着物质生活条件的改善，人们在精神需要方面的要求越来越高。

视野拓展

文化创意产业——消费者的精神需要

文化创意产业主要包括广播影视、动漫、音像、传媒、视觉艺术、表演艺术、工艺与设计、雕塑、环境艺术、广告装潢、服装设计、软件和计算机服务等方面的创意群体。相对于传统产业，文化创意产业突出了文化的附加值，其特点就是要将抽象的文化直接转化为具有高度经济价值的"精致产业"。我国已明确提出了国家发展文化创意产业的主要任务，全国各大城市也都推出了相关政策支持以推动文化创意产业的发展。

（2）根据需要的产生和起源划分

根据产生和起源的不同，需要可以划分为先天性需要和后天性需要。

先天性需要也称本能需要，主要是来自生理方面的要求，即个体为维持和延续后代而产生的需要。满足先天需要是生理机能维持正常状态的前提，在先天需要得以相对满足的基础上，才能有足够的精力和体力去进行其他的行为活动，并满足更高层次的需要。

后天性需要又称社会性需要，主要是来自心理和精神方面的要求，是指人们出生之后，在社会环境的影响下所形成的带有人类社会特点的那一部分需要，如社会交往的需要、对荣誉的需要、自我尊重的需要、表现自我的需要、追求理想的需要、完善自我道德修养的需要、对美的需要等。后天性需要如果得不到满足，虽然不会直接危及人的生存，却会使人产生不舒服、不愉快的体验和情绪，从而影响人的身心健康。

（3）根据需要的层次理论划分

需要层次理论是研究人的需要结构的重要理论，是美国心理学家亚伯拉罕·马斯洛所提出的一种理论。马斯洛在1943年的论文《人类动机的理论》中提出了该理论，将需要按由低级到高级的顺序依次划分为五个层次或五种类型，即生理的需要、安全的需要、情感和归属的需要、尊重的需要、自我实现的需要（见图5-1）。

① 生理的需要。这是人类维持自身生存的最基本要求，包括对氧气、水、食物、睡眠等方面的需要。如果这些需要得不到满足，个体的生理机能就无法正常运转。换言之，人类的生命可能就会因此受到威胁。在这个意义上说，生理的需要是推动人们行动最基本的动力。

```
            自我实
           现的需要
         ┌─────────────┐
         │  尊重的需要  │
       ┌─┴─────────────┴─┐
       │ 情感和归属的需要 │
     ┌─┴─────────────────┴─┐
     │     安全的需要       │
   ┌─┴─────────────────────┴─┐
   │       生理的需要         │
   └─────────────────────────┘
```

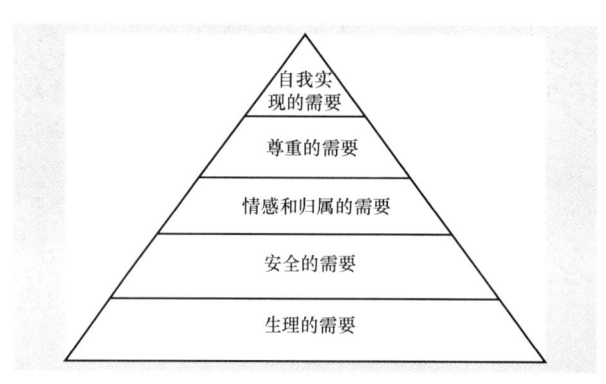

图 5-1　需要层次理论

② 安全的需要。当生理需要得到一定程度的满足后，人们最需要的是周围环境不存在威胁生存的因素，需要生活环境具有一定的稳定性、有一定的法律秩序，即需要生活在有一定安全感的社会里，或者生活中有一种力量能够保护他们，需要所处的环境中没有混乱、没有恐吓、没有焦躁等不安全因素。这种需要涵盖人身安全、健康保障、工作职位保障、家庭安全等诸多方面。

③ 情感和归属的需要。在生理需要和安全需要得到一定程度的满足后，人们会强烈地需要朋友、需要心爱之人、需要亲人关怀等，即需要在一个团体中找到一种归属感，需要被人爱护。如果这种需要不能得到满足的话，人们会强烈地感到孤独，感到被抛弃。情感和归属的需求涉及友情、爱情等方面，它和一个人的生理特性、经历、受教育状况、宗教信仰等都有关系。

④ 尊重的需要。尊重的需要指的是人们希望自己有一定的社会地位，要求个人的能力和成就得到社会的承认。尊重的需要又可分为内部尊重和外部尊重。内部尊重是指一个人希望在各种不同情境中有实力、能胜任、充满信心、能独立自主，也就是人的自尊。外部尊重是指一个人希望有地位、有威信，受到别人的尊重、信赖和高度评价。马斯洛认为，尊重需要得到满足，能使人对自己充满信心，对社会满腔热情，体验到自己活着的用处和价值。

⑤ 自我实现的需要。这是最高层次的需要。它是指实现个人理想、抱负，发挥个人的能力到最大程度，达到自我实现境界的人，接受自己也接受他人，解决问题能力增强，自觉性提高，善于独立处事，要求不受打扰地独处，完成与自己的能力相称的一切事情的需要。自我实现的需要是在努力实现自己的潜力，使自己越来越成为自己所期望的人，它涉及道德、创造力、自觉性、问题解决能力、公正等内容。

2. 消费者需要的基本分类

在现实生活中，多种多样的消费需要并不都是处于显现的、既存的统一状态，而是存在于各种不同的形态中。存在形态的差异对其激发购买动机的强度及促成购买行为的方式有着直接的影响。从消费者需要与市场购买行为的关系角度分析，消费者需要有以下几种类型。

> **学而思，思而学**
> 消费者的需要为什么各不相同？请谈谈你的观点。

（1）现实需要

现实需要是指消费者已经具备对某种商品的实际需要，且具有足够的货币支付能力，而市场上也具备充足的商品，因而消费者的需要随时可以转化为现实的购买行动。

（2）潜在需要

潜在需要是指目前尚未显现或明确提出，但未来可能形成的需要。潜在需要通常因某种消费条件不具备所致，如市场上缺乏能满足需要的商品、消费者的货币支付能力不足、消费者缺乏充分的商品信息等。然而，相关条件一旦具备，潜在需要可以立即转化为现实需要。

（3）退却需要

退却需要是指消费者对某种商品的需要逐步减少，并趋向进一步衰退。导致需要衰退的原因通常有几个：由于时尚变化，消费者兴趣转移；新产品上市对旧产品形成替代；消费者对经济形势、价格变动、投资收益的心理预期变化等。

（4）充分需要

充分需要又称饱和需要，是指消费者对某种商品的需要总量及时间与市场商品供应量及时间基本一致，供求之间大体趋向平衡，这是一种理想状态。但是，由于消费需要受多种因素的影响，任一因素变化（如新产品问世、消费时尚改变等）都会引起需要的相应变动。因此，供求平衡的状况只能是暂时的、相对的，任何充分需要都不可能永远存在下去。

（5）过度需要

过度需要又称超饱和需要，是指消费者的需要超过了市场商品供应量，呈现供不应求的状况。这类需要通常由外部刺激和社会心理因素引起，如多数人的抢购行为、对未来经济形势乐观的预期等。

（6）无需要

无需要又称零需要，是指消费者对某类商品缺乏兴趣或漠不关心，无所需求。无需要通常是由于商品不具备消费者所需要的效用，或消费者对商品效用缺乏认识，没有与自身利益联系起来所导致的。

从上述关于消费需要基本类型的分析中可以得到重要启示：首先，并不是任何需要都能够直接激发购买动机，进而形成消费行为的。现实生活中，有的需要必须给予明确的诱因和强烈的刺激，加以诱导、引发，才能达到驱动行为的足够强度，如潜在需要、零需要等。其次，并不是任何需要都能够导致正确、有益的消费行为的。有些需要（如过度需要）就不宜进一步诱发和满足，而是必须加以抑制或削弱。因此，不加区分地倡导满足消费者的一切需要显然是不恰当的，正确的方法应当是区分消费者需要的不同类型，根据具体类型的特点，从可能性和必要性两方面确定满足需要的方式和程度。

案例链接2

5.1.4 挖掘消费者需要的方法

在实际消费过程中，除有限的一部分消费者知道、愿意并且能够告诉企业自己的需要外，很大一部分消费者需要是无法直接从消费者口中得知的。因此，企业如果想赢得消费者并占领市场，深层挖掘消费者的需要就显得尤为重要。掌握消费者真正的需要，有利于企业做出正确的决策。挖掘消费者需要的方法有两种，即定性方法和定量方法。

1. 定性方法

定性方法是依据一定的理论与经验，直接抓住事物特征的主要方面，而暂时忽略同质性在数量上的差异的方法。使用定性方法研究消费者需要，得出的结论一般都是结论性、方向性的。常用的定性研究方法及其在挖掘消费者需要中的应用如下。

（1）访谈法

访谈法是一种一对一的访问形式，由调查者按照特定的主题对消费者进行深入的访问，用以揭示消费者对某一问题的潜在动机、态度和情感。访问可以有特定的提纲，也可以是开放式的，常用于探索性的调查。调查者通过对话的形式，可以引导消费者主动表达自己在产品或服务使用场景中的一些需要，也可以通过他们对消费活动的态度和情感来判断他们的潜在需要。除事先拟定好访谈提纲外，还可以通过阶梯式提问来深化对消费者需要的认识。调查者通过深度访谈，可以推断出消费者在购买某种产品时有哪些不同层次的需要。

（2）焦点小组法

焦点小组法是针对一小组人的访问，即调查者围绕特定的主题引导小组成员发表意见，并且相互讨论，小组成员可以各抒己见、自由讨论。焦点小组法的优势在于消费者之间的互动能让调查者获得在个人访谈中无法获得的信息，如消费者对其他被采访人发言时的态度和反应，并且消费者之间的讨论范围往往更加宽泛且发散，能够激发调查者的创新思路。

（3）投射法

投射在心理学上是指个人把自己的思想、态度、愿望、情绪和特征等不自觉地反映于外界事物或他人身上的一种心理作用。投射法就是对那些消费者不愿意或根本没有意识的需要，通过一定的媒介促使他们建立起自己的想象世界，在无拘束的情境中显露出个性特征的一种调研测试方法。在使用投射法的过程中，运用一些访问技巧可以避免消费者的回答受到社会期许的影响，能够间接地了解消费者的真实想法。

投射法的优势在于调查者的意图和目的藏而不露，被测试者一般不知道测试的真实目的，他们的反应行为能够把内心隐蔽的想法表现出来，减少被测试者伪装自己的可能性，使测试结果更加真实。投射测试一般对被测试者的回答或反应不做任何限制，被测试者是完全自由的。

案例链接 3

投射法可以分为很多类型，如词语联想测试法、句子故事完成法、漫画测试法、照片归类法、叙述故事法、第三人称法等。虽然投射法具有诸多优点，但结果分析比较困难，一般凭分析者的经验主观推断，缺乏客观标准，其科学性有待进一步考察。

2. 定量方法

定量方法是通过数据来反映消费者对某项产品或服务的需要程度的方法。定性方法有助于企业探索消费者的需要，而定量方法有利于验证判断的正确性。也就是说，企业在定性研究中发掘用户的需要，往往需要定量方法提供客观的证据来进行检验。

第 5 章　影响消费者行为的内部因素——需要和动机

消费者研究的宗旨是"解释、预测和操纵消费者心理与行为",而"解释""预测"和"操纵"这三层目的是逐步递进的关系,即只有解释消费者心理与行为的能力,才能预测其变化;通过预测其变化,才能进一步考虑操纵消费者心理与行为。与这三层目的相对应的,则是三种不同层次的定量研究方法,如图5-2所示。

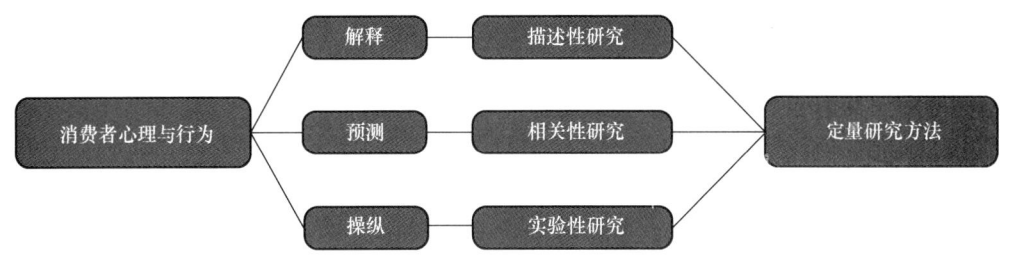

图 5-2　消费者心理与行为的定量研究方法

（1）描述性研究

描述性研究是对消费者需要的现状进行的研究,如市场份额、消费者满意度、品牌忠诚度等,都是企业一直追踪的描述性统计。描述性研究几乎是所有企业都必须进行的数据统计,其本身也能反映许多消费者的需要。描述性研究可以解释消费者需要,即回答"是什么"的问题。企业只有更加精准地预测消费者需要,才能提高市场占有率,促进企业发展。

案例链接

2021年9月,艾媒咨询发布《2021年中国新消费发展趋势研究报告》,其中包含了新消费时代的新式茶饮行业研究,如图5-3所示。随着新式茶饮逐渐成为中青年群体的高频消费品,品牌商家可以通过扩大门店密度来满足用户即时消费的需求,并通过创新口味和包装等来吸引年轻群体来消费。艾媒咨询研究发现,中国受访用户对新式茶饮可接受的最高单价集中在15～20元,占比36.1%,20～30元的接受度为30.4%,30元以上的接受度为5.8%。

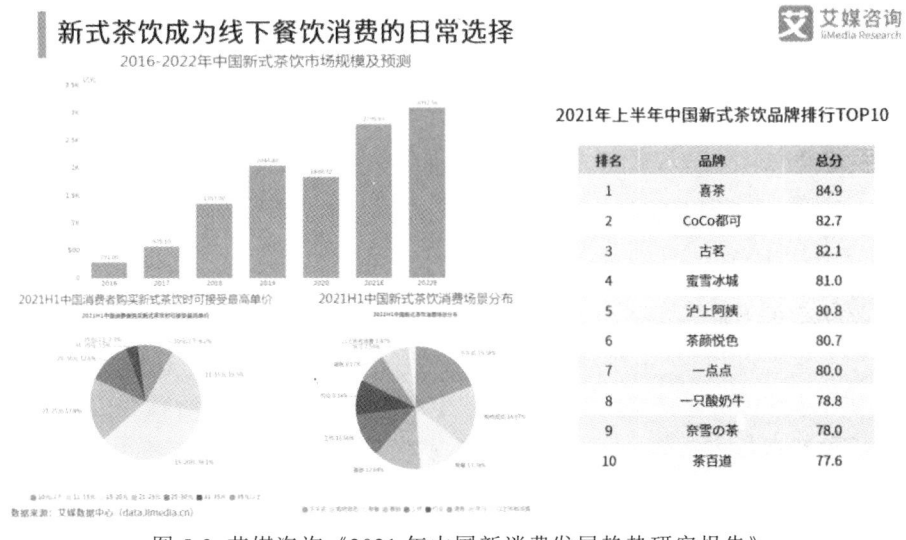

图 5-3　艾媒咨询《2021年中国新消费发展趋势研究报告》

新式茶饮行业的激烈竞争及人工店面等其他成本的增加，使企业利润越来越薄，因此奶茶企业都普遍采用提价策略，产品单价呈上升趋势。但是随着产品价格的不断提升，奶茶消费逐渐成为负担，未来奶茶企业分化情况将进一步加深，中端产品的发展定位及思路需要进一步明确。

（2）相关性研究

相关性研究旨在揭示变量之间的关系，它能够回答"何时、何地、何种条件下发生"等问题。就现在的大数据应用而言，其本质就是一种相关性研究，即采用海量数据来揭示变量的趋势、规律和相互联系。

（3）实验性研究

实验性研究是指研究者通过有意识地操纵、改变一个或多个变量，控制其他无关变量，然后观察结果变化，以验证变量之间因果关系的一种研究方法。按照对无关变量的控制程度，实验性研究可以分为随机控制实验、田野实验和自然实验。

① 随机控制实验。随机控制实验一般发生在实验室中，即将所有的参与者按照随机原则分配到不同的实验组中，以期通过随机化平衡个体及环境差异，仅保留研究者希望操纵的变量差异。这种实验对实验环境控制最为严格，研究结果最接近因果关系。

② 田野实验。田野实验要求实验参与者在各实验组之间随机分配，但原因变量的操纵和结果变量的测量都是在真实环境中进行的，这对实验者设计、控制和统筹资源的能力要求更高，其优势也显而易见。对于现在的科技企业，尤其是互联网公司，田野实验更是优化用户体验、提高企业效益的利器。

③ 自然实验。自然实验研究自然发生的、无法被研究者随机化操纵的变量对消费者需求的影响，如社会、政治、经济、时事等。在消费者研究领域，自然实验常用于检验国家政策对消费者需求的影响，如我国的限塑令对消费者日常生活习惯的改变。这些研究问题中的原因变量并非研究者可以主动控制的，但对消费需求的影响不可小觑。

思政案例

文化与品牌结合打造新年味，良品铺子创新营销洞察消费新趋势

随着春节临近，市场即将迎来一波新的消费高峰。作为开年的重要营销节点，各食品品牌正在如火如荼地备战。就休闲零食市场而言，尽管其规模仍持续增长，但市场竞争已从增量转为存量。艾媒咨询数据显示，2020年年货品类偏好中坚果炒货占比达到65.9%，而且年轻人在置办年货时偏爱休闲零食。品牌偏好中，除好的产品和体验外，品牌营销决定谁能成为消费者心中的首选。年货节作为重要营销节点之一，如何打造"人、货、场"，或许可以从良品铺子年货节的春节营销中窥见一二。

从近两年春节的消费趋势看，拿春节伴手礼来说，消费者更倾向于选择有"年味"的礼盒，零食坚果礼盒、生鲜礼盒等成为年货新选择，年轻群体对休闲零食的消费占比更高。

虽然零食坚果礼盒消费需求较高，但是想要抢占这一市场的企业同样很多，在众多企业推出的一众零食坚果产品中,如何能够让消费者选择自己的产品,成了品牌思考的重点。借助有记忆点的营销活动,不仅能够传递品牌的文化和形象,而且能够赢得消费者的关注和好感。

针对年货节节点,良品铺子不断打造年味出圈效应,除推出高端礼盒外,从2019年12月就开始了营销预热活动。比如,先借助微博话题"全民金选大坚果"进行全民参与预热活动,再与北京环球影城跨界合作吸引年轻人的好奇心,同时唤起新年期待,加上爆款礼盒限时秒杀、上手淘搜"金年开金口"惊喜彩蛋等活动,进一步增加了品牌与消费者之间的互动。

思考: 良品铺子的创新营销迎合了消费者的哪些情感需求?

分析提示: 首先,春节作为我国四大传统节日之一,是全国人民合家团圆的日子,良品铺子选择在这一时间携手天猫超品日开启年货节,充分地迎合了消费者团圆的需求。其次,良品铺子不断打造年味出圈效应,除推出高端礼盒外,从2019年12月就开始了营销预热活动。比如,先借助微博话题"全民金选大坚果"进行全民参与预热活动,以文化与品牌结合打造新年味,满足了消费者对于"年味"的需求;惊喜彩蛋等活动,吸引了年轻人的好奇心,也进一步增加了品牌与消费者之间的互动,满足了消费者对于趣味性的需求。

5.2 消费者的动机

案例引入

中式滋补市场升温,俘获年轻人的心

随着越来越多的消费者认为自身处于"亚健康"状态,养生需求日益增加,而中式滋补成了不少人青睐的方式。与传统中式滋补产品相比,新中式滋补让人耳目一新,更好地迎合了当下的需求。在此基础上,不少中式滋补品牌得以迅速出圈,资本也十分看好中式滋补市场。新中式滋补有效降低了消费门槛,在产品、工艺上做出创新,在已经获得一定知名度的基础上,要想更长久地发展下去,不仅需要维持产品的高水平,还需要推动行业规范化。

年轻消费者不断增加的养生需求,除吸引大量资本进入市场外,也加速了各类中式滋补产品的出圈。2021年8月,即食花胶品牌"极盏"完成了数千万元的Pre-A轮融资。极盏定位于东方滋补品类,致力于向消费者提供"更大花胶,更多胶原"的即食花胶。9月,官栈也完成了超1亿元的Pre-B轮融资。官栈以花胶消费品为切入点,先后打造了即食花胶、鲜炖花胶、金汤花胶鸡等品类原型。此后,雪胶 de 蘑菇之家宣布完成了千万元级的天使轮融资。雪胶 de 蘑菇之家主要为消费者提供以高端食用菌为食材的饮品和小吃,解决消费者既想"好吃解馋"又想"健康减肥""养生""美白"的多重诉求。即食燕窝品牌"小仙炖"迄今为止已经获得了5轮融资,最近一次是2021年3月的C轮融资。

新中式滋补品牌的出现,很好地降低了滋补的门槛,能够满足更多消费者的需求。

这也不难理解，为什么新中式滋补品牌一经出现，就能够获得广泛关注和更高销量。比如，小仙炖在燕窝筛选上非常严格，配料中只有水燕窝、冰糖和纯净水，15天保质期也保证了燕窝产品的新鲜度。金燕耳以银耳为核心，推出了从银耳干品到冻干冲泡银耳羹再到即食代餐银耳羹，多方面满足了消费者银耳养生的需求。胶趣创新鲜炖即食花胶，选择营养价值高的原料，工艺更加多样，而且丰富了产品口味。

新中式滋补品牌除在产品、工艺上的创新外，还需要逐步向标准化和规范化方向发展，并逐步建立供应链体系和服务体系。比如，小仙炖构建了鲜炖燕窝生产体系，从源头到生产、包装、物流的各个方面都执行高标准，也拥有鲜炖燕窝方便食品 SC 生产资质认证的工厂，开创了鲜炖燕窝的 C2M 用户服务模式，将用户订单直连工厂，用户下单后工厂每周新鲜炖煮，既保证了产品新鲜又提高了运转效率。小仙炖还推动了《鲜炖燕窝良好生产规范》的发布，推动了行业升级迭代。

对于这些新兴的中式滋补品牌来说，如今的中式滋补市场具备发展前景，未来要想走得更远、更长久，不仅要保证产品的高品质，还应该推动行业规范化发展。

思考：请结合以上案例简要分析年轻消费者购买中式滋补产品的消费动机。

分析提示：随着越来越多的消费者认为自身处于"亚健康"状态，养生需求日益增加，中式滋补成了不少人青睐的方式。随着社会的快速发展，人们的工作压力、工作强度不断增加，年轻消费者的养生需求也与日俱增，通过购买中式滋补产品来养生，从而改善身体的"亚健康"状态，已成为年轻消费者购买中式滋补产品的主要动机。女性消费需求处于上升趋势，"身体健康""养颜"成了女性消费者的消费动机。新中式滋补品牌在产品的安全性方面有了保证，这也是年轻消费者购买中式滋补产品的动机。精美的包装图案、国风内容、可爱新颖的外观，都精准地抓住了目标客户群——年轻人的需求，因此"包装精美"也成了购买动机之一。

5.2.1 消费动机的概念与特征

消费者动机是消费者消费行为的内在动力。心理学认为，动机是个体的内在过程，行为是这种内在过程的表现。引起动机的内在条件是需要，外在条件是诱因。在消费行为学中，消费者动机是促使消费行为发生并为消费行为提供目的和方向的动力。本节将介绍消费动机的概念与特征。

1. 消费动机的概念

动机的概念是由伍德沃斯在 1918 年首先引入心理学的。一般认为，动机是"引起个体活动维持已引起的活动，并促使活动朝向某一目标进行的内在作用"。

我们可以将动机视为一种个人内在的驱力，这种驱力促使个人采取行动。驱力主要来自因需要未得到满足而产生的紧张。当消费者的紧张达到一定程度时，便会产生驱力促使其采取行动来满足需要以降低其紧张程度。因此，动机是一种驱力，其主要目的在于降低或消除消费者的紧张。

微课堂 5

消费动机是消费者购买并消费商品最直接的原因和动力。在现实生活中，消费者受到某种刺激，其内在的需要就被激活，进而产生一种不安的情绪（紧张、不自在）。这种内在的不安情绪与可能解除生理缺乏的消费对象相结合，演化成一种动力，即形成消费动机。对消费者而言，消费动机能够激发消费者的需要，推动消费者去寻找能满足自己需要的东西，采取购买、消费行为，从而使生理上的不安情绪得到消除。

2. 消费动机的特征

> **学而思，思而学**
> 列举几个发生在你身边的消费者的消费动机，并分析它们是如何带来购买行为的。

与消费者的需要相比，动机的动力表现更为明显。需要仅仅是一种心理倾向性的反映，而动机是行为的直接推动力。例如，消费者购买笔记本电脑，到了消费动机阶段，就会思考购买的品牌、尺寸大小、颜色、处理器等因素，而这些因素代表着商品的具体属性。消费动机将消费者的需要行为化，人们会以动机为方向选择具体的商品类型。因此，对消费动机的研究，可以为经营管理提供更加直接、更加有效的决策依据。

消费者的购买动机具有六个特征。

① 明确的目的性。动机一旦形成，消费者就有了非常明确的购买商品和消费商品的目的。

② 明确的指向性。消费者对即将购买的商品有明确的、清楚的要求。对于不同的商品而言，这种指向性是不同的，要根据每一种商品的具体性质来分析。

③ 自觉主动性。动机的形成可能源于消费者本人（需要、消费兴趣、情感导向或消费习惯等），也可能源于外部因素的激发（广告的宣传、购物场所的提示等）。当消费者有了购买商品的明确目的时，就会主动地搜集商品信息并选择购买方式。

④ 强大的动力性。在动机的支配下，消费者会主动自觉地做好购买准备，克服购买过程中的困难。在强大动机的支配下，消费者会追求自己所希望的体验，满足不同形式的需要。

⑤ 动机的多样性。动机直接指向商品的具体属性，但每位消费者会因个性不同而形成不同的消费动机，面对不同商品也会表现出动机上的差异。在不同情境或不同场合下，消费者的动机更是千差万别，这都是动机的多样性表现。

⑥ 动机的组合性。消费者购买一件商品，可能出于多种消费动机，每一种动机所起的作用也不一样，这种现象称为消费动机的组合性。例如，购买某品牌笔记本电脑的消费者可能有四种动机：一是相信该品牌终身保修期限更长；二是该品牌笔记本电脑携带更加轻便；三是相信该品牌笔记本电脑运行速度更加流畅；四是同事购买了该品牌的笔记本电脑，对其评价非常好。某些情况下，这四个动机中，第四种所起的作用可能最大。

视野拓展

动机的组合性

动机的组合性广泛存在于各种商品的消费中，只不过动机组合有多有少。找出消费者多种动机的组合,并分析每一种动机的重要性,是商品定位前消费心理分析的内容之一。在当前的市场研究方法中,已有比较成熟的技术可以分析消费动机的组合性及其重要性。

5.2.2 消费动机的类型

由于消费者需要与刺激因素的多样性,消费者产生的消费动机也具有复杂多样性。动机的分类可以根据动机的性质、动机在行为中的作用及动机的表现形式等来划分。

1. 根据动机的性质分类

根据动机的性质,消费动机可分为生理性消费动机和心理性消费动机,如图 5-4 所示。

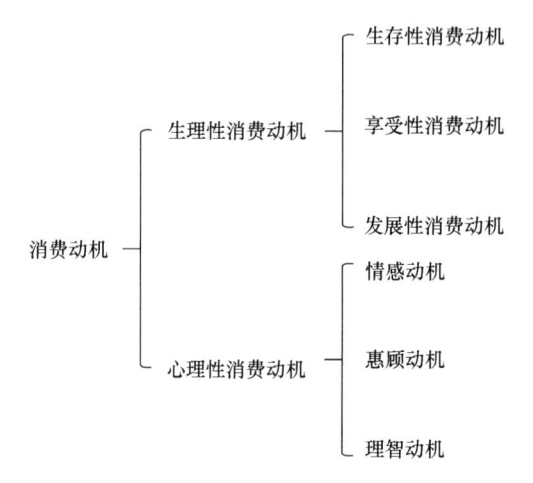

图 5-4 根据动机性质划分的消费动机

(1)生理性消费动机

生理性消费动机是指消费者为了维持和延续生命的需要而产生的购买动机。人们为了维持生命的延续,保证身体健康、精力充沛,以便从事正常的社会活动,都会产生对衣食住行等的生理需要,如饥则求食、渴则求饮、病则求医等。

生理性消费动机又可细分为生存性消费动机、享受性消费动机和发展性消费动机。

① 生存性消费动机:消费者为了满足其生存需要而产生的购买动机。

② 享受性消费动机:基于消费者对享受资料的需求而产生的购买动机。

③ 发展性消费动机:为满足消费者个体的发展需求而引起的购买动机,如培训进修、强身健体等。

(2)心理性消费动机

心理性消费动机是指由人们的认识、情感、意志等心理存在引起的行为动机,可细分为情感动机、惠顾动机和理智动机。

① 情感动机:由人的喜怒哀乐及道德感、群体感、美感等高级情感引起的动机。动机购买需求是否得到满足直接影响消费者对产品的态度,并伴随消费者的情绪体验,这些不同的情绪体验会在不同的消费者身上表现出不同的购买动机。

② 惠顾动机：基于情感和理智的经验，对特定商店、产品或品牌产生特殊信任和偏好，使消费者习惯地重复购买的一种动机。

③ 理智动机：消费者经过对各种需要、不同产品满足需要的效果及价格进行认真思考后产生的动机，即人们在对产品进行客观认识的基础上经过分析与比较而产生的动机。

2. 根据动机在行为中的作用分类

根据在行为中的作用，消费动机可以分为主导动机和辅助动机。在引起复杂行为各种不同的动机中，有的动机强烈而稳定，在活动中起主导和支配作用，属于主导动机；有的动机则起辅助作用，只是对主导动机的一种补充，属于辅助动机。

3. 根据动机的表现形式分类

根据动机的表现形式，消费动机可以分为显性动机和潜在动机。
① 显性动机：动机清晰明确，对当前的行为构成直接的影响。
② 潜在动机：动机不清晰、不明确，在内在和外部条件成熟时才浮现出来，并对行为产生影响。

4. 消费者的具体购买动机分类

由于消费者的兴趣、爱好、性格和经济条件不同，需要也多种多样，因此就具体的产品而言，购买动机往往是具体的，其中包括以下几种。

① 求实购买动机：一种追求产品和服务的实用价值为主要目的的购买动机。在这种动机的支配下，消费者选购产品时特别重视产品的质量和功效。

② 求新购买动机：消费者以追求时尚、新奇、刺激、个性为主导倾向的购买动机。在这种动机的支配下，消费者喜欢选择时尚、流行、引领潮流的产品或服务，注重产品的款式、色泽、流行性、独特性与新颖性。

③ 求美购买动机：以产品的美感和艺术价值为追求目标的购买动机。消费者注重产品的造型、色彩、款式与艺术价值，重视产品的风格和个性，讲究产品的造型美、装潢美和艺术美。

④ 求名购买动机：消费者通过购买特殊产品，借以显示和提高自己的身份、地位、品位而形成的购买动机。这一动机以追求名牌为主要特征，其形成原因比较复杂，除显示身份、地位、富有和表现自我的作用外，还隐含着减少购买风险、简化决策程序和节约购买时间等多方面的考虑因素。

⑤ 求廉购买动机：消费者以追求产品、服务的价格低廉为主导倾向的一种消费动机。这种动机下，消费者以价格低廉为第一考虑因素，通常宁愿多花费体力和精力，多方面了解与比较价格差异，选择价格相对便宜的产品。

⑥ 从众购买动机：消费者在购买产品时自觉不自觉地跟随他人的购买行为，与他人保持步调一致的购买动机。从众是一种普遍的社会现象，其形成原因多种多样，有出于仰慕、艳羡和获得认可而产生的动机，也有惧怕风险、保守而产生的动机，还有缺乏主

见、随大流或随波逐流而产生的动机。

⑦ 求便购买动机：消费者追求快捷、方便的生活方式而形成的购买动机。在这种动机的支配下，消费者对时间与效率特别重视，特别关心能否快捷、方便地买到产品，对购买的产品也有使用、携带、维修方便等方面的要求，如网上购物、电视购物等。

⑧ 求安全购买动机：为了人身与家庭财产的安全，消费者需要购买相应的产品，以应对具有危险性的事情发生，或者在产品的使用过程中希望其性能安全可靠。

⑨ 习惯性动机：由于兴趣爱好、生活习惯或职业需要等原因，人们往往对某类产品表现出特殊的兴趣，成为购买这类产品的消费动机，如养花、钓鱼等。

⑩ 储备性动机：消费者主要出于储备产品的价值或使用价值的目的而产生的消费动机，如购买首饰、名贵工艺品等。

⑪ 馈赠动机：人们为了表达某种情感、增进双方的友谊，或为了纪念某件事，或出于某种风俗习惯，或为了某种利益的交换等，从而产生的购买动机。

⑫ 补偿性动机：由于有些动机不能转化为现实的消费行为，经过较长的时间并且消费者具备了相应的条件后才出现的消费动机，这时的动机表现为一种补偿性。

⑬ 攀比性动机：以争强好胜或为了与他人攀比并胜过他人为目的的购买动机。消费者购买产品不是为了实用，而是为了表现得比别人强，这类消费者在购买产品时主要受广告宣传、他人购买行为的影响，通常不考虑自己的实际情况，盲目追求高档、新潮的事物。

⑭ 求心理平衡动机：消费者因存在某些方面的不足，需要通过消费产品来弥补这些不足以取得心理平衡的消费动机。

案例链接 4

当然，除以上购买动机外，消费动机还有求速、尊重、留念、健康、隐私等其他具体的购买动机。另外，消费者的购买动机也会随时间、地点、条件的变化而发生变化。总之，注意分析和研究消费者不同的购买动机的类型与特征，可以有针对性地做好营销工作，对促进消费者的购买行为有十分关键的作用。

5.2.3 消费动机作用的过程

任何消费者行为都是有目的的。这些目的的实质是满足自己的某种需要，而当需要未得到满足时就会内心紧张，产生一种内在驱动力，并在外界诱因的激活下转化成具体的动机，继而在动机的驱使下采取行动来实现目标。

动机是推动个体采取行为的内在驱动力，是促使消费者行为发生并为消费者行为提供目的和方向的动力。它是由于需要没有得到满足而产生的紧张状态引起的。

动机的形成需要具备一定的条件，它是在需要的基础上产生的。需要只是一种潜在的驱动力量，表现为某种愿望、意向。一旦有某种与需要相适宜的目标物出现时，在外界条件的刺激下，作为潜在驱动力的需要就会被激活，从而转化为动机，如图 5-5 所示。

```
┌─────┐  ┌─────┐  ┌─────┐  ┌─────┐
│ 1 需要│▶│ 2 诱因│▶│ 3 目标物│▶│ 4 动机│
└─────┘  └─────┘  └─────┘  └─────┘
```

图 5-5 动机的形成过程

需要和动机存在紧密的联系，需要可以引发动机，动机引导人们采取特定的行动，如果需要得到满足，此轮过程即告终结，接着又会产生新一轮的需要；如果需要未得到满足，紧张状态没有得到缓解，那么紧张状态就会持续存在，在一定的外界条件刺激下转化成行为，如此形成循环的过程，如图 5-6 所示。

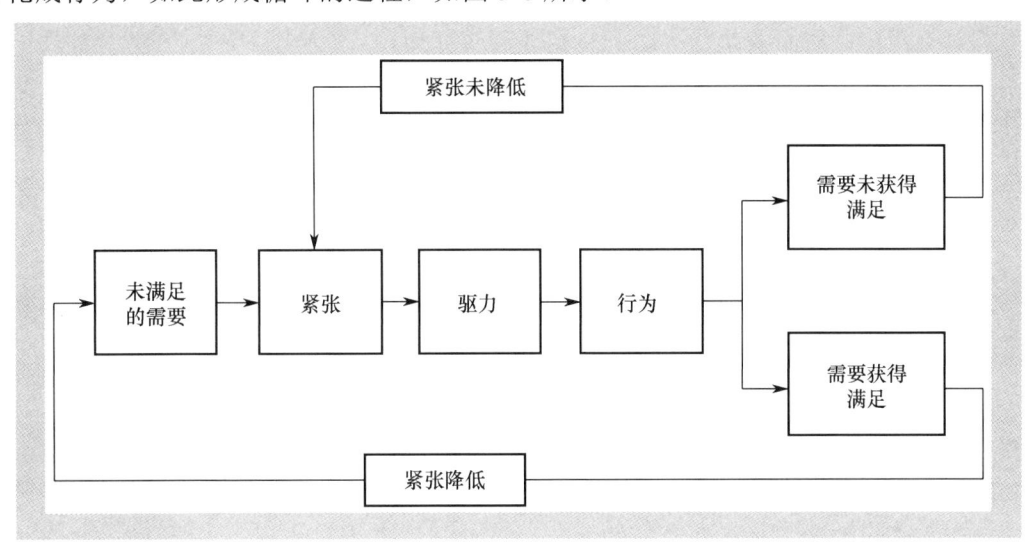

图 5-6 动机的作用过程

5.2.4 唤起消费动机的因素

动机是消费者行为的直接动力，大多数时候消费者并未认识到自身有消费需求，或者说不出来有什么消费需求，或者不愿意说出其消费需求。在这种情况下，挖掘消费者的需求从而唤醒其购买动机就显得尤为重要。在市场营销中，企业营销人员要善于激发和调动消费者的消费动机。唤起消费者的购买动机，主要依靠内部刺激和外部刺激的共同作用。内部刺激主要指生理上、情绪上及认知上的唤起，而外部刺激主要指来自外部环境刺激的唤起。

1. 生理因素

生理上的唤起通常是非自愿性的，来自生理上的变化。例如，因为体温下降而感到寒冷、因为血糖降低而感到饥饿等，这种生理上的变化会引起消费者的紧张感，继而产生购买某种产品的动机。以消费者购买跑步机为例，大多数情况下，消费者先感到体重的增加，或是身体的不适，或是体型的不完美，产生了需要健身锻炼的需求，从而激发了其购买跑步机的动机。

2. 情绪因素

在情绪方面，商家可以利用消费者的想象促使其采取某些购买行为，以降低令人不舒服的紧张程度。例如，化妆品广告经常让消费者想象自己用过之后会变得更有魅力、更加自信，使其处于一种强烈的想要实现这种想象的情绪中，进而采取实现该目标的购买行为。

3. 认知因素

有时一些不经意的念头会促使消费者在认知上感到某种需要的存在，从而唤起购买动机，实现购买行为。例如，每逢情人节，很多商家都会大肆宣传浪漫情人节的各种消费项目，唤起消费者在认知上的消费需求，激发并唤起人们的消费动机。

4. 环境因素

消费者的有些需要是受环境的刺激而引发的，所以商家可以利用环境刺激唤起他们的购买动机。优雅舒适的购物环境能够强烈刺激消费者的感官，唤起他们的无意注意，强化他们的有意注意，促使他们产生购买动机。商家可以通过这些措施营造良好的购物环境：制造强烈的视觉冲击；播放适宜的音乐，调节消费者的购物心情和速度；带给消费者清新的嗅觉刺激；给消费者提供良好的触觉感受，如适宜的温度。

> **案例链接**
>
> **迎合消费趋势，锐澳微醺抢占"独饮市场"**
>
> 富有质感与风格的锐澳微醺以"一个人的小酒"定位，瞄准的是独饮场景，通过产品创新来抓取与挖掘新的消费场景，构建出消费者饮用酒精饮料的新场景，这是对预调酒行业品类的突围。
>
> "一个人的小酒"，其目标是成为"年轻人独处时刻的陪伴者/酒"。锐澳微醺向消费者传递出充足的饮用场景向往感，特别能激起年轻人的情感共鸣，从消费者的情绪、环境因素等方面唤起购买动机，强烈的购买欲望促使他们采取购买行为。
>
> 锐澳微醺一上市就获得许多年轻消费者的青睐，精致的外观、适宜的口感、对独饮场景的向往，引发了消费者强烈的好奇感与尝鲜的欲望。预调酒过去的饮用场景大多是年轻人聚会，而锐澳微醺突破了预调酒品类发展的局限，这种创新模式更能迎合年轻人的消费趋势，积极、大胆地唤起了消费者的消费动机，抢占了预调酒业的"独饮市场"。
>
> 锐澳微醺正是从商品的特点、影响消费者的情绪及环境等因素出发，利用广告宣传产品特色，创设独饮场景，成功地激发了消费者的购买动机。

5.2.5 激发消费动机的营销策略

从消费者行为学的角度看，消费者在进行购买行为时，并不是在购买产品，而是使其需要得到满足或使问题得到解决。因此，企业营销人员应当善于挖掘消费者的消费动机，在了解消费者真实购买动机的基础上，有针对性地推广满足消费动机的产品。企业也应当制定相应的营销策略，从而提高产品的销量，提升产品的知名度，最终实现效益的提高。本节主要介绍企业应如何激发消费者的消费动机，从而制定合适的营销策略。

> **学而思，思而学**
>
> 假如你是一名企业营销人员，你认为应当从哪些方面激发消费者的消费动机？

1. 发现购买动机

前面讲过，根据动机的表现形式，消费动机可以分为显性动机和潜在动机。潜在动机又称隐性动机。例如，当一个市场调研员询问你为什么购买某种牛仔服时，你通常会回答"它很流行""我的朋友都穿它""它很合身"或"它看起来适合我"。然而，也许还有其他你不愿承认或没有意识到的原因："它使我显得性感"或"它使我显得年轻"。以上原因的全部或部分都会影响消费者对一套牛仔时装的购买。上面提到的第一种动机是消费者意识到并愿意承认的动机，称为显性动机。上面提到的第二种动机是消费者未意识到或是不愿承认的动机，称为隐性动机。

下面以购买凯迪拉克汽车为例，说明这两类动机是怎样影响购买行为的，如图 5-7 所示。购买凯迪拉克汽车时，消费者的显性动机可能是"乘坐舒适""性能好"或"外观漂亮"，这些都可能表现在消费者的言语行为之中；在消费者的潜意识中，消费动机还可能有"它能显示我的成功""它是强有力的、性感的汽车，它能使我也显得强有力和性感"等隐性动机，只不过没有明确地表达出来。

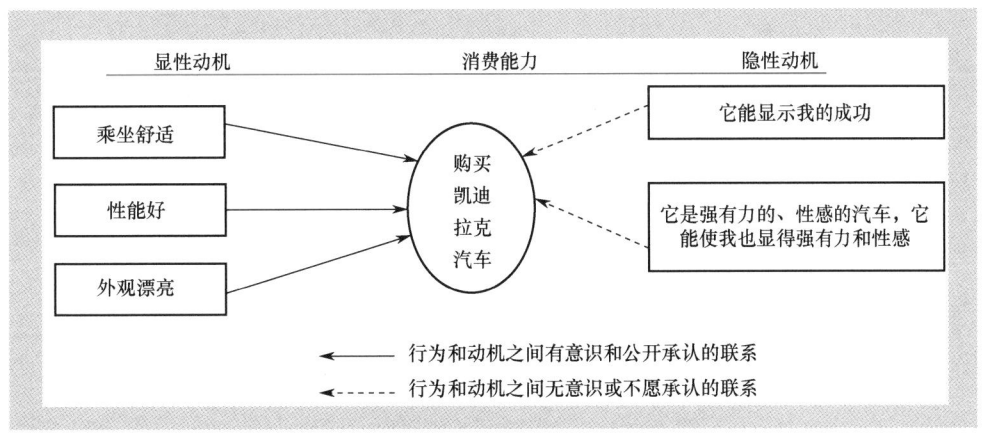

图 5-7　消费者购买凯迪拉克汽车的动机

企业营销人员的首要任务是确定影响目标市场的动机组合。显性动机更容易被确定。直接询问（你为什么购买凯迪拉克汽车）通常会获得关于消费者的显性动机的合理评价。确定隐性动机的过程则复杂和微妙得多。前文中所介绍的投射技术能用来深入分析隐性动机。其中一种较普遍的方法是阶梯法，或称利益链方法，即让一个消费者列举某种产品或品牌所能提供的利益，再列出这些利益所能提供的好处，继续下去，直到消费者列不出好处为止。例如，应答者可能会列出"减少感冒"这一条作为每天服用维生素的利益之一，当问到"减少感冒"的好处时，他也许会列出"工作更高效"和"精力更好"，而另一个人也许会列出"气色更好"。他们两个人都用维生素减少感冒，但其最终目的并不相同，所以对于以上两位消费者为诉求对象的维生素营销方式则应不同。

另一种类似的方法是词语联想法，即前一轮联想出来的词引出新一轮词。例如，"汤"使人联想出一些词，其中可能有"干净""新鲜"，而"干净"和"新鲜"又使人联想到"自由""放松""无拘无束""自然""乡村""感官快乐"等。这类信息对于广告设计和定位战略的制定是极具价值的。

2. 基于多重动机的营销策略

一旦找到影响目标市场的动机组合，企业就要围绕相应的动机制定营销策略。在现实生活中，购买行为往往是在多个动机的共同驱使下进行的，是有意识的动机和无意识的动机总和的结果。

动机总和一般分为以下两种情况。一种情况是几种动机共同作用于购买行为，多重动机累加使购买动机得到强化，推动消费者产生更为强大的购买力量，从而更容易实现购买行为；另一种情况是多重动机中有的动机促进购买行为，有的动机阻碍购买行为，即存在方向相反、相互抵触的动机，这时动机总和不是所有动机的累加，而是相互抵消，但只要相抵后不为零，就说明动机还是存在的。如果促进购买行为的因素之和大于阻碍购买行为的因素之和，就会推动购买行为的发生；如果促进购买行为的因素之和小于阻碍购买行为的因素之和，就会阻碍购买行为的发生；如果动机总和处于平衡状态，可能会使消费者徘徊于买与不买之间，这时就需要外界的助力，营销者就要想方设法地刺激消费者的购买动机，削弱各种阻碍购买行为因素的力量，使消费者动机向产生购买行为的方向倾斜。

如果存在的多种购买动机都很重要，产品就必须具备不止一种功能，那么广告也必须向消费者传递多重利益。通常，显性动机是消费者容易觉察的或者愿意讨论的，广告可以直接迎合消费者追求的产品质量、产品功能等显性动机。显性利益一般较易传达。隐性动机一般是消费者不愿承认的，需要营销者采用间接的沟通方式，广告最好采用双重诉求方式，直接诉求侧重于产品品质，间接诉求则集中于消费者所追求的地位、理念和个性等。

> **案例链接**
>
> **麦当劳让"吃"更有趣**
>
> 尽管麦当劳只卖汉堡、炸鸡块、薯条等快餐食品，但它在细节上是非常用心的。麦当劳曾配合香草巧克力双层奶昔推出一款高科技吸管，让消费者可以同时吸入香草和巧克力奶昔。
>
> 不仅如此，麦当劳还推出了"无用之用"系列周边玩具，旨在帮助消费者在平时的生活中寻找乐趣，如薯条叉和麦乐鸡跳水台。薯条叉是针对消费者吃汉堡容易挤出

馅料和酱汁的尴尬而发明的小工具,其实就是一个塑料材质的叉子,但顶部没有齿,而是设计了一个开孔,能够把薯条叉到里面,这样消费者在吃汉堡时,如果不小心把酱汁挤出,就可以用薯条叉蘸着掉落的酱汁吃掉,既不浪费也不脏手。

麦乐鸡跳水台是一个塑料玩具,消费者可以把炸鸡块或薯条放到开口处的黄色塑料板上,然后抽开挡板,炸鸡块或薯条就会掉落到下面的酱料盒中。

很多网友调侃:"请告诉我,设计这个薯条叉的意义是什么?""这个设计师和我一样无聊。"这些玩具之所以无用,是因为它们让"吃"更麻烦了,但也让"吃"更有趣了。吃出一种快乐,大概是"无用之用"的意义。然而,这些奇葩的玩法、独特的创意,一经推出就引起了消费者的热议和追捧。

思政案例

农夫山泉的突围之路

欧睿国际数据显示,2019年我国软饮行业规模已达5 785亿元,其中瓶装水在软饮料市场的占比为34.55%,位居第一。观研天下数据显示,我国瓶装水市场规模从2014年的1 237亿元增长至2020年的2 167亿元,复合增长率一度达到10.07%。在国内的包装饮用水市场中,农夫山泉明显地占据优势地位。根据弗若斯特沙利文报告,在当前国内相对集中的饮用水市场上,农夫山泉的领先优势已经相当明显,其2019年零售额领先排名第二参与者达1.5倍多。另有数据显示,农夫山泉从2012年起连续9年保持国内包装饮用水市场占有率第一。尼尔森数据显示,农夫山泉2021年市场份额达30%左右,同样稳居行业第一。

在包装饮用水市场巨大的发展前景之下,开始有越来越多的企业进入这一市场,如今农夫山泉所要面临的对手不仅仅是怡宝、百岁山、康师傅、娃哈哈等传统玩家,还要应对元气森林、东鹏饮料等新进入者,甚至可能还有蜜雪冰城。近期蜜雪冰城获得了"瓶子(雪王爱喝水)"外观专利,包装上显示"饮用纯净水",这可能也是一个信号。农夫山泉虽然凭借天然水成功占据市场,但是可能也受制于天然水。2020年业绩报告显示,农夫山泉包装饮用水产品收入为139.66亿元,较2019下降了2.6%。农夫山泉的核心业务出现下滑,这可能也是促使其寻找新突围点的一大原因。

中商产业研究院整理的数据显示,2014年至2019年,天然水、矿泉水的复合增长率分别高达29.1%和19.0%,高于行业整体增速。随着消费者健康意识的增强,矿泉水市场增长迅速,2019年天然矿泉水的市场规模已经达到151亿元。如今,农夫山泉的天然饮用水业务逐渐触及天花板,再加上不少品牌都在进入矿泉水市场,而矿泉水市场潜力仍有待开发,可能也迫使农夫山泉进入这一市场。2021年4月19日,农夫山泉发布了长白雪天然矿泉水,正式进军矿泉水市场。值得一提的是,农夫山泉虽然已经进入矿泉水市场,但是要想争得一席之地可能还面临很多挑战。而且它在天然水市场中的优势,可能在矿泉水市场上并不能体现出来。

比较突出的问题就是水源。目前农夫山泉的水源地(如浙江千岛湖、湖北丹江口等)大多都是天然水,在矿泉水水源上的储备并不富裕。即便有了合适的水源,还需要获得采矿权和取水许可证,在这一方面也需要复杂的审批流程,因此在水源上的壁垒是制约农夫山泉进入矿泉水市场的关键。

思考：农夫山泉进军矿泉水市场与消费者动机有何关联？对学生来说有何思政启示？

分析提示：在包装饮用水市场巨大的发展前景之下，开始有越来越多的企业进入这一市场，如今农夫山泉所要面临的对手不仅仅是怡宝、百岁山、康师傅、娃哈哈等传统玩家，还要应对元气森林、东鹏饮料等新进入者。消费者对于天然水的消费动机强烈，但市场上的天然水产品越来越多，选择多样，因而导致农夫山泉的核心地位下滑。而消费者对于矿泉水的消费动机依然持续，但农夫山泉受制于天然水，所以需要进军矿泉水市场。

从思政方面看，在拓展矿泉水业务的同时，农夫山泉面临的比较突出的问题就是水源。目前农夫山泉的水源地（如浙江千岛湖、湖北丹江口等）大多都是天然水，在矿泉水水源上的储备并不富裕。即便有了合适的水源，还需要获得采矿权和取水许可证，所以无论是对消费者还是学生来说，都应当秉持节约意识、节水意识，保护环境，保护水资源。

本章小结

需要是一种生理和心理上的缺乏状态，这种缺乏引导人们向一定的方向努力，去实施相应的行为以消除缺乏的感觉。消费者的需要具有如下特征：对象性、阶段性、独特性、外部约束性。在市场营销活动中，由其影响因素的复杂性决定，消费者需要不是一个笼统的概念，而是由各种相关因素构成的组合体。其影响因素具体包括消费者构成、消费品种与总量、消费市场区域、消费时机与时限、消费实现方式、环境等。

动机是个体的内在过程，行为是这种内在过程的表现。消费者动机是消费者消费行为的内在动力。在消费者行为学中，消费者动机是促使消费行为发生并为消费行为提供目的和方向的动力。消费者的购买动机具有明确的目的性、指向性、自觉主动性、动力性、多样性、组合性等特点。消费动机将消费者的需要行为化，人们以动机为方向选择具体的商品类型。因此，对消费动机的研究，可以为经营管理提供更加直接、更加有效的决策依据。

课后练习

第 6 章
影响消费者行为的内部因素——消费者心理活动

学习目标

- 理解消费者知觉的概念、基本特征及形成过程
- 掌握知觉理论在消费者行为分析中的应用
- 了解消费者学习的含义、类型、途径及学习效果
- 了解消费者态度的概念、特征、形成与改变,以及态度对购买行为的影响
- 理解消费者情绪的概念、构成及对购买行为的影响
- 掌握激发消费者购买行为的方法与途径
- 了解消费者记忆的类型及其对消费者购买行为的影响
- 基于消费者记忆理论,掌握对应的营销策略

6.1 消费者的知觉

案例引入

"我"

作为时尚一族和事实上的消费大军,我国年轻人的消费习惯与支配这些习惯背后的文化因素,一直是营销专家们悉心研究的课题。研究结果表明,近十年来,我国年轻人的个性、文化、价值观等都发生了很大的变化,这些变化体现在语言、着装、爱好等方方面面。

反映到语言上,我国年轻人口头最常见的一个字既不是"酷",也不是"靓",而是"我"。这种个性的张扬,在当今的广告词中随处可见。例如,佳得乐汽水的"我有,我可以";安踏运动鞋的"我选择,我喜欢";中国移动全球通的广告词就两个字:"我能。"可口可乐公司选择 2004 年雅典奥运会男子 110 米栏冠军刘翔所做的"要爽由自己"广告也大获成功。

为何"我"字大行其道?心理学原理告诉我们,"我"字当头,首先这一点颇能迎合当今年轻人勇于参与、敢于实践的心理特点;其次,"我"字的出现,可以拉近青年消费者和厂家之间的距离,最大限度地达到"我中有你、你中有我"的宣传效果,从而变厂家的宣传活动为青年消费者的"自觉"购买行为。

无独有偶,"你"字的运用亦有异曲同工之妙。比如,娃哈哈果奶那句著名的广告词:"今天,你喝了没有?"其深层次用意无非是挖掘消费者潜意识中的"我",从这个意义上讲,这里的"你",其实就是消费者用以表达自身购买欲望的"我"。

思考: 通过市场广告信息收集,你还能列举哪些带有"我"和"你"的广告词?这些广告词背后的商业用意何在?此案例对你有什么启发?

分析提示: 这是一个典型的知觉引导的实例。广告中对于人称的出发点的强调,从心理学的角度上来说会唤起本体对客观事物从知觉上产生的体验和认知。可见,广告信息和通过知觉的相关体验会对消费者造成一定的影响。

6.1.1 知觉的概念与分类

知觉是人脑对直接作用于感觉器官的客观事物的整体反映,或者说知觉是消费者个体为了对我们所处环境赋予意义而组织和解释感觉印象的过程。由此可见,感觉是知觉的基础,知觉以感觉为前提,但是知觉不是感觉的简单相加,知觉的产生借助于人的知识和经验的帮助。比如,品酒专家和普通饮酒者对同一种酒的认识就存在很大的差异。也就是说,知觉是经验参与其间的纯粹的心理活动。另外,人的兴趣爱好、个性特征和需要也使知觉具有一定的倾向性。

1. 知觉的概念

知觉是消费者进行选择、组织及解释外界的刺激,并给予有意义及完整图像的一个过程。消费者的知觉可以分为三个阶段:展露的阶段、注意的阶段与解释的阶段(见图 6-1)。展露发生在刺激物(如广告牌)出现在人的感官接收神经(如视觉神经)范围之内时。注意是接收神经将感觉信息传递到大脑进行处理的过程。理解是对接收到的感觉赋予意思或意义的活动。

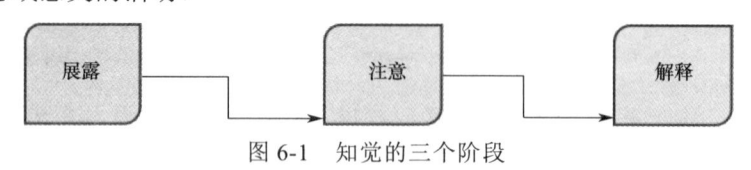

展露 → 注意 → 解释

图 6-1 知觉的三个阶段

感觉和知觉都是当前事物在人脑中的反映,但感觉是对对象和现象个别属性(如颜色、气味、形状)的反映,而知觉是人脑对直接作用于感觉器官的客观事物的整体形象的反映。事物总是由许多个别属性组成的,没有反映事物个别属性的感觉,就不会有反映事物整体的知觉。因此,感觉是知觉的基础,知觉是在感觉的基础上产生的。对一个事物的感觉越丰富、越精确,对该事物的知觉也

> **学而思,思而学**
>
> 回忆一下,生活中有哪些事物与知觉相关,又有哪些与感觉相关?

越完整。在实际生活中,人都是以知觉的形式直接反映事物,感觉只是作为知觉的组成部分存在于知觉之中的。

2. 知觉的类型

知觉按照不同的分类标准可以分为不同的类型。

(1) 根据知觉反映的事物特性不同分类

根据知觉反映的事物特性,可以把知觉分为空间知觉、时间知觉和运动知觉。空间知觉反映物体的空间特性(如物体的大小、方位等);时间知觉反映物体的时间特性(如连续性和顺序性等);运动知觉反映物体的空间特性(如物体的位移和位移速度等)。

(2) 根据在知觉过程中起主导作用的分析器不同分类

根据在知觉过程中起主导作用的分析器的不同,可将知觉分为视知觉、听知觉、触知觉等。视知觉指的是从眼球等接收器官接收到视觉刺激并一路传导到大脑的接收和辨识过程。例如,通过观看图画、雕塑、景色等所产生的知觉就是视知觉。听知觉指的是对声音的记忆、识别和过滤。例如,通过听讲话、歌唱、音乐及其他声音所产生的知觉就是听知觉。触知觉指的是通过触摸来反映对象。

(3) 错觉

错觉是指人们对客观事物的不正确的感觉或知觉。在一定条件下,由于受主客观因素的影响,人的各种感官在感知事物时都会产生各种错觉现象,如大小错觉、图形错觉、空间错觉、时间错觉、方位错觉、视觉错觉等。

在日常生活中,错觉现象随时可见。例如,两个同样大小的彩色电视机,装饰边粗大的荧光屏看起来比没有装饰边的荧光屏要小些;装有宽大玻璃窗户的房间比没有装宽大玻璃窗户的房间要显得宽敞一些;女孩穿竖条纹的衣服比穿横条纹的衣服显得苗条一些。合理利用人们的错觉,有时候可以收到出人意料的营销效果。

案例链接

案例思考 1

颜色的错觉

有人做过如下实验:请 30 多位被试者喝咖啡,每人都喝 4 杯,各杯浓度一样,只是 4 个杯子的颜色不同,分别为咖啡色、青色、黄色和红色。喝完咖啡后,要求被试者对咖啡的浓度做出各自的评判。结果,有 2/3 的被试者都说红色、咖啡色杯子中的咖啡太浓,青色杯子中的太淡,只有黄色杯子中的咖啡浓度适中。这就是消费者对不同颜色的反应而产生的错觉。据此,销售商便把咖啡店里的杯子全部改用黄色,以便更好地发挥颜色视觉的作用,结果大多数消费者都有了更好的体验。

6.1.2 知觉的基本特征

知觉是消费者对消费对象的主观反应过程。这一过程受到消费对象特征和个人主观因素的影响,从而表现出某些独有的活动特性。

1. 知觉的整体性

知觉的整体性也称知觉的组织性，这个特性是知觉与感觉的重要区别。知觉的整体性是指人们在认识事物的过程中，知觉对象往往是由多个部分综合组成的，而且各组成部分各有特征，但人们不会把对象感知为许多个别的、孤立的部分，而是会根据自己的知识经验把直接作用于感官的、不完备的刺激整合成一个统一的整体，以便全面地、整体地把握该事物。如图 6-2 所示的"13"这个图像，若把它放在数字 12、13、14 的序列中，它就是数字"13"；若把它组织到英文字母 A、B、C 的序列中，它就是英文字母"B"。由此可见，人们在知觉客观事物时，并不需要非常细致地重新观察它的每个部分及其属性，只要抓住它的主要特征，就可以根据已有的经验对它进行识别，从而把它作为一个整体进行反映。

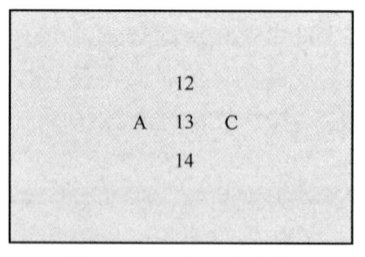

图 6-2 知觉的整体性

2. 知觉的理解性

人们在感知客观对象和现象时，能够根据以往所获得的知识和经验去解释它们，即知觉的理解性。这一特征是通过人在知觉过程中的思维活动来实现的。知觉的理解性是指人们在识别事物的过程中不仅可以感知到对象的某些外部特征，还可以用自己的知识经验对知觉的对象按自己的意图做出解释，并赋予它一定的意义。

知识经验在知觉理解中的作用主要通过概念和词语来实现。言语的指导能唤起过去的经验，从而理解其意义。如图 6-3 所示，这样一个图形，由于每个观看者自身的知识、经验不同，对它可以有多种不同的解释。如果说图上是一条公路，人们立刻会理解其意义；如果说这是一个从窗口看到的长颈鹿的脖子，大家也会领会其意。这就是语言在理解中的作用。

理解性有助于解释消费者对同一商品的知觉为什么不同。人对知觉的客观事物理解越深，则知觉越迅速、越全面。例如，有丰富购买经验的消费者在挑选商品的时候，要比一般消费者感知得更快、更细致和更全面。

这也可以解释人们为何习惯于把商品的包装好理解为商品的质量也好，把广告宣传频率高的企业理解为规模大、资金雄厚的企业等。

3. 知觉的选择性

人在知觉时总是有选择地把少数事物作为知觉的对象，而把其他事物作为知觉的背景，从而保证对知觉对象的清晰反映，这就是知觉的选择性。如图 6-4 所示，有的人将该图看作一张女士的脸，有的人看到的则是一位男士在演奏。

微课堂 1

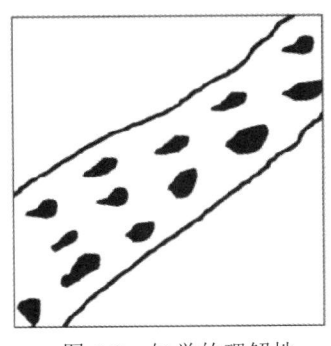

图 6-3　知觉的理解性　　　　　　　　　　图 6-4　知觉的选择性

4．知觉的恒常性

在知觉条件发生一定范围的变化时，被感知的对象依然保持其特性相对不变的知觉倾向性，这称为知觉的恒常性。在视知觉中，知觉的恒常性表现得特别明显。对象的大小、形状、亮度、颜色等映像与客观刺激的关系并不完全遵循物理学的规律。尽管外界条件发生了一定的变化，我们在观察同一物体时，知觉的映像依然相当恒定。知觉的恒常性包括大小恒常性、形状恒常性、亮度恒常性、颜色恒常性。比如，饮料公司的商标会出现在商品的包装上，也可能会出现在电视的广告中、商场的宣传物品中、企业的交通工具上，即使该商标的形状、大小甚至颜色不同，人们仍然会把它们视为同一企业的商标。

案例链接 1

案例链接

可口可乐的标志

可口可乐公司的标志，可口可乐的图样和广告，从开始到现在经历了丰富的发展和变化，但每一次的变化和发展既适应了不同文化的认知需要，也保持了可口可乐公司统一的品牌形象，任何人遇到这些标志都很容易有以下反应：这就是可口可乐公司（见图6-5）。

图 6-5　可口可乐的标志

> 知觉的恒常性对生活实践具有重要意义。它保证了人们能够在客观刺激物的信息和条件发生变化的情况下，仍然按照事物的真实面目去正确感知客观事物，反映事物的实际情况，从而依据事物的实际意义去适应发生变化的环境，改造客观世界。

6.1.3 消费者知觉的形成过程

前面讲过，消费者知觉的形成过程分为三个阶段：展露、注意和解释（理解）。只有经历这三个阶段，信息才能存储到消费者的记忆中，并有效地影响消费者的行为。

> **学而思，思而学**
>
> 思考你对一个事物的认识会经历一个怎样的过程，以及它是怎样形成的。

1. 展露

展露是指将刺激物展现在消费者的感觉神经范围内，使其感官有机会被激活。当刺激物被置于个人相关的环境中时，展露就已经发生。例如，超市的商品货架陈列，消费者可以随意触摸；路牌广告画面都处于消费者可以看到的地方。

展露只是把刺激物置于人们的感觉器官有能力感受的范围内，但并不意味着人们一定会感受到刺激，进而获得相关的感觉信息。例如，在公交站台候车时，尽管有许多广告牌会展露在我们面前，但我们可能对其视而不见，或者只注意到其中的某个广告。还有，当人们在看电视或网络视频时经常会出现跳台和快进行为，以致很多广告信息并未被目标观众看到。

一般而言，为了应对消费者故意避开广告的行为，企业采取了很多办法。例如，在视频播放前强制消费者观看广告，或者将广告信息与综艺节目或电影、电视剧结合起来，让消费者在欣赏节目或影视剧的同时接触广告信息，如冠名综艺节目广告、影视剧的植入广告等。

2. 注意

注意是指消费者对展露于其感觉器官前的刺激物做出进一步的加工和处理，有选择性地关注某些刺激物而忽略另外一些刺激物，因此可以说注意是对特定刺激的投入程度。展露和注意与营销信息传播的成效密切相关。例如，当我们浏览网页新闻时，屏幕两侧的广告已经展露在我们的视觉范围内，我们既可以选择点击查看，也可以选择"视而不见"。

微课堂 2

3. 解释（理解）

展露和注意就像过滤器一样将足够重要的感官刺激传送到大脑皮层，消费者需要对这些刺激物赋予意义才能形成知觉的结果。对感官刺激物赋予意义这一步被称为解释。

对于完全相同的客观刺激，不同的人会给出不同的解释。对于同样的商品，消费者的知觉也可能完全不同。例如，有的人非常爱吃肯德基，有的人却认为肯德基是垃圾食品而避之不及。消费者两极化的评价反映了知觉解释的重要性。影响知觉解释的因素主要有消费者对刺激物的组织方式、消费者既有的经验图式、社会环境的象征意义等。

（1）消费者对刺激物的组织方式

对刺激物的组织主要是指人们倾向于将刺激物作为一个有意义的整体去看待。格式塔心理学派的观点提供了对刺激物的组织应遵循的三项原则，分别为完形原则、相似性原则和主角背景原则。

> **视野拓展**
>
> **格式塔心理学派对刺激物的组织应遵循的三项原则**
>
> - 完形原则：人们倾向于把不完整的对象感知为完整的对象。在图6-6（a）中，你能看到一个白色的等边三角形（中间空白部分），事实上这个三角形是我们在大脑中将它补充完成的，它并不真实存在。
> - 相似性原则：人们倾向于对物理特性相似的刺激物进行归类。对于图6-6（b），你会认为应该横向进行分组。物以类聚是人类的一种认知习惯。
> - 主角背景原则：人们会将刺激物的某个部分置于焦点位置，视为主角；而将其他部分置于相对次要的位置，视为背景。因此，注意焦点的变化有可能导致主角和背景的切换，并导致不同的知觉。图6-6（c）让人很难同时注意到高脚杯和人脸，因为它们互为背景，看到的是高脚杯还是人脸取决于你的焦点放在哪里。

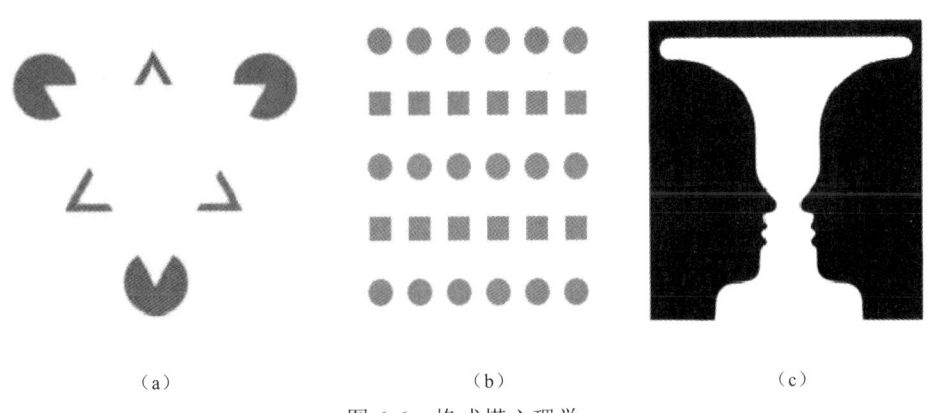

（a）　　　　　　　（b）　　　　　　　（c）

图6-6　格式塔心理学

（2）消费者既有的经验图式

图式是指消费者根据自己过去的经验来解读和理解当前遇到的事物，也就是对刺激物进行组织之后，根据储存在头脑中的既有概念进行归类和辨认。

刺激物被归于何种类别的事物中，对于消费者行为具有重要的影响。因此，很多企业试图影响消费者对其产品的分类。例如，克莱斯勒在广告中特别突出其各种款式的面包车，目的是想让消费者将其视为面包车的主要生产厂商，而不仅仅是一个小汽车制造商。

（3）社会环境的象征意义

消费者对刺激的解释不仅会受到心理和经验的影响，还会受到社会环境的影响。消费者获知的他人的知觉和评价，或多或少会影响其知觉解释结果。正是基于这一点，企业通常选用形象好、品质好、信誉好的明星进行代言，因为他人的评价对知觉解释有非常大的影响，而对代言人的信赖会影响消费者对商品的评判。

> **思政小课堂**
>
> 随着社会主义市场经济的快速发展，社会物质文化空前繁荣，不管是作为销售者还是消费者，都应具备良好的职业道德与消费观，努力创造良好的社会环境，建立正确的价值观与评价标准，使社会主义市场经济健康发展。

6.1.4 知觉理论在消费者行为分析中的应用

1. 运用知觉的选择性原理帮助消费者确定购买目标

消费者走进商场，各种商品会同时作用于其感官，但他们并不能同时认识它们并做出反应，而只能对其中的某些或某一商品具有相当清晰的感知。这是由于这些商品成为消费者知觉目标的对象物，即符合消费者的需要、兴趣、爱好和经验，因而消费者对其感知清楚；其他商品则相对地成为知觉对象的背景，消费者或者视而不见，或者感知模糊。因此，在市场营销中，营销人员应尽其所能地突出商品特征，使商品成为消费者知觉的对象。

2. 运用知觉的整体性、理解性原理开展营销活动及广告制作

知觉的整体性、理解性原理告诉我们，当某种消费品的个别属性作用于人的感官时，人们能够凭借以往的知识经验把它感知为一个整体。商品的生产或销售应充分认识和体现整体性与理解性的基本要求，力争给消费者一个良好的感知印象。

知觉的整体性特征使具有整体形象的事物比局部的、支离破碎的事物更具有吸引力和艺术性。因此，在图画广告中，把着眼点放在与商品有关的整体上比单纯把注意力集中在商品上，效果更为突出。

3. 运用错觉原理制定商品促销策略

由于消费者受主客观因素的影响，因而在感知事物时会产生各种错觉现象。错觉是客观存在的，在商业促销中可充分利用错觉（尤其是视觉错觉）现象制定销售策略。商业企业可以在店堂装修、橱窗设计、广告图案、包装装潢、商品陈列等方面，适当地利用消费者的错觉，进行巧妙的艺术处理，往往能产生一定的心理效应，刺激购买。

4. 知觉原理在零售行业的应用

大多数零售商经常要思考的一个问题就是"如何减少产品的陈列种类以降低运营成本"，但是他们又担心这样做会让消费者感觉选择余地缩小而到另外的地方购物。那应

该怎么做呢？研究表明，减少不被欢迎的产品而保持该类产品总体陈列空间不变不会对消费者的认知产生负面的影响。在商场内的不同地方摆放各种消费者常用的商品（如罐装食物、新鲜水果、蔬菜、肉类），这样消费者就会经过商场的更多地方，从而增加商品的整体展露程度。高毛利商品通常摆放在人流量大的地方，以增加受关注的程度，从而增加销量。

不同的货架位置和货架空间也影响着哪一种商品或品牌能得到消费者的更多注意。把高毛利商品和打折商品摆放在最显眼的货架并使用显著标识，可以吸引消费者的注意力。同时，提供商品的参考价格有助于提高消费者正确理解价格信息的能力，从由低到高或由高到低的顺序列出不同品牌单价有助于消费者进行价格比较。以类似的方式提供关于营养程度的信息可以提高消费者选择营养品牌的能力。

> **思政案例**
>
> ### 云南白药：从云南走出的牙膏里的中国传统医药
>
> 从某一年起，一支特立独行的牙膏以超凡的胆识和魄力，以及势如破竹的态势，在中国牙膏市场掀起了一场史无前例的风暴。这支牙膏的名字就叫云南白药牙膏。面世不久，其市场销售额累计就已飙升至 3 个亿，成功开拓了功能性牙膏高端市场的新大陆，确立了中国功能性牙膏的品牌地位，更有一年年销售额超 12 亿元，一举成为医药产品进军日化领域的成功典范。
>
> 20 世纪 90 年代，高露洁和佳洁士两大外资牙膏巨头进入中国，中国牙膏行业进入了快速发展时期。当时中国牙膏市场容量巨大，市场规模即以年均 5%的比例保持快速增长，市场季节变化较为平稳。1998 年，全国牙膏产量达到 28.07 亿支；2000 年产量达到了 36 亿支，年人均使用量提高到了 2.8 支。
>
> 然而，云南白药集团经过国民口腔环境调研发现，中国人口刷牙率有 85.65%，但达到口腔卫生良好指标的成人只有 0.22%，牙周病的患病率达到 99.4%，牙龈出血、牙龈肿痛、口腔溃疡、牙周病等症状更是成为很多国人的口腔常发病。加上东西方饮食和口腔观念差异，以防蛀、美白、清洁为诉求的传统牙膏，并不能满足国人日趋多样和复杂的口腔环境。
>
> 因此，以"让传统中药融入现代生活"为宗旨的云南白药集团，便开始踏上"改善国人口腔健康问题"的探索之路。在此理念上，云南白药将传统中医药精髓运用到口腔护理方面，并且在医药科技方面对缓解和预防现代人口腔多发问题（牙龈出血、肿痛、口腔溃疡）更加有效。
>
> 目前我国牙膏市场规模约在 180 亿元，云南白药牙膏在牙膏市场的占有率约为 10%，占有率排名第五。云南白药牙膏在高端市场的市占率排第一，预计未来两年内仍将保持略高于行业的增速。
>
> **思考：** 作为后进入市场的新品，云南白药是如何与"洋牙膏"竞争的？试从消费者行为学角度对该案例进行分析。
>
> **分析提示：** 按马斯洛需求模型分析，消费者想治疗牙病是生理需要，白药牙膏很容易使人联想到云南白药的药物品牌，恰到好处地将治疗牙病这一隐形动机通过意识引导变为显性动机。消费者收入的变化会引起消费者需求重心的改变。当前人们的需求重心越来越侧向健康、舒适、方便等方面，对于产品的质量要求也越来越

高。云南白药牙膏集团正是立足于这一点推出新一代口腔护理、保健牙膏,以牙龈、牙周、牙齿和口腔其他组织得到专业护理、保健为特色,以高质量、高价格走牙膏高端路线,满足了人们对于产品高质量要求的心理。

6.2 消费者的学习

> **案例引入**
>
> **格兰仕低成本引导消费者学习**
>
> 纵观我们党的发展历史,要发展变化,就要勇于接受新事物、新挑战。格兰仕从诞生到驰名,就是积极应对挑战、赢得发展的例子。
>
> 格兰仕诞生时,面临着一个重大问题:无中生有的产品如何引导市场?
>
> 一个无中生有的产品,所面临的最大问题就是如何让消费者认识和接受。大部分先行品牌的做法都是采用高频率的广告轰炸,但这是一种非常冒险的行为,失之毫厘,就会让自己在市场引爆前弹尽粮绝,为他人作嫁衣,成为先烈。
>
> 如何才能取得润物细无声的效果,让消费者在记得产品的同时也能记得品牌?
>
> 与万燕 VCD 不同,格兰仕微波炉则"花小钱办大事",以低成本迅速启动,预热了市场,并享受到了成熟市场的果实。
>
> 格兰仕先分析了当下的市场背景:市场需求乏力。
>
> 1982 年,国营南京电子管厂生产出第一台国产微波炉。但整个 80 年代,我国的微波炉市场都处于探索阶段。90 年代初,国内微波炉的产量已经突破 10 万台,但基本以出口为主。我国的消费者对它的印象就是"可以热剩饭",谁又会花费近千元来尝这个鲜呢?
>
> 1995 年,格兰仕产销量达 20 万台,也就是在这一年,松下、惠而浦也开始转战我国市场。与这些已经在国内建厂的跨国企业相比,在技术、品牌等方面,格兰仕都不具备优势,而且在市场需求尚未被有效启动时,竞争者又竞相进入,格兰仕的前景并不被市场看好。
>
> 随后格兰仕想到了办法——低成本引导消费者学习。
>
> 1995 年,格兰仕投资数万元,以合办栏目的方式,在全国几百家新闻媒体上开辟"微波炉知识窗""微波炉菜谱 500 例"专栏,系统介绍微波炉的好处、菜谱、选购、使用方法等,指导消费者使用微波炉。
>
> 这种做法在新闻界产生连锁反应,有关微波炉的文章铺天盖地而来。
>
> 1996 年年底,格兰仕在北京、上海、广州、南京、杭州等十余座大城市举办了"首届微波炉烹饪大赛",引起了全国各地微波炉消费者的极大兴趣,同时组织国内专家编写的微波炉概念得以迅速普及。
>
> 在这场引导消费者的过程中,格兰仕几乎成了我国消费者心目中微波炉的代名词。
>
> 在很多城市的居民都接受了微波炉的概念后,1996 年后的三年里,格兰仕连续发动三次大降价。2000 年,格兰仕的市场占有率上升到 76%;更为重要的是,它的产销规模也由 1995 年的 20 万台,上升到 2000 年的 1 000 万台。
>
> 对于很多新兴市场来说,引导消费者都是一件必须但又很痛苦的事,很多企业通

常都会选择铺天盖地的广告，但这需要耗费大量的资金，而一个新企业最缺少的就是资金，有太多的先行者就倒在了市场培育成熟前，因为前期的大规模投入，往往已经让它弹尽粮绝。

许多家电企业以巨资轰炸我国各大报纸、电视台等媒体时，很难见到格兰仕的大规模广告，有的媒体甚至认为格兰仕是一个"非常小气"的企业。但如果不是这样，格兰仕恐怕早已倒下。

思考：
1. 格兰仕是怎样引导消费者熟悉并接受新品牌的？这里利用了消费者哪些方面的学习兴趣？
2. 格兰仕的成功提供了什么启示？

分析提示： 格兰仕的案例体现了消费者在事物变化发展中的学习能力。案例中，格兰仕的每一次调整与发展，都与消费者的学习条件、学习特点、学习现状与学习能力相吻合，因此可以长久地发展并越来越适应市场需求。可见，学习相关的理论知识，对促进事物的发展有着非常重要的作用。

6.2.1 消费者学习的概念

学习是描述有意识或无意识的信息处理导致记忆和行为改变的一个过程，是消费过程中不可缺少的一个环节。事实上，消费者的行为很大程度上是后天习得的。人们通过学习获得绝大部分的态度、价值观、品位和行为偏好等。社会文化、家庭、朋友、大众媒体及广告为人们提供各种学习体验，这些体验影响着人们所追求的生活方式和所消费的产品。

消费者的学习是消费者在购买商品和使用商品过程中，不断获得知识经验与技能，不断完善其购买行为的过程。在这里，购买商品是一种学习，使用商品也是一种学习。学习是一个中间变量，没有消费者的学习就没有消费者的购买。

> **学而思，思而学**
> 列举几例通过学习来认识、了解一个新事物的过程，思考在这一过程中用到了哪些学习的方法。

中国有句俗话叫"吃一堑，长一智"，当消费者购买了某一品牌的商品后，如果发现商品质量很差，下次就会小心回避这个品牌。也就是说，消费者依靠自己的学习，积累了识别劣质商品的方法。

从理论上来说，学习指的是由于信息与经验的影响所产生的一种在行为、情感及思想上相当持久的改变。从这一概念可以看出，学习具有三个特点。

① 学习来源于信息与经验。凡是来自外部的信息和自身的经验，都会导致学习的发生。来自信息与经验的学习又可以划分为两种类型：一是通过有计划的学习或训练而产

> **思政小课堂**
> 现代科技与信息技术的发展，使我国的社会主义市场经济出现了多种多样的新产品、新方式和新挑战。在这个技术不断发展的大环境下，我们应坚持科学发展观，坚持用发展的眼光看世界，不断更新自己的知识，保持学习能力，做到与时俱进。

生的学习,如通过消费者行为学课程而掌握消费者行为分析的理论和方法、通过计算机课程培训而了解计算机的性能与操作技能等;二是由于社会生活中的经历而产生的学习,如通过实际使用而了解到某一品牌手机的优点和不足、通过网络了解到某产品具有安全隐患等。

② 学习伴有行为、情感及思想上的改变。从个人行为、情感和思想的变化上,可以推断学习的存在。行为改变的发生往往比较容易直观地观察到。当某人表现出一种新的技能或实施了某种活动时(如开车、熟练使用一种新的统计软件),我们可以推断,此人进行过学习。情感和思想上的变化虽然是抽象的,不能直接观察到,但它可以改变人的潜在行为,并会在人以后的行为中表现出来。例如,消费者购买了某一品牌的电器,在使用中感觉很不满意,继而对该品牌产生了厌恶、排斥感,这就是由于经验而带来的情感变化。这种由于经验学习而产生的情感上的变化,会通过消费者对该品牌的负面口碑传播和不再购买该品牌表现出来。

③ 学习所引起的改变是相当持久的。无论是行为、情感还是思想,只有发生较为持久的改变,才能算是学习。有时,冲动、身体不适等因素也可能会引起行为或情感的改变,但这种改变是比较短暂的,情绪或身体恢复正常之后改变就会消失,所以不能被视为学习。不过,学习所引发的改变也并不一定就是永久的,如我们都有过课堂上学习到的某些知识被遗忘的经历。不过,相对于那些暂时性的变化,这些知识被保持的时间还是比较持久的。

学习可以发生在高介入或低介入状态下。高介入状态下的学习是指消费者有目的、主动地学习和处理信息。例如,一个人在购买计算机之前积极地搜集、阅读各种品牌计算机的相关材料。低介入状态下的学习则是指消费者没有动机去处理和学习信息。例如,如果在电视剧中插播的是消费者当前不熟悉或者不感兴趣的产品的广告,消费者通常就没有动力去学习广告中的信息。

案例思考 2

6.2.2 消费者学习的类型

1. 模仿式学习

消费者并不一定通过体验直接奖赏或惩罚来学习,而是可以通过观察他人的行为和后果来调整自己的行为,还可以运用想象预期行为的不同后果。这种类型的学习被称为"模仿式学习"。常见的模仿式学习通过获取信息、模仿,摒弃旧的消费方式,建立新的消费方式。例如,电视、报纸等各种媒体通过介绍产品使用方法、有奖知识竞赛等方式,让消费者更多地了解和学习产品信息。

模仿式学习在低介入和高介入状态下都经常发生。在"为第一次上班而购买新衣"这类高介入状态下,消费者可能特意观察其他公司员工上班时的穿着,或观察其他环境下

微课堂 3

包括广告中的"榜样角色"的穿着。很多广告鼓励消费者想象试用产品后的感觉和经历。这种想象不仅增强了消费者对产品的学习，而且影响了消费者在实际试用产品之后的评价。在低介入状态下，模仿也大量发生。在整个生活过程中，我们都在观察别人如何使用产品、在各种具体情境下做出何种行为。多数情况下，我们对这些行为不太在意。然而，随着时间的推移，我们会了解特定情境下哪些行为和产品是合适的，哪些是不合适的。

2. 反应式学习

所谓反应式学习，是指通过外界信息和事物的不断刺激，形成一种反应，并通过感观与体验为消费者所接受和学习，促使其进行购买。我们可以把反应分为如下两种类型。

（1）经典性条件反射

当引起反应的一种刺激和另一种自身不能引起反应的刺激一起出现时，就会发生经典性条件反射。经典性条件反射是被动学习。

心理学家巴甫洛夫（Pavlov）在一次给狗喂食的试验中首次发现了经典性条件反射这一现象。巴甫洛夫把一个中立的刺激（铃声）与一个能引起狗分泌唾液的反应的刺激（他把肉末放进狗的嘴里）放在一起，产生了经典性条件反射。肉末是一种无条件刺激，自然能引起反应；但经过一段时间后，这种自然反应转变成了条件刺激。铃声一开始不能引起狗分泌唾液，但每次只要铃声响，狗就能得到食物，因此狗学会了把铃声和肉末联系在一起，只要一听到铃声就流口水。狗的这种一听到铃声就联想到喂食时间的反应，就是条件反射。

经典性条件反射在消费领域经常被使用。例如，流行音乐（无条件刺激）能引发许多人的正面情感（无条件反应），如果这种音乐总是与某种品牌的钢笔或其他产品（条件刺激）同时出现，这种品牌本身也就变得能引发正面情感（条件反应）了（见图 6-7）。

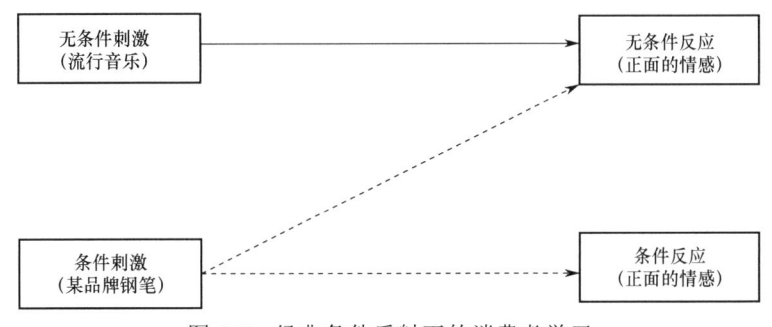

案例链接 3

图 6-7 经典条件反射下的消费者学习

（2）操作性条件反射

操作性条件反射又称工具性条件反射，主要是探讨行为的结果如何影响再次采取该行动的概率。如果一个操作或自发反应出现之后，有强化物或强化刺激出现，则该反应出现的概率就会增加；经由条件作用强化了的反应，如果出现后不再有强化刺激伴随，则该反应出现的概率就会减弱，直至不再出现。该理论主要是由美国哈佛大学学者斯金纳（B.F.Skinner）在利用著名的斯金纳箱对老鼠与鸽子进行试验的基础上提出的。

20世纪30年代后期，为研究操作性条件反射，斯金纳精心设计制作了一种特殊的仪器，即一个阴暗的隔音箱，箱子里有一个开关（如用白鼠试验，开关是一小根杠杆或一块木板；如以鸽子为被试者，则是一个键盘）。该仪器被称为斯金纳箱（Skinner ox）。动物在箱内可自由活动，当它压杠杆或啄键时，就会有一团食物掉进箱子下方的盘中，动物就能吃到食物。箱外有一装置记录动物的动作。斯金纳通过实验发现，动物的学习行为是随着一个起强化作用的刺激而发生的。斯金纳把动物的学习行为推而广之到人类的学习行为上，他认为虽然人类学习行为的性质比动物复杂得多，但也要通过操作性条件反射。

通过一段时期的学习，消费者可以产生某种行为，在这一过程中被奖励的中间行为称为"塑造"。例如，一家新开店的店主可能会给光顾商店的顾客一些奖励，希望他们以后会继续光顾并最终购物。理解操作性条件反射不同于经典性条件反射的一种有效的方式是，在操作性条件反射中，进行某种行为是因为它是有利的，即能带来奖励、避免惩罚。新开店时给予消费者奖励，那么消费者会因为获得的奖励而继续光顾这家店。厂商可以通过逐步强化消费者的这种认识来塑造消费行为，具体可采用多种方式，如在其购物后说声"谢谢"、给其高额折扣或提供电话购物送货上门服务（见图6-8）。例如，在一组对照试验中，把一组每次支付保费后收到一封感谢信的顾客群与一组没有得到任何强化的参照群做比较，人寿保险公司从前者那里获得了高得多的续订保险单率。

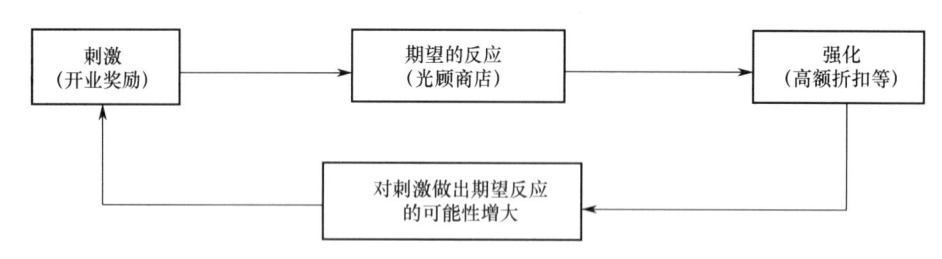

图6-8 操作性条件反射下的消费者学习

"强化"这一环节在操作性条件反射中要比在经典性条件反射中重要得多。因为在操作性条件反射中，没有自发的"刺激—反应"关系，必须先诱导主体（消费者）做出所期望的反应，再对这种诱导的反应进行强化。

操作性条件反射对理解复杂的消费者心理现象具有重要的意义。这个理论把消费者行为视为原先产品使用后的满意感的函数。按照该理论，消费者对自己的购买行为是可以主动控制的，从产品使用中获得的持续强化（反复满意）将会提高消费者再次购买这一品牌的可能性。

操作性条件反射理论中还提到一种现象，叫自然消退。它是指某种条件反射形成后不再受到强化，那么这种反射就逐渐减少，甚至消失。例如，消费者在有奖销售的影响下购买了某种商品，但他以后再次购买同类商品时没有受到奖励，他就有可能不再购买该商品。另外，消费者对某一种品牌或服务不再有好感时，消退过程——终止刺激和预期回报之间的联系就会发生，消退过程使消费者再

案例链接4

次购买相同品牌的可能性迅速降低。

需要注意的是,在反应式学习中,人们的经验是由生活中所接收到的反馈积累起来的。类似地,消费者对产品名称、香味等要素的反应是以他们日积月累所形成的联想为基础的。通过学习,人们得知他们的经验反过来会影响他们将来在类似情况下的行为。

6.2.3 消费者学习的效果

消费者通过学习之后可以改变原来的行为方式,这些行为方式的改变与企业的经济利益存在直接的关系,所以研究消费者的学习效果具有相当重要的意义。一般来说,消费者的学习效果可以分为下述四种。

(1)加强型

加强型是指通过一段时间的学习之后,强化了原来的行为,增加了消费行为的频率。

(2)稳定型

稳定型是指学习消费某种商品或某一类型的商品之后,这种行为方式逐渐稳定下来,并形成一定的消费习惯。比如,消费者嚼口香糖,原来只是好奇地尝一尝,但尝试了一段时间之后,便对这种商品产生了依赖感,每天必须消费一定数量的口香糖才感到舒服,即消费行为演变成一种习惯。当消费者达到稳定型消费的程度时,购买口香糖的直接动机就不再是兴趣,而是习惯性的需要了。

(3)无效型

无效型是指不管怎样学习,即使消费者使用过该商品,并且接受了大量的该商品信息,都没有改变其原来对待这种商品的行为方式,即学习之后没有产生相应的效果。出现这种情况的原因可能是消费者长期没有消费需要。比如,现有市场的保健品品种很多,有些保健品的作用是稳定睡眠,有些则是促进血液循环,对于年轻人来说,这些保健品的诉求可能都没有意义,因为他们的身体状况处于人生最佳时期,心智、能力最强,所以保健品的推销策略对他们来说是无效的。

(4)削弱型

削弱型是指由于接受了相关信息,了解到企业的特点,反而削弱了行为方式,如对该品牌的购买频率减少,或者干脆中止购买,或者购买竞争对手的品牌。例如,有家餐馆的门面不错,但顾客在用餐时发现店内有不少苍蝇在飞,严重影响食欲,顾客下次就不会再光顾这家餐馆了。

6.2.4 消费者学习的途径

人们从事社会实践活动的过程就是学习的过程。同样,消费者从事购买活动的过程也是学习的过程,是不断积累知识、丰富经验的过程,是由不知到知、由知之不多到知之较多的过程。购买行为和消费知识是可以习得的,消费者通过学习可以获得丰富的知识经验,提高消费技能,同时不断地调整和改变自己的购买行为。

1. 学习途径

消费者可以通过观察、思考、实践等多种途径进行学习。总体来说,消费者是通过直接途径或间接途径来进行学习的。

（1）直接学习

直接学习是指消费者通过亲身参加消费实践，直接了解消费方式、消费对象的实际情况，以完善其消费行为的活动。在这种学习过程中，消费者所学到的知识都属于感性知识，因此也可以将直接学习称作"过程学习"或"感性学习"。

直接学习是受消费者信赖的、很普遍的一种学习途径。不过，直接学习的成本有时很高，特别是购买高档商品、知识技术结构复杂的商品和从事难以更改结果的消费活动时，一旦出现错误，就可能给消费者带来很大的损失。因此，企业在营销过程中经常推出免费试用、无理由退货、无效退款等能够打消消费者顾虑的促销措施，也确实收到了较好的销售效果。

（2）间接学习

间接学习是指消费者从他人的知识经验中进行学习，或者从商业信息来源处间接了解各种消费问题，从而指导自己以后的购买行为的活动。这种学习获得的知识都属于理性知识。

间接学习主要包括观察学习、主动阅读和收集信息、向他人学习、接受暗示等。

① 观察学习。观察学习是指以通过观察他人的消费行为所获得的知识来指导自己消费的学习方式。观察学习的过程中，必须有示范行为的出现。至于谁来做示范，一般认为只要是消费者能够尊重或认可的角色都可以，如广告代言人、企业的技术或销售人员等。

② 主动阅读和收集信息。消费者在学习过程中并不总是受外界刺激的影响，他们会主动地学习解决问题，以便控制外部环境。在这类学习中，为了不受外界的控制，消费者在购物前会主动阅读和收集各种有关商品的信息，并独立地对有关信息进行加工处理，然后做出合乎自身动机要求的行为反应。

③ 向他人学习。消费者可以向名人或专家学习，也可以向有消费经验的其他消费者学习。名人或专家在某一领域具有公认的权威性，使源于他们的信息具有很高的可信度，这是大多数消费者都持有的观点；消费者周围有消费经验的人，消费者很容易听取他们的评价或意见，从而影响自己的消费活动。

④ 接受暗示。暗示是指采用含蓄、间接的方式对他人的心理和行为施加影响的过程。消费主体有意无意地接受暗示，实际上也是一种学习。暗示是每个人固有的一种普遍的心理现象，其最大的特点就是给出的信息无明确目的，使消费主体在接收暗示信息时没有任何压力，从而不假思索、毫无批判意识地全盘接受，所以这是一种效果很好的学习方法。

2. 学习方法

消费者购买活动的每一步都是在学习，从感知商品到购买决策及使用体验，都是学习的过程，可见学习对消费者的重要性。这种重要性体现为三点：一是可以增加消费者的商品知识，丰富购买经验；二是能够进一步提高消费者的购买能力，促进购买活动的完成；三是有助于促发消费者重复性的购买行为。根据这三个特点，消费者可采取以下不同的方法进行学习。

(1) 模仿法

模仿就是仿效和重复别人行为的趋向，它是消费者学习的一种重要方法。一些演艺明星和体育明星的发型、服饰甚至生活方式，之所以能很快地在一些人群中流行开来，就是模仿心理的作用。

模仿可以是有意的、主动的，也可以是无意的、被动的。当被模仿行为具有榜样作用，社会或团体又加以提倡时，这种模仿就是自觉进行的。如果媒体又对此大加宣传，社会上就会有很多人自觉地予以模仿学习。社会生活中还有很多模仿是无意识的，如小孩模仿大人的行为、经常接触某个群体的成员会不自觉地带有该群体的行为特征等。

模仿可以是机械地进行模仿，如在上体育课时老师做示范动作，让同学们仿效；模仿也可以是创造性地进行模仿，如在 2010 年的南非足球世界杯比赛期间，很多国家球迷们的装束是既模仿又创新的，让现场其他观众和电视机前的观众大开眼界。

案例链接

模仿对行为的影响

模仿过程是一种强有力的学习方式，人们总想模仿他人行为的心理会产生负面影响。尤其值得关注的是，某些电视和电影有教会孩子暴力的倾向：小孩通过他们看到的模型人物懂得了新的进攻方法，在以后的时间里，当孩子生气时，这些行为就会派上用场。一个经典性试验证明了模仿对孩子行为的作用：与其他没看到这些行为的孩子相比，看过大人踢门或者刺破大的充气玩具的行为的孩子更容易重复这些行为。

(2) 试误法

试误法又叫尝试错误法，它是指消费者通过尝试与犯错，从而在一定的情境和一定的反应之间建立联结的学习方法。比如，消费者渴了的时候，可以喝茶、咖啡、可乐、矿泉水或者功能性饮料等，也就是说他们可以做出许多不同的反应，但经过多次尝试，他们发现做出某种特定反应能获得最满意的效果，于是此种反应与"渴"这一情境的联结就会得以保存。如果在日后的行为练习中，做出此种反应之后总是伴随着满足，则联结的力量会增强；反之，若做出反应之后伴随的是不满和不适，联结的力量将减弱。

(3) 观察法

观察法是指消费者通过观察他人的行为，获得示范行为的象征性表象，并做出或避免做出与之相似的行为的过程。在消费过程中，消费者或自觉或不自觉地观察他人的消费行为，并以此指导自己的消费实践。比如，当一个人发现同事买的某种牌子的笔记本电脑质量好、效果也好时，他就可能将这种印象存在头脑中，在自己需要购置笔记本电脑时，就会不自觉地想到同事的那台笔记本电脑，并形成购买意向。反之，如果经过观察发现同事所买的那台笔记本电脑不那么理想，则自己在购买笔记本电脑时，就可能会避免选择该牌子的产品。观察学习能使个体突破直接经验的限制，获得很多来自间接经验的知识、观念和技能，是消费者普遍采用的学习方法。

思政案例　走出去与引进来：欧莱雅的中国发展道路

法国欧莱雅创立于 1908 年，是世界上最大的化妆品公司，《财富》500 强之一。近 20 年来，欧莱雅创造了销售业绩连续以两位数增长的记录。如今，欧莱雅已拥有巴黎欧莱雅、美宝莲、兰蔻等 500 多个品牌，并以其卓越的品质令全球女士为之倾倒。

欧莱雅一直十分看好亚洲市场，中国已成为欧莱雅全球增长最快的市场之一。自 1997 年正式进入中国市场以来，欧莱雅为中国消费者带来了许多高科技创新、优质的化妆品，如巴黎欧莱雅、美宝莲、兰蔻、欧莱雅专业美发、薇姿、卡诗和赫莲娜等，已为广大中国女性熟悉并喜爱。

在中国走出去与引进来的政策下，欧莱雅是如何在中国市场中发展的呢？

1. 本土文化

欧莱雅根据当地的人文特点，为其品牌既注入了本土文化品位，又融合了欧莱雅自身所抹不掉的异域情调。例如，欧莱雅收购美宝莲后，在上海设立了化妆品研究部，专门从事化妆品的公众测试与研究，开发出完全适合中国人肤色、肤质及品位的产品，极具亲和力，并将其特有的纽约时尚及多姿多彩的魅力带给中国女性，让东方女性领略到异域风情的魅力。

2. 市场定位

欧莱雅集团引入中国的品牌定位属中高档，主要分为大众品牌和高档品牌。随着竞争的加剧，欧莱雅集团的大众品牌价格开始有意识地下调，大众品牌又分为不同档次，其最低价格已经接近国内品牌化妆品的价格，从而开始了中低市场的争夺。高档品牌则继续实施高品位策略。

3. 细分市场

① 从产品的使用对象进行细分，有普通消费者用化妆品、专业使用的化妆品。专业使用的化妆品主要是指美容院等专业经营场所使用的产品。

② 按照化妆品的品种进行细分，有彩妆、护肤、染发护发等，而且进一步对每一品种按照化妆部位、颜色等进行细分，并保持每 1~2 个月就推出新的款式。

③ 按照地区进行细分。由于南北、东西地区气候、习俗、文化等存在差异，人们对化妆品的偏好具有明显的差异。比如，南方由于气温高，人们一般比较倾向于淡妆；而北方由于气候干燥及文化习俗的缘故，人们一般都比较喜欢浓妆。同样的产品，由于东西地区的经济、观念、气候等缘故，人们对化妆品也有不同的要求。所以，欧莱雅集团按照地区推出不同的主打产品。

④ 其他细分。比如，按照原材料的不同、按照年龄的不同等进行细分。

4. 品牌定位

欧莱雅集团在中国引进了十个主要品牌，分别进行不同的市场细分和定位，且对品牌的延展性、内涵性、兼容性做出了精确的定位和培养。

5. 广告与公共沟通

欧莱雅集团针对每一品牌的不同定位和内涵,有区别地进行宣传,分别请法国名模莱狄提雅·卡斯塔、国际影星巩俐、香港小姐李嘉欣、"亚洲第一美女"章子怡为其形象代言人,以达到最佳效果。

欧莱雅还在运用广告之余充分把握和利用一些公共沟通方式(如利用文娱体育等活动),展现产品的特点,宣传品牌;通过与权威机构合作办理公益事项,扩大品牌效应;利用社会焦点,吸引消费者注意;参与权威机构的评选,提高产品的知名度。

思考:请结合案例并查阅相关资料,说明欧莱雅是如何在中国市场上发展壮大的。

分析提示:欧莱雅作为一个外来品牌,在中国市场上从被知晓、被接受到站稳脚跟并发展壮大,其发展理念、发展策略都与中国消费者的现实情况、中国市场现状息息相关。欧莱雅根据中国市场与中国消费者的具体情况所做的一系列分析与调整,特别是中国本土化的策略,都对欧莱雅在中国市场上的地位产生着重要的影响。

6.3 消费者的态度

案例引入

被消费券融化的寒冬

"我抢到了美团消费券!""我昨天晚上准点进支付宝抢消费券,一到点就已经被抢没了。"现在,在大家的聊天里,"消费券"这个话题出现的频率似乎越来越高,存在感也越来越强。

新冠肺炎疫情的突袭使实体经济产业陷于泥潭之中,餐饮、酒店、旅游等产业首当其冲,各地经济始终处于萎靡状态。疫情得到控制后,使用"消费券"消费这一形式,从非主流消费模式开始逐渐走入大众视野,被大众广为熟知,并渐渐发展为热门抢手的消费形式。一直到2022年,全国多地推出地方版消费券,大众对消费券的态度也由少为所动转变为积极追捧,"消费券"成为融化疫情影响下市场寒冬的有效手段。

其实,消费券并非疫情后突然产生的产物,其产生和发展由来已久。

1933年,第一次世界大战结束后,为了刺激战后极度低迷的经济,德国政府推出了消费券计划。该计划每周向市民发放小额的消费券,用于购买食品、衣物等日常用品。德国政府甚至强制规定:企业在发放工资时,必须用一部分消费券代替工资发放,以提高消费水平。德国政府的消费券对帮助其从第一次世界大战后的经济困境中复苏起到了较大作用。

1939年,美国推出食品券计划。"食品券"是低保的一种实物给付形式,它与"低保"的货币给付(SS1,即补充保障收入)形式相辅相成。其后在1943年被终止,并于1964年重新开始实施至今。2008年10月1日,联邦食品券计划正式更名为"补充营养援助计划"。"补充营养援助计划"帮助低收入者及家庭购买为维持健康所需要的食品。美国农业部 2008 年预计，2009 年将有月均 2 798 万人领取食品券，将发放总价值约 403 亿美元的食品券。

以上是消费券的早期雏形，现在真正意义上的消费券是由日本政府在 1999 年发放的。在 1999 年，日本经济泡沫破灭，经济形势严重恶化，为了刺激消费并照顾弱势群体，日本政府对符合发放条件的特定人群发放名为"地域振兴券"的消费券。发放对象为：①15 岁以下的儿童；②符合申领老年退休年金、残疾基础年金、母子年金、准母子年金、孤儿年金、儿童抚养津贴、残疾津贴、特别残疾津贴的受益人；③被日本政府进行保护或安置于社会福利机构者；④年满 65 岁的市町村民税的非课税者。满足发放条件者，每人一次性获得 2 万日元（约合 170 美元）消费券，使用期限是半年。消费券面值为 1 000 日元，总计发放额为 6 124 亿日元。约有 3 107 万人领取"地域振兴券"，实际消费率为 99.6%，总计 6 189 亿 6 100 万日元。GDP 约提升 2 000 亿日元（约提升 GDP 的平均个人消费 0.1%）。

自经济受疫情影响陷入寒冬以来，我国各地的消费券主要通过微信公众号、微信小程序和各类互联网 App 发放，派券方式包括定时抢券、摇号和抽奖等。合作的第三方商业平台主要包括微信、支付宝、京东及美团等。武汉大学经济与管理学院教授曾伏娥表示，以支付宝和微信为代表的支付类平台的特点在于消费端覆盖面更广；而美团作为本地生活服务平台，则与线下实体商户联系更加紧密。

不得不说，消费券从最开始的少有人知，到现在的备受追捧，不仅是疫情环境下应运而生的产物，也是消费者消费行为和消费态度发展的产物，两者互相影响，互相促进，使"消费券"这一消费模式和消费者对于"消费券"的态度大大改善了经济的寒冬状况，也大大影响了消费者的消费行为。

即使在恶劣的环境下，积极的生活与应对态度，在事物发展中也发挥着重要的作用。

思考：关于政府利用"消费券"使经济复苏与消费者对于"消费券"的态度是怎样互相影响的？

分析提示："消费券"的发展体现了消费者的态度、消费行为与市场经济的互相影响。"消费券"从少有人知到备受追捧，是政府改善经济环境的积极手段，也体现了消费者态度的发展转变对消费行为的影响，二者互相结合，共同缓解了疫情影响下消费能力的萎缩和市场经济的寒冬。

6.3.1 消费者态度的概念

1. 消费者态度的含义

态度是人们对事物所持有的肯定或否定、接近或回避、支持或反对的心理和行为倾向。态度与认知、情感和行为的联系十分密切。态度包含了情感因素，体现在人们对事物的喜爱和厌恶的情感反应上。

态度对消费者行为的影响具有一定的潜在

> **学而思，思而学**
>
> 思考你对某一种产品的消费态度是怎样形成的，态度有没有发生过变化，是什么原因导致的变化。

性、倾向性和稳定性，但不像消费者动机那样具有强大的驱动力，也不会像消费者习惯那样能够导致消费者快速决策。态度对消费者行为的影响集中在消费者的好恶评价和价值判断方面。

消费者的态度是消费者在购买活动中的重要心理现象，是消费者确定购买决策、执行购买行为的心理倾向的重要体现。消费者态度会影响消费者心理和消费者行为的方向。在一定时间内，态度具有相对的稳定性，所以消费者态度对商品选择、购买和消费过程所起的作用时间较长。态度的形成与改变直接影响消费者的购买行为。深入分析消费者的态度及各种特殊心理反应，对全面研究消费者心理与行为的特点具有重要的意义。

2. 消费者态度的构成

态度作为一种心理倾向，通常以语言形式的意见或非语言形式的动作、行为等为表现形态。因此，通过对意见、行动的了解、观察，可以推断出人们对某一事物的态度。同样，通过消费者对某类商品、劳务的意见、评价，以及积极、消极乃至拒绝的行为方式，也可以了解其对该类商品、劳务的态度。例如，当观察到消费者踊跃购买某品牌冰箱时，就可以推断出消费者对该品牌持肯定、赞赏的态度。

消费者的态度由认知、情感和行为倾向三种成分构成，如图6-9所示。各个成分在态度系统中处于不同的层次地位，担负着不同的职能。

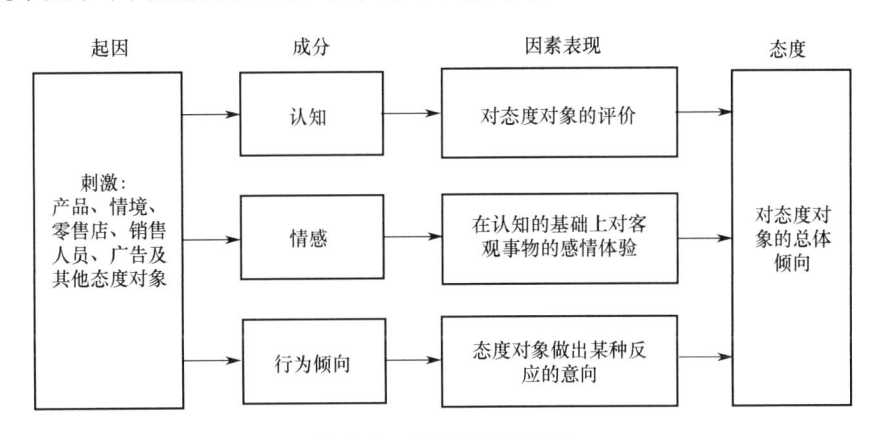

图6-9 态度的构成因素

（1）认知

认知是指对态度对象的评价。它是构成消费者态度的基石，表现为消费者对有关产品的质量、品牌、包装、服务与信誉的印象、理解、观点、意见等。消费者只有在对上述事物有所认知的基础上，才可能形成对某类产品的具体态度。而认知是否正确、是否存在偏见或误解，将直接决定消费者态度的倾向。因此，保持公正、准确的认知是端正消费者态度的前提。

思政小课堂

当代社会主义市场经济环境丰富多样，使人眼花缭乱，但不管在任何条件下，都要有透过现象看到本质的能力，都应保持正确理性的认知，树立规范良好的行为，养成积极健康的态度，在销售与消费行为上传承和弘扬中华民族优良的传统美德。

（2）情感

情感是在认知的基础上对客观事物的感情体验。它是态度的核心，表现为消费者对有关产品的质量、品牌、信誉等的喜欢或厌恶、欣赏或反感的各种情绪反应。如果说认知以消费者的理性为前提，那么情感则带有非理性倾向，它往往更多地受消费者的生理本能和气质、性格等心理素质的影响。情感对于消费者的态度形成具有特殊作用。在态度的基本倾向已定的条件下，情感决定消费者态度的持久性和强度，伴随消费者购买活动的整个过程。

（3）行为倾向

行为倾向是指对态度对象做出某种反应的意向。它形成消费者态度的准备状态，表现为消费者对有关商品、劳务采取的反应倾向，其中包括表达态度的语言和非语言的行动表现。例如，消费者向他人宣传某商品的优越性等，就是行为倾向的表现。行为倾向是消费者态度的外在显示，同时也是态度的最终体现。态度只有通过行为倾向才能成为具有完整功能的有机系统。

一般而言，认知、情感、行为倾向的作用方向是协调一致的，而消费者的态度表现为三者的统一。但是，在特殊的情境中，上述三种因素也有可能发生背离，呈反向作用，以致消费者的态度呈现矛盾状态。例如，消费者预先了解到某种商品在使用寿命或功能上存在不足，但由于对商品外观具有强烈的好感或偏爱，因而"明知故买"。又如，对于某些高档耐用消费品（如电脑），消费者认为有必要且愿意购买，但在行动上却因某种原因一再拖延。由此可见，在态度的各项构成因素中，任何一项因素发生偏离，都会导致消费者态度的失调和作用的不完整，而其中情感定式和行为习惯对完整态度的形成具有特殊作用。

3. 消费者态度的形式

态度一旦形成，则以两种形式存在：内隐态度和外显态度。

① 内隐态度，是指对某事物的态度在与该事物相关的事物上留下的痕迹。比如，假如你的父亲所在的公司受到法律起诉，此时你会很自然地觉得那个公司应该是无辜的。为什么会这样？因为你爱你的父亲，你对你的父亲持有积极的态度。你对公司的态度实际上就是你对你父亲的态度的一种间接（内隐）测量。这里，我们用"内隐"一词，因为态度并不总是公开的，有时甚至是无法意识到的。

② 外显态度，是指那些直接表达出来的或公开声明的态度和看法。比如，在做内隐联系测验之前，有问题问你对某特定的群体、学科或对自己的喜欢程度，这些问题就是用来测量你的外显态度或能意识到的态度的。测量这种态度的标准程序是请人们直接报告或描述态度（这种方式用于研究时常称为"自我报告"）。比如，你可能曾经做过意见调查表，调查结果反映的就是外显的态度或看法。

可能有两种原因导致内隐态度和外显态度的不一致。第一种可能是，人们不愿意真实地报告某些态度。比如，一个教授问一个学生"你喜欢肥皂剧吗"，这个学生即使知道自己很喜欢也可能会说"不"，因为他知道那样不好，所以不愿意说。第二种可能是，人们没有能力准确报告自己的态度。比如，在德国，如果问德国人"你喜欢土耳其人吗"，许多人会说"喜欢"，因为他们认为自己是没有偏见的。然而，内隐联系测验却会显示，同样是这些德国人，他们可能对土耳其人有一种不好的态度（这在德国已经得到证实)。这些做出这种反应的德国人可能不会意识到他们内隐的消极态度，所以不能外显地报告。这种不愿意和没能力的区别就像心里有什么东西不让别人知道和心里有什么东西却连自己也不知道其中的差别一样。所以，只有当人们有能力并愿意报告他们的这些态度时，内隐态度和外显态度才会一致。比如，在测量对花和虫的态度的实验中，被试者有能力、也愿意报告他们的态度，这时内隐和外显测验揭示的是相同的态度。同样地，大学生有能力、也愿意报告他们是否喜欢理科或文科，这种情况下内隐态度和外显态度反映的也是同样的偏好。

6.3.2 消费者态度的特征

1. 态度的对象性

态度总是有所指向，可以是具体的事物，可以是某种状态，还可以是某种观点。人们做任何事情都会形成某种态度，如对商品的反应、对商家的印象、对服务员的看法等。没有对象的态度是不存在的。

2. 态度的社会性

消费者对某类产品或劳务的态度并非与生俱来的，而是在长期的社会实践中通过不断学习、不断总结，由直接或间接的经验逐步积累而成的。离开社会实践特别是消费实践活动，离开与其他社会成员、群体、组织的互动，以及将社会信息内化的过程，消费者的态度则无从形成。因此，消费者的态度必然带有明显的社会性和时代特征。

3. 态度的可塑性

在内部或外部因素的影响下，消费者可能会改变原有的态度，即态度具有可塑性。改变消费者的态度是营销活动的重要任务，尤其是在新产品上市、产品形象重新塑造、产品形象存在偏差、消费者对产品存有偏见等情况下，改变消费者态度是营销工作的头等大事。新产品上市时，一些消费者持不积极、不肯定甚至消极的态度是必然的，企业需要调动各种策略来改变这类态度。竞争激烈的市场上存在种种动荡的因素，这可能给消费者造成一定程度的偏见，企业需要以营销手段加以纠正，引导消费者形成正常的、积极的态度。

4. 态度的稳定性

由于消费者的态度是在长期的社会实践中逐渐积累形成的，因此某种态度一旦形成，便保持相对稳定，不会轻易改变，如对某种品牌的偏爱、对某家老字号商店的信任等。态度的稳定性使消费者的购买行为具有一定的规律性和习惯性，从而有助于形成某些购买决策的常规化和程序化。

5. 态度的差异性

消费者态度的形成受多种主客观因素的影响和制约。由于各种因素在内容、作用强度及组合方式上千差万别，因此消费者的态度也各不相同，甚至存在众多差异。不仅不同的消费者对待同一产品可能持有完全不同的态度，甚至同一消费者在不同的年龄阶段和生活环境中，对同一产品也可能产生截然不同的态度。态度的差异性对消费者市场的细分具有重要意义。

6.3.3 消费者态度的形成与改变

1. 消费者态度的形成

消费者态度的形成过程，是消费者在后天环境中不断学习的过程，是各种主客观因素不断作用、影响的过程。其中，主要的影响因素包括消费者的需求和欲望、个性特征、知识经验、生活环境、相关群体的态度等。凡是能满足消费者某方面需要的产品或服务，就容易使消费者持欢迎、赞赏等积极态度；反之，则必然导致反感、抵制等消极态度。性格、气质、志趣等内在心理特征的差异，会使消费者对同一商品采取完全不同的态度。知识水平和已有经验的丰富程度不同，会促成消费对象进行不同层次的价值判断，从而得出不同的结论。所处地区、人口构成、风俗习惯、生活方式等都会影响消费者对某种产品或劳务的好恶态度。相关群体，包括家庭、亲友、工作单位、所属社会组织的看法、意见、评价及行为方式等，也会对消费者态度的形成产生深刻的影响。

态度的形成过程和个体的社会化过程同步。个体在从自然人变为社会人的过程中，逐渐形成了对周围世界的种种态度。态度一旦形成，便成为人格的一部分，影响一个人的行为。态度不同于一般的认知活动，它含有情感等因素，比较持久、稳固。态度的形成需要经历模仿和服从—同化—内化三个阶段。

（1）模仿和服从

态度的形成开始于两个方面：一是自愿，不知不觉地开始模仿；二是受到一定压力而服从。人有模仿和认同他人的倾向，尤其是倾向于认同他所崇拜、敬爱的对象。由于人在模仿中认同不同的对象，因而会习得不同的态度。以模仿习得态度，这是态度形成的开端。在家庭中，父母常常是孩子认同的对象，随着孩子年龄的增长、交往的增多，他们会在学校、社会模仿不同的对象，不断习得不同的态度。这时态度往往以不知不觉、自觉自愿的方式表现。在市场营销中，生产商、销售商要选择受人尊敬的、态度积极的人物作为广告的载体，以利于消费者模仿学习，形成认可、接受该产品的态度。

服从，又称顺从，是指一个人按社会要求、群体规范或别人的意志而做出的行为。其特征是行为、观点受外界的影响而被迫产生。服从有两种，一种是外在强制下的被迫服从，另一种是受权威的压力而服从。市场经济条件下，外在压力强制下的被迫服从已很少发生。

一般来说，态度的形成都是从服从开始的，但是在消费领域，消费者态度的形成更多是从模仿开始的，这一点还需要深入研究。

（2）同化

同化是指在思想、感情和态度上主动接受他人的影响。态度在这一阶段已由被迫转入自觉地接受、自觉地进行。在这个阶段，新的态度还不稳定，还没有同原有态度体系相融合，容易发生改变。

（3）内化

内化是指真正地从内心接受他人的思想观点，并将自己所认同的新思想与自己原有的观点结合在一起，形成统一的、新的态度体系，这是态度形成的最后阶段。这个阶段所形成的态度比较稳固，不容易发生改变。

> **视野拓展**
>
> **态度达到内化阶段的基础**
>
> 消费态度的形成,是从模仿到学习,从自发到自觉,从感性到理性,不断深化、不断增强的过程。但并不是所有的人对所有事物的态度都能完成这个转化过程,有的人只能停留在服从或者同化的阶段。同时我们要认识到,要改变人的态度,最好在服从、同化阶段进行,因为这时态度的成分组织未固定化,容易改变。而进入内化阶段后再要改变态度,就困难得多。就消费者而言,基于求新、求异的心理,消费者态度一般都处于服从、同化阶段,很难达到内化阶段。

2. 消费者态度的改变

消费者态度的改变是指已经形成的态度在接受某一信息或意见的影响后引起的变化。尽管态度形成后就成为消费者人格的一部分,影响其心理活动和行为方式,但是由于促成消费者态度形成的因素大多具有动态性质,且处于不断变化之中,因此某种态度在形成之后并非一成不变,而是可以予以调整和改变的。

(1) 消费者态度改变的说服模式与过程

态度的改变可能有四种,如图 6-10 所示。

消极偏见 → 态度改变 → 中立态度 → 态度改变 → 积极态度 → 态度改变 → 积极态度强化

图 6-10 态度改变的类型

霍夫兰德(C. I. Hovland)和詹尼斯(I. L. Janis)于 1959 年提出了一个关于态度改变的说服模式。这一模式虽然是关于态度改变的一般模式,但它指出了引起态度是否改变和如何改变的过程及主要影响因素,对理解和分析消费者态度改变具有重要的借鉴与启发意义。霍夫兰德认为,任何态度的改变都涉及一个人原有的态度和外部存在着与此不同的看法。由于两者存在差异,由此会导致个体内心冲突和心理上的不协调。为了恢复心理上的平衡,个体要么接受外来影响,即改变自己原有的态度,要么采取各种办法抵制外来影响,以维持原有态度。

这种模式将态度改变的过程分为四个相互联系的部分,即外部刺激、目标靶、中介过程和劝说结果,如图 6-11 所示。

外部刺激:
- 传递者:专长性、可靠性、喜爱性
- 传播:差异性、恐惧唤起
- 情境:强化作用、预先警告、分心

目标靶:信奉、预防注射、人格

中介过程:信息学习、感情迁移、相互机制、反驳

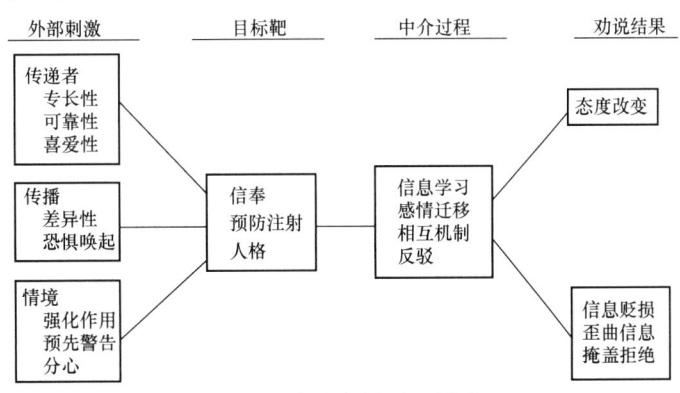

劝说结果:
- 态度改变
- 信息贬损、歪曲信息、掩盖拒绝

图 6-11 态度改变的说服模式

① 外部刺激。外部刺激包括三个要素，即传递者或信息源、传播与情境。传递者是指持有某种见解并力图使别人接受这种见解的个人或组织。比如，发布某种劝导信息的企业或广告公司，劝说消费者接受某种新产品的推销人员，都属于传递者范畴。传播是指以何种方式、以什么样的内容把一种观点或见解传递给信息的接收者或目标靶。信息内容和传递方式是否合理，对能否有效地将信息传达给目标靶并使之发生态度改变具有十分重要的影响。情境是指对传播活动和信息接收者有附带影响的周围环境，如信息接收者对劝说信息是否预先有所了解、信息传递时是否有其他干扰因素等。

② 目标靶。目标靶是指信息接收者或企业试图说服的对象。说服对象对信息的接收并不是被动的，他们对企业或信息传递者的说服有时很容易接受，有时则采取抵制态度，这在很大程度上取决于说服对象的主观条件。比如，如果某人在多种场合公开表示过不喜欢某种产品，那么要改变他的这一态度，难度就比较大，因为改变将意味着他对自己的否定。

③ 中介过程。中介过程是指说服对象在外部劝说和内部因素交互作用下态度发生变化的心理机制，具体包括信息学习、感情迁移、相互机制、反驳等方面。中介过程本书不做具体介绍，有兴趣的读者可以参阅有关社会心理学的书籍。

④ 劝说结果。劝说结果不外乎两种：一种是改变原有态度，接受信息传递者的劝说；另一种是对劝说予以抵制，维持原有态度。从劝说方的角度看，第一种结果当然最为理想。但在很多情况下，劝说可能并未达到理想目标，而是出现第二种情况。在此情况下，信息接收者或目标靶可能采用各种方式对外部影响加以抵制，以维持自己的原有态度。常见的抵制方法有三个：一是贬损信息源。比如，认为信息发送者存有私利和偏见，其信誉很低，以此降低劝说信息的价值。二是歪曲信息，如对传递的信息断章取义，或者故意夸大某一论点使其变得荒唐而不可信。三是掩盖拒绝，即采用断然拒绝或美化自己的真实态度抵制外部的劝说和影响。比如，面对舆论对"大吃大喝""公款消费"的指责，个别国企领导会以"工作需要"为搪塞理由，拒绝改变其态度。

案例思考3

（2）消费者态度改变的方式

根据变化方式的不同，消费者态度的改变可以分为性质的改变和程度的改变。

① 性质的改变。性质的改变表现为态度发生方向性的变化，即由原来的倾向性转变为相反的倾向性。例如，消费者对某名牌冰箱一直抱有好感，但购买后冰箱频频发生质量问题，消费者从此对该品牌失去信任，即由积极肯定的态度改变为消极否定的态度。

② 程度的改变。程度的改变表现为态度不发生方向性变化，而是沿着原有倾向呈现增强或减弱的量的变化。例如，通过实际使用，消费者对微波炉由一般感兴趣发展为大加赞赏，并极力向他人推荐，即态度的积极程度得到了加强。

在实际生活中，上述两种方式的区分并非绝对的。性质的改变中包含着程度或量的改变，而量的改变积累到一定程度又会引起质的变化。通过各种途径将消极态度转化为积极态度，使一般的好感增强为强烈的赞许、支持，同时阻止积极态度向消极态度退化，力求使恶意或反感得到弱化，正是改变消费者态度的关键所在。

（3）消费者态度改变的途径

由于消费者态度是在诸多影响因素的共同作用下形成的，当影响因素发生变化时，消费者的态度也将随之改变。因此，凡是促成影响因素变化的措施，都可以成为改变态度的途径。但是，消费者权利和行为的高度自主性决定了对其态度的改变不能采取强制、压服的方式，而只能通过说服诱导，促成消费者自动放弃原有的态度，接受新的意见、观念；否则，态度的改变就可能停留于表面现象，不能内化为稳定的心理倾向，并且稍遇挫折便会发生反复。由此可见，态度的改变过程同时也是说服与被说服的过程。按照方式的不同，说服可以分为直接说服与间接说服两类。

① 直接说服。直接说服是以语言、文字、画面等为载体，利用各种宣传媒介直接向消费者传递有关信息，以达到改变其固有态度的目的。直接说服的效果优劣受信息传递过程中各种相关因素的影响。这些因素主要包括以下三个。

一是信息源的信誉和效能。信誉指信息发出者和信息本身的可信程度；效能则指所发信息是否清晰、准确、易于理解和记忆。一般来说，信息发出者的信誉越高，消费者对信息的相信和接受程度越高，说服的效果就越好，改变态度的可能性也就越大。由于名人在其粉丝当中往往拥有很高的声誉，所以很多企业会选择具有良好形象的名人作为信息源，通过名人代言，期待影响消费者的态度进而促进销售。在企业的营销实践中，不乏这样的成功案例。另外，信息本身的质量优良，内容真实可信，表达形式完美，也容易给消费者留下深刻、美好的印象，有利于提高消费者的心理开放程度，减少其抵触情绪，从而增强说服效果。

> **案例链接**
>
> **"利郎"与陈道明**
>
> 当初，"利郎"商务休闲男装品牌正式与陈道明签约，请其出任"利郎"品牌形象代言人，利用他的知名度和形象传递"利郎"的品牌内涵：简单、大气、有品位。广告播出后，伴随着陈道明"简约，而不简单"的广告语，消费者领略到了"利郎"商务男装独特的品牌魅力，使利郎公司声名鹊起。短短几年时间，利郎公司不仅成功地实现了品牌与目标消费者的深层次对接，而且迅速提升了"利郎"品牌在国内市场的知名度，强劲带动了"利郎"产品的市场销售。现在，只要一提陈道明，很容易就会让人想到"利郎"。陈道明的代言，为"利郎"带来了丰厚的市场回报。

二是传递信息的媒介和方式。在现代信息社会中，传递消费信息的媒介渠道多种多样，主要有各种广告媒介，如网络、报纸、杂志、电视、广播、招贴、橱窗、模特等；也有面对面口传信息，如上门推销、召开顾客座谈会、售货人员介绍商品、消费者之间相互推荐及交流信息等。研究表明，不同的传递媒介对消费者的说服效果不尽相同。为此，在向消费者进行说服时，应当根据信息的内容、被说服者的特点及情景条件选择适宜的媒介和方式。

三是消费者的信息接收能力。当产品信息以恰当的媒介渠道准确、清晰地传递至消费者时，消费者的接收能力就成为影响说服效果大小的决定性因素。接收能力是消费者的动机、个性、文化水平、知觉、理解力、判断力等方面的综合反映。由于消费者在上述方面存在差异，其接收能力也有着显著的个体差别。因接收能力不同，面对同一信息，不同消费者会做出各种程度不同甚至截然相反的反应。因此，在采用直接说服方式时，必须考虑到消费者信息接收能力的差异，针对接收对象的水平和特点选择适宜的信息传递方式。

一些广告会采用恐惧诉求的方式，即强调态度和行为如果不做改变将会导致一系列令人不快的后果。恐惧诉求通常包括身体方面的恐惧（吸烟引起的身体损害、家庭装修用油漆带来的身体不适等）和社交方面的恐惧（不合适的穿着、口腔异味、头皮屑等会引发别人异样的目光）。研究表明，在运用恐惧诉求的时候，主要的困难在于个体对恐惧的反应程度存在明显差异。比如，特定的恐惧诉求广告，对某个人来说可能不能激起其恐惧感，但对另一个人来说恐怖程度可能又太高。

② 间接说服。间接说服又称间接影响，它与直接说服的主要区别在于，它以各种非语言方式向消费者施加影响，通过潜移默化，诱导消费者自动改变态度。间接影响可以采取两种方式进行。

一是利用参照群体的作用。消费者生活在一定的社会群体或组织中，所属群体在消费方式上的意见、态度、行为准则等对消费者的态度有着深刻而重要的影响。消费者总是力求与本群体保持态度一致，遵从群体规范，以便求得群体的承认、信任和尊重，满足其归属的需要。而当群体的态度及行为方式发生变化时，消费者也会自觉地对原有态度做出相应调整，使之与群体相统一。因此，推动某一群体改变原有消费方式，就可以有效地促使消费者自觉改变态度。

二是亲身实践体验。消极的消费态度有时是在消费者对产品的性能、功效、质量等缺乏了解而又不愿轻信广告宣传的情况下产生的。针对这类状况，可以提供必要条件，给消费者以亲自尝试和验证商品的机会，通过让消费者获得第一手资料，达到让消费者自己说服自己的目的。实践证明，亲身体验的方式往往具有极强的说服力，对于迅速改变消费者态度有着其他方式无法比拟的效果。

从以上方面可以看出，直接说服与间接说服对于消费者态度的改变具有不同的作用。在实践中，为了诱导消费者态度向预期的方向转化，企业应当恰当选择改变途径，并酌情配套使用各种说服方式。

6.3.4 态度对消费者购买行为的影响

在日常的购买行为中，消费者何时、何地、以何种方式购买何种商品，取决于多种因素，其中态度具有极其重要的作用。

购买行为是消费者产生购买动机、形成购买意图、采取购买行动的连续过程，其中购买意图的形成是导致实际购买行动并最终完成购买过程的关键，而明确的购买意图来自对产品或劳务的坚定信念和对外观等有好感或偏爱，持肯定、赞赏态度的消费者在产生购买需要时必定首先将意图集中于该产品，进而导向该产品的实际购买。可见，消费者的态度与购买意图、购买行为呈正相关关系，这一关系已被大量的调查结果所验证。

1. 态度在消费者购买行为中的作用

一般来说，态度在消费者购买行为中具有下述作用。

（1）导向作用

导向作用又称适应功能，即在纷杂的商品世界中，将消费者的购买意图直接导向能满足其需要的商品，使购买行为和消费者需要相互衔接和适应。

（2）识别作用

识别作用又称认知功能，即在态度倾向性的支配下，广泛搜集信息，了解和鉴别有关产品或劳务的性能、质量及功用，并评价其对消费者的价值大小，从而为正确制定与实施购买决策奠定基础。

（3）表现作用

表现作用是指态度能表现出消费者的性格、志趣、文化修养、价值观念及生活背景等，同时能反映消费者可能选择的决策方案和即将采取的购买行动。

2. 态度在消费者购买行为中的功能

消费者对产品、服务或企业形成某种态度，并将其储存在记忆中，需要的时候将其从记忆中提取出来，以应付或帮助解决当前所面临的购买问题。通过这种方式，态度有助于消费者更加有效地适应动态的购买环境，使其不必对每个新事物或新的产品、新的营销手段都以新的方式做出解释和反应。从这个意义上讲，形成态度能够满足或有助于满足某些消费需要，或者说态度本身具有一定的功能。虽然学术界已经发展了不少关于态度功能的理论，但其中受到广泛关注的还是卡茨（D. Katz）的四功能说。

德国心理学家卡茨从需要满足的角度，认为态度具有以下四种功能。

（1）适应功能

个体具有从外部环境获得奖励、避免惩罚的需要，而态度使人具有满足这种需要的功能。人的态度都是在适应环境中形成的，形成后起着更好地适应环境的作用。我们是社会性的生物，一些人和群体对我们都是很重要的，适当的态度将使我们从重要的人物（双亲、老师、雇主及朋友等）或群体那里获得认同、赞同、奖赏或与其打成一片。对不同的人应有不同的态度。许多大学生发现，他们以对父母的态度去跟朋友打交道往往就会不适应，反之亦然，所以习得的态度是适应社会生活的一种功能。

（2）价值表现功能

态度可以明确地显示自我的价值，具有积极的表现功能。在很多情况下，一个人所持有的态度通常代表其主要价值观和自我概念。比如，某人参与某种群众性运动，手持某一政治人物的标语牌，这表明他赞同这一运动主题，并拥有这方面的价值观和与某些人物一致的自我概念。

（3）自我防御功能

态度既可以拒绝引起焦虑的外部事件，又可调节内部冲动。人们常说："怀有偏见的人往往是心理不健康的。"态度有时也反映出一个人未澄清的人格问题，如不明说的侵犯和生怕丧失身份等。态度作为一种自卫机制，能让人从中感到贬抑时用来保护自己。比如，一个知识分子看到商人赚很多钱并在生活中拥有许多物质享受，为了恢复被损伤的自尊，他常会显示出自命清高和鄙视"为富不仁"的态度，以保持心理平衡。

（4）知识功能

态度可以作为理解环境的一种手段，人们将它作为判断的标准或理解的参考系。每个人都有了解和支配周围环境的要求。只有确定了对周围环境的态度后，实际行为才有明确的方向。在消费活动中，消费者从各种途径获得有关知识，汇成一个整体。由于知识是无限的，消费者不可能全部掌握它；而态度结构中的认知成分，为消费者在有限的知识中确定对周围环境的某种态度提供了可能。消费者正是依据这种态度，选择接受并存储有关知识信息。通常，消费者会倾向于那些他们愿意了解的商品信息。

> **案例链接**
>
> **态度小故事三则**
>
> 1. 父子二人看到一辆十分豪华的进口轿车。儿子不屑地对他的父亲说："坐这种车的人肚子里一定没有学问！"父亲则轻描淡写地回答："说这种话的人，口袋里一定没有钱！"
>
> —— 你对事情的看法，是不是也反映出你内心真正的态度？
>
> 2. 有两个观光团到日本伊豆半岛旅游，那里的路况很坏，到处都是坑洞。一位导游连声说路面简直像麻子一样，而另一个导游却诗意盎然地对游客说："我们现在走的正是赫赫有名的伊豆迷人酒窝大道！"
>
> —— 虽是同样的情况，但不同的意念，就会产生不同的态度。思想是何等奇妙的事，如何去想，决定权在你。
>
> 3. 同样是小学三年级的学生，他们将来的志愿同是当小丑。一位老师斥责："胸无大志，孺子不可教也！"另一位老师则说："愿你把欢笑带给全世界！"
>
> —— 身为长辈的我们，不但要求多于鼓励，更以狭窄界定了成功的定义。

> **思政案例**
>
> **红色体验馆——一座不忘初心、牢记使命的建筑**
>
> 马克思主义传承体验馆——红馆，是一个集平面展示、立体展示和科技展示于一体的大型现代综合性红色文化展馆。红馆以"不忘初心、牢记使命、铸就辉煌"为主题，旨在赓续红色精神、传承红色基因、弘扬红色文化。
>
> 红馆展区面积3.5万平方米，以中国共产党走过的革命、建设、改革三个非凡历史阶段为主线，设置"不忘初心""牢记使命""铸就辉煌"三大板块，全景展示了中国共产党带领中国人民开天辟地、改天换地、自强不息、创造伟业的风雨征程，全景展示了中华民族从站起来、富起来到强起来的伟大飞跃。
>
> "不忘初心"板块集中展示红船精神、井冈山精神、东北抗联精神、长征精神、延安精神、西柏坡精神等红色基因的根源，诠释了秀水泱泱、红船依旧，行程万里、不忘来路，饮水思源、不忘初心的价值追求。
>
> "牢记使命"板块集中展示铁人精神、雷锋精神、焦裕禄精神、"两弹一星"精神、航天精神，展示红色基因哺育成长的英雄模范、功臣巨匠、时代楷模，弘扬"精忠报国"的爱国精神、"砍头不要紧，只要主义真"的牺牲精神、"死在戈壁滩、埋在青山头"的奉献精神、"卧薪尝胆"的奋斗精神，汲取优秀的品质和精神，感受"天地英雄气、千秋尚凛然"的境界，激发"为有牺牲多壮志、敢教日月换新天"的热情，牢记使命，继续前进。
>
> "铸就辉煌"板块集中展示实现中华民族伟大复兴的中国梦、中国特色社会主义进入新时代，以及以中国高铁、航空航天、大飞机、大数据、智能制造等为代表的

中国制造、大国重器、大国风范、时代气象。

在这些理念的支撑下,这座带着"不忘初心,牢记使命"的建筑——红馆,这几年已成为一大热门打卡地,引起一大片关注和热潮,也带动着周边经济的发展。与红馆相关的一些周边产品和主题产品,如明信片、挂件、笔记本等,一经上市也销售火热。

思考:请结合案例与所学知识,谈一谈红馆是怎样成为热门打卡地与主题产品催化剂的。

分析提示:红馆,带着本身所具备的红色文化内涵——"不忘初心,牢记使命",从诞生面世起就响应着中国最红的思想理念,自带热度。红馆周边经济与周边主题产品更是在这样天然的红色条件中应运而生的,并将这样的文化内涵不断扩展、发扬。

6.4 消费者的情绪

案例引入

各类情绪营销案例

近几年,我们身边出现了一些很有意思的案例。第一个是喜茶,大家都知道喜茶的排队可以说是年度营销事件了;网易云音乐也做了很多相关的营销事件,比如包下地铁整节车厢、联合农夫山泉推出印有网易云音乐网友评论和留言的瓶装水;还有新世相的"逃离北上广"的经典策划,使一大票年轻人在"逃离北上广"这个主题的感召下,兴致勃勃地围观一场想走就走的旅行。

饿了么外卖平台,它的 slogan 最早是"饿了别叫妈,叫饿了么",而现在已经改为"饿了就要"这样明确的态度表达;快手推出了"生活没有高低"的高水平 slogan,这是对各个阶层的人们的喊话;陌陌的各种宣传片,每次一推出都会让人觉得眼前一亮,因为有态度、有情绪的表达。这些优秀的营销策划、品牌升级和表达都有一个共性——从情绪的角度出发。

不同时代下,品牌有不同的情绪表达:

回顾上一阶段中国的品牌事件和品牌定位,我们耳熟能详的"今年过节不收礼,收礼只收脑白金""挖掘机哪家强,中国山东找蓝翔""怕上火,喝王老吉"等,这些我们从小听到大的广告语、广告定位和品牌的出发点,总会让我们感到非常明确、清晰、简单,让我们一下子就感受到这个产品的物理本质、功能属性,以及有多好玩、多好用、多值得。

而现在的有些广告语,并不能让人一下子知道它的卖点是什么,其实它的卖点就是一种情绪,比如《吐嘈大会》《奇葩说》的卖点是真实的情绪表达,年轻人的这种"我就想要"的鲜明态度是这些品牌的表达。

我们可以从时代、品牌和产品的发展阶段去思考这种变化。上一阶段人们强调产品的功能属性和物理卖点,是因为在这个阶段人们的物质生活和对产品的期待处在供需不平衡的状态,随着消费升级的来临,我们身边的每一类产品都涌现出不少高品质、能满足我们需求的东西，比如现在综艺节目、电视剧、电影的选择远远大过上一经济周期大家对娱乐节目的期待，而那时候的选择只有某个卫视，现在随便一个年轻人都可以看到大量的娱乐节目，甚至是国外的娱乐节目。现在除了这些还要再加一项条件，用另一个诱饵去吸引消费者，而这个诱饵，很大程度上和情绪的营销相关。

都说苹果是乔布斯这位神一样的人物推出的应用，苹果的手机如何好用；我们也说微信并没有做过什么推广宣传营销，但依旧是做得非常棒的一个软件。好的产品自然会说话，但是类似的产品多少年才出一个呢？除这些产品外，其他产品如何做品牌？如果我们和同行的产品都能做到七八十分，大家就要PK非物理因素之外的因素、非使用价值之外的价值了。这个价值就是我们要提到的情绪价值，以至于一看到微信的图标，情绪就自然切换到聊天的状态，而一看到苹果的图标，情绪就会向智能、舒适、便捷的高科技状态调整。

情绪营销是时代情绪和用户情绪的表达需要，是种附着在品牌上的有情绪感染力的灵魂，它可以带来很多的价值。当产品的实物价值基本满足大部分人的需求或者同行业的水准都处于同等水平的时候，情绪营销就应运而生。

思考：微信、苹果、饿了么等，是如何影响消费者体验的？

分析提示：上述案例是典型的利用情绪来把握消费者的消费兴趣与消费动机的例子。当消费者被广告、产品功能等打动并产生共鸣时，他们更愿意为这一产品做出消费行为。可见，情绪对消费者行为有着重要的影响。

6.4.1 消费者情绪的概念

消费者在消费过程中，由于处于复杂变化的社会环境之中，不仅会对商品或劳务产生深浅不同的认识，而且伴随着不同的心理体验，会产生满意或不满意、高兴或不高兴、愉快或忧愁等心理体验，构成不同的情绪世界，这就是消费者购买心理的情绪过程。此外，消费者在确定消费目标之后，努力实现消费目标的过程，就是意志心理过程。

学而思，思而学

是否有能即刻调动你某些情绪的广告或营销？想一想你的情绪为何被触动了，它们是如何快速调动你的情绪的？

1. 情绪的含义

人的情绪与情感体验密切相关。情绪或情感是人们对客观事物是否符合自己的需要所产生的一种主观体验。消费者在从事消费活动时，不仅通过感觉、知觉、注意、记忆等认识了消费对象，而且对它们表现出一定的态度。凡是能满足消费主体需要的，就会引起肯定态度，产生喜悦、满意、愉快等内心体验。凡是不能满足消费主体需要的，或违背消费主体意愿的，就会引起否定的态度，产生悲哀、愤怒、憎恨、回避等内心体验。这些内心体验就是情绪或情感。可见，消费者的情绪与情感也是由客观事物引起的，但它们所反映的不是客观事物本身，而是客观事物对主体的意义，是客观事物与人的需要之间的关系。

情绪与情感都是人对客观事物的一种特殊反映形式。情绪的产生与情感的反映不具有具体现象的形态，但可以通过消费者的动作、语气、表情等方式表现出来。情绪与情感的获得体验有关，情绪的产生来自情感的体验，但两者在心理学上又有着区别。

2. 情绪理论

情绪体验同时伴有生理和心理两种过程，情绪的理论试图对这两种过程及它们的关系做出系统的解释，因而产生了许多不同的观点，进而形成了各种情绪理论。由于学科方向的研究重点不同，这里选取三种理论进行介绍。

（1）詹姆士–兰格情绪学说

在情绪的早期理论中，有代表性的是詹姆士–兰格情绪学说。美国心理学家威廉·詹姆士和丹麦生理学家卡尔·兰格（C. Lange）于1884年和1885年分别提出了相似的情绪理论：情绪产生于植物性神经系统的活动。他们认为情绪是由机体的生理变化所引起的知觉总和，没有生理变化就没有情绪体验。不同的是，兰格认为所有的情绪都是由内脏的变化起的，詹姆士则认为情绪的大部分或主要的情绪是由内脏的变化引起的。

（2）情绪的动机——唤醒理论

这种理论认为，情绪是唤醒、激活动机的一种持续状态，它将情绪与动机相提并论。这里介绍美国心理学家杨（P. T. Yong）的理论。1961年美国心理学家杨通过实验研究指出，情感过程与感知过程的不同在于它产生动机作用并影响行为。他认为情感的作用主要有以下四个：①激活诱发行为；②维持并结束行为；③调整行为，决定其是否继续与发展；④组织行为，决定神经活动模型的形成。杨的理论着重强调情绪的动机作用，大量引用了唤醒概念，将情感看成"愉快—不愉快"两级之间的享乐序列，享乐程度不同其唤醒功能也不同，即对行为施加了不同的影响。

视野拓展

杨的情绪理论

虽然杨对情绪动机的作用给予了高度重视，但与其他心理学家不同的是，他更多地看到了情绪的破坏性。他认为情绪的唤醒作用干扰行为正常和有序进行。杨在1961年出版的《动机与情绪》一书中写道："当人们被周围情境（即情绪性地）激励到他的大脑控制减弱或失去的地步……那么，这个人就有了情绪。"杨的理论夸大了情绪的破坏性，忽视了情绪的适应性，因而受到了人们的质疑。

（3）情绪的认知理论

认知理论认为，情绪的发生受到环境事件、生理状态和认知过程三个因素的影响。其中，认知过程是决定情绪性质的关键因素，比较有代表性的是三因素论。

美国心理学家沙赫特（S. Schachter）和辛格（J. Singer）在20世纪60年代由一系列情绪实验的结果推论出与前人迥然不同的情绪认知理论，即三因素论。

这个理论的基本观点是，认知的参与及认知对环境因素和生理唤醒的评价过程是情绪产生的机制。各种情绪状态的特征是交感神经系统以一定普遍的形式唤醒。人们通过环境的暗示和认知加工,对这些状态进行了一定的解释和分类。认知对刺激引起的一定的生理唤醒的引导与解释导致了情绪的产生。

在实验的基础上,沙赫特和辛格反复强调,情绪状态实际上是认知过程、生理状态和环境因素共同作用的结果。大脑皮层将外界环境信息、内部生理变化信息及经验、情境的认知信息整合起来,产生一定的情绪。可以看出,沙赫特和辛格强调的认知因素是情绪产生的核心。

3. 情绪与情感的关系

在日常生活中,人们对情绪与情感并不进行严格的区别。但是,在心理学和行为学中,情绪与情感是既有区别又有联系的两个概念。

威廉·詹姆斯(W. James)说过,情绪是一种感受的倾向。从严格意义上讲,情绪一般指与生理的需要和较低级的心理过程(感说、知说)相联系的内心体验。比如,消费者选购某品牌的小轿车时,会对它的颜色、造型、性能、价格等可以感知的外部特征产生积极的情绪体验。情绪一般由当时特定的条件所引起,并随着条件的变化而变化,所以情绪表现的形式是短暂的和不稳定的,具有较大的情境性和冲动性。一旦某种情境消失,与之有关的情绪就会立即消失或减弱。

情感是指与人的社会性需要和意识紧密联系的内心体验,包括理智感、荣誉感、道德感、审美感等。它是人们在长期的社会实践中,受到客观事物的反复刺激而形成的内心体验,因而与消费者情绪相比具有较强的稳定性和深刻性。在消费活动中,情感对消费者心理和行为的影响相对长久和深远。还以上例来说,消费者选购小轿车时,对新车的造型、颜色的挑选,实际上体现了个人的审美感,对4S店销售人员的评价又体现出了道德感。

消费者的情绪与情感之间又有着密切的内在联系。情绪的变化一般受到已经形成的情感的制约;而离开具体的情绪过程,情感及其特点则无从表现和存在。因此,在某种意义上可说,消费者的情绪是情感的外在表现,情感是情绪的本质内容。正因为如此,在实际生活中二者经常作同义词使用。

4. 情绪和情感的两极性

人的情绪和情感是极其复杂的,它们反映了人的内心活动的多样性和复杂性,但不论何种情绪和情感都有一个明显的特征——两极性,即在情绪和情感的体验中往往有两种相对立的状态。从情绪和情感的性质上来说,两极性表现为肯定和否定的两极。一般来说主要有四个方面的两极性。

在快感度方面,两极为"愉快—不愉快";在紧张度方面,两极为"紧张—轻松";在激动水平方面,两极为"激动—平静";在强度方面,两极为"强—弱"。

情绪和情感的两极性是指处于两种极端位置上的、性质相反的情感,而在这两级之间,情绪和情感还有强度的变化。比如,喜,可从适意、愉快到欢乐、大喜、狂喜;怒,可从不满、愠怒、愤怒到大怒、暴怒。

从情绪和情感的作用来说,两极性表现为积极的和消极的或增力的和减力的两极。积极的情绪可以增强人的活动能力,消极的情绪则会降低人的活动能力。处于肯定的积极情绪时,人的反应倾向一般是接近对象、拥有对象的行为;而处于否定的消极情绪时，人的反应一般倾向于离开对象、回避对象的行为。从这个角度讲，情绪和情感与人的动机和行为密切相关。因此，情绪和情感会对消费者行为产生很大的影响。不过，由于消费者的情绪和情感，特别是情绪受各种主、客观因素的影响与制约，因而两极性的特征是可以彼此转化或互相融合的。

> **案例链接**
>
> ### 绣花鞋的故事
>
> 近年来，在美国西部的一些城市中，风行一种以中国绣花鞋作为生日礼物向女性长辈祝寿的活动，而且越来越盛。第一次用它作为生日礼物的是一名叫约翰·考比克的美国青年医师，当时他在中国旅行，出于好奇将绣花鞋带回美国，分别在母亲 60 岁寿辰、姑母 70 岁寿辰和外婆 85 岁寿辰的时候，各献了一双精美、漂亮的中国绣花鞋作为祝寿的礼品。这三位长辈穿上"生日鞋"时，都感到非常舒服和惬意，她们称赞约翰·考比克送来的是"长寿鞋""防老鞋""防跌鞋"。
>
> 此事不胫而走，使美国西部各地的人们纷纷效仿，争相购买。于是，中国绣花鞋便成为市场的抢手货，绣花鞋上的花色图案更是千姿百态、各显异彩。
>
> 现在，绣花鞋已似乎可以献给每一位女性。一些很小的孩子也常常在长辈的教诲下，将绣花鞋献给年轻的女性长辈。有一位 8 岁的美国小女孩，在她 17 岁的未婚姑姑生日时，送给姑姑一双绣花鞋，上面绣有 17 朵颜色不同的花。绣花鞋的特殊意义，可见一斑。
>
> **案例分析提示：**
>
> （1）本案例主要反映了顾客对商品情感的需要和社会象征性的需要
>
> 对商品的情感需要，是指消费者要求商品蕴涵浓厚的感情色彩，能够体现个人的情绪状态，并通过购买和使用商品获得情感的补偿、寄托。将绣花鞋作为生日礼品送给长辈，这是一个载体，体现了晚辈对长辈的尊敬和祝福，从而促进了亲朋好友的情感交流。
>
> 对社会象征性的需要，是指消费者要求商品体现和象征一定的社会意义，使购买和使用该商品的消费者能够显示自身的某些社会特性。晚辈送给长辈的绣花鞋，象征长寿、代表尊敬，从而使长辈获得心理上的满足。基于以上两种消费需要，中国绣花鞋畅销美国。
>
> （2）在本案例中，顾客是在追求安全、健康和美感的动机驱使下采取购买行为的
>
> 现代消费者越来越注重自身的生命安全和生理健康，所以把保障安全和健康作为消费支出的重要内容。绣花鞋让女性消费者穿起来非常舒适，被称为"防老鞋""防跌鞋"，因此它是健康安全的。绣花鞋上的花色图案更是千姿百态、各显异彩，非常漂亮，使消费者获得了美的体验和享受。顾客就是在追求安全、健康和美感的动机驱使下购买中国绣花鞋的。

5. 情绪的分类

（1）根据情绪发生的强度、速度、持续时间划分

根据情绪发生的强度、速度、持续时间长短和稳定性方面的差异，可以将消费者情绪的表现形式划分为以下四种。

① 心境。这是一种比较微弱、平静而持久的情感体验。它具有弥散性、持续性和感染性的特点，在一定时期内会影响人的全部生活，使人的语言和行为都染上某种色彩。在消费活动中，良好的心境会提高消费者对商品、服务的满意程度，推动积极的购买行为；相反，不良的心境会使人对诸事感到厌烦，或拒绝购买任何商品，或专买用来排愁解闷的商品。

② 激情。这是一种猛烈的、迅速爆发而持续短暂的情绪体验，如狂喜、暴怒、恐怖、绝望等。激情具有瞬息性、冲动性和不稳定性的特点。激情爆发时，伴有明显的外部表现，如咬牙切齿、面红耳赤、捶胸顿足等，有时还会出现痉挛性的动作或言语紊乱。消费者处于激情状态时，其心理活动和行为表现会出现失常现象，理解力下降，自控能力减弱，以致做出非理性的冲动式购买举动。

> **思政小课堂**
>
> "越是民族的，越是世界的。"当今社会，越来越多的"中国制造"和带有"中国文化"内涵的产品走向世界，被越来越多的国际友人所推崇，这其实就是我们中国文化民族情绪的推动。作为正当年华的我们，更要不断增强民族自豪感，重视民族文化，因为越有强烈的民族自信和情绪，民族文化就越有发展空间，越有更高的价值。

③ 热情。这是一种强有力的、稳定而深沉的情绪体验，如向往、热爱、嫉妒等。热情具有持续性、稳定性和行动性的特点，它能够控制人的思想和行为，推动人们为实现目标而长期坚持不懈地努力。

④ 挫折。这是一种在遇到障碍又无法排除时的体验，如懊恼、怨恨、意志消沉等。挫折具有破坏性、感染性的特点。消费者处于挫折的情绪状态下时会对厂商的营销策略采取抵制态度，甚至迁怒于销售人员或采取破坏行动。

（2）根据情绪表现的方向和强度划分

就情绪表现的方向和强度而言，消费者在购买过程中所形成的情绪可以分为以下三种。

① 积极情绪。积极情绪如喜欢、满足、快乐等。积极情绪能增强消费者的购买欲望，促成购买行动早日实施。

② 消极情绪。消极情绪如厌烦、不满等。消极情绪会抑制消费者的购买欲望，阻碍购买行动的实施。

③ 双重情绪。许多情况下，消费者的情绪并不简单地表现为积极或消极，如满意—不满意、信任—不信任等，而是经常表现为既喜欢又怀疑、基本满意又不完全称心等双重性。比如，消费者对所买商品非常喜爱，但对价格偏高又感到有些遗憾。有时候双重情绪的产生，是由于消费者的情绪体验主要来自商品和销售员两个方面，当二者引起的情绪反应不一致时，就会出现两种相反情绪并存的现象。

视野拓展

如何利用积极情绪与消极情绪

传统社会的适应方式更加注重消极情绪的力量。消极情绪将我们的注意力集中到危险的来源上，并且动员我们准备战斗或逃离。消极情绪使我们为零收益型的游戏规则做好准备。在这种游戏规则中,只有胜方和败方,胜方所赢的量正好是败方所输的量,因此这种交易没有产生纯收益,我们将它称作零收益游戏规则。消极情绪常常与自我防御的行为方式相伴。消极情绪会限制一个人在当时的情境下瞬间的思想和行为反应指令,所以个体在此时只能产生由进化而形成的某些特定行为,如逃跑、躲避等。在现代的富裕社会中,积极的情绪更加具有重要作用,它能够形成一个"积极环境—积极情绪—积极行为"的良性循环。积极情绪,如主观幸福感或满意感,感恩、乐观、兴奋等,告诉我们好事即将发生。积极情绪能扩大我们的视野,使我们能够对更广泛的自然环境和社会环境保持清晰的认识。这种开阔的注意范围使我们对新思想和新活动保持开放的心态,并且比平常更具有创造性。因此,积极情绪为我们提供了创造更好的关系和实现更强的生产力的机会。

人要有超越消极情绪的力量,重要的是要有心理准备。

(3) 根据情感的社会内容划分

① 道德感。这是人们根据一定的道德标准,评价自己和别人的言行、思想、意图时产生的情感体验。在购买活动中,消费者总是按照自己所掌握的道德标准来决定自己的消费标准,挑选商品的造型、颜色。同时,如果消费者挑选或购买商品时受到销售人员的热情接待,他们就会产生赞赏感、信任感和满足感等属于道德感的肯定情感,并以愉快、欣喜、兴奋等情绪形态反映出来。

② 理智感。这是人的求知欲望是否得到满足而产生的高级情感。消费者的理智感是在认识商品的过程中产生的。比如,某些消费者对新型的、科技含量较高的商品往往不能做出正确的评价,下不了购买决心,产生犹豫感,表现出疑虑的情绪色彩。

③ 美感。这是人根据美的需要,对一定客观事物进行评价所产生的心理体验。审美感是由一定的对象引起的,包括自然界的事物和现象、社会生活、社会现象及各种艺术活动、艺术品等。

微课堂5

视野拓展

排解不良情绪的方法

生活中,谁都会产生这样或那样的不良情绪,而强行压抑不良情绪,使喜怒不形于色,会给生理健康带来很大的危害。因为人虽然可以用意志控制声调、表情、动作、眼泪,但心脏活动、血管、汗腺的功能依然会随着情绪的变化而变化。那些表面上看来似乎控制住了情绪的人,实际上却使情绪更多地转入体内,给体内器官带来损害。因此,如果不良情绪已经产生,就应当通过适当的途径排遣和发泄,千万不要闷在心里。

1. 异地发泄

当你盛怒时,不妨赶快跑到其他地方,干一些体力活,或者干脆跑一圈,把因盛怒激发出来的能量释放出来。

2. 理智消解

忧愁、惊恐、愤怒、绝望等不良情绪，往往产生于对事物的错误认识。对于这类不良情绪，要冷静地、理智地进行分析，看自己对事物的认识是否正确，是否确实可忧、可惧、可怒，分析明白了，不良情绪就自然消失了。

3. 转移

在不良情绪袭来之时，要尽量做一些能转换心情的事情，如可以外出游玩、可以"学而忘忧"。根据现代心理学的研究，当你遇到不满、生气、恼怒或伤心的事情时，感官就会产生不愉快的信息，并不断地将其传入大脑，此时如果向大脑输送愉快的信息，不良情绪就会在不知不觉中烟消云散。

4. 心理调整

不良情绪的心理调整方法比较多：一是自我鼓励。即用生活中的哲理或某些睿智的思想来安慰自己，鼓励自己。二是语言暗示。语言暗示要求在平静、专心致志的情况下进行。进行自我语言暗示，往往对情绪的好转有明显作用。三是疏导。人的心理压抑时，应当有节制地发泄，如可以找朋友聊聊，一吐为快。四是环境调节。就是到外面走走，看看美景散散心。

6.4.2 消费者情绪的构成

大致来说，情绪包括生理层面的生理唤醒、认知层面的主观体验和表达层面的外部行为。

1. 生理唤醒

情绪的产生常常伴随着一定的生理唤醒。例如，人们激动时血压会升高，愤怒时会浑身发抖，紧张时心跳加快，害羞时会满脸通红。这些都是内在的生理反应过程，常常伴随着不同的情绪而产生。消费者往往会根据自己的身体变化来推断自己的情绪状态。

2. 主观体验

情绪的主观体验是人的一种自我觉察，即大脑的一种感受状态。人有许多主观感受，如喜、怒、哀、乐、爱、恶、惧等。对事物的不同态度会产生不同的感受。人对自己、对他人、对事物都会产生一定的态度，如对朋友遭遇的同情、对同事、事业成功的欢喜、对自己考试失利的悲伤等，这些主观体验只有在内心才能感受到或意识到。

3. 外部行为

当情绪变化时，人们还会出现一些外部反应，这也是情绪表达的过程。例如，人在悲伤时会痛哭流涕，在激动时会手舞足蹈，在高兴时会开怀大笑。伴随情绪出现的相应动作和表情就是情绪的外部行为，它经常成为人们判断情绪的外部指标。不过，由于人类心理的复杂性，有时会出现外部行为与主观体验不一致的现象，如强颜欢笑、故作镇定、悲喜交加等，因此不能单纯地通过外部行为来判断情绪。

生理唤醒、主观体验和外部行为作为情绪的三个组成部分，只有同时被激活、同时存在，才能构成完整的情绪体验。因此，情绪是一种普遍的、对外部刺激的功能性反应，是消费者生理、认知及行为上的对外部环境的反应。

6.4.3 情绪对消费者购买行为的影响

消费者的购买行为在很大程度上会受其情绪的影响，那么情绪是如何作用于消费者的购买行为的呢？对于企业来说，应当如何利用情绪来促使消费者产生购买行为呢？情绪可以通过三种方式作用于消费者的购买行为，分别为整体性情绪、伴随性情绪、与任务有关的情绪。

1. 整体性情绪的作用方式

整体性情绪是指与产品或消费决策直接相关的情绪。整体性情绪包括消费者看到或者体验到产品之后马上产生的情绪（如试穿衣服时的满足感）、在产品展示过程中体验到的情绪（如看到产品广告后的购买冲动）及基于对产品的认知产生的情绪（如想要一款手机）。这些情绪反应是由产品属性引发的、和产品有关的一种整体性情绪。

消费者通常会对那些能够引发其积极情绪的事物具有较高的评价。整体性情绪和产品评价、产品购买之间的关系非常密切，甚至可能相互依存。例如，某个消费者非常喜欢一名歌手，对其评价特别高，如果有这名歌手的演唱会，他就会想尽办法购票去观看。

在营销领域，整体性情绪的影响更多地表现在广告领域。消费者对广告的情绪反应会直接影响其对广告的态度，进而影响其对品牌的态度。

整体性情绪是一种即时的、基于简单联系的、启发式的情绪。对于这种即时的情绪，消费者的行为更容易受到影响。消费者正是因为受到整体性情绪的影响，才产生冲动性消费，而忽略后续的结果。

整体性情绪可以影响消费者的决策，特别是当消费者在相关产品领域缺乏经验，其认知资源受到限制，或者在有一定的时间压力、需要快速做出决定的时候，以及当消费者的动机很弱、并不是很在乎这个决定的时候，整体性情绪的影响会更强、更大。

在营销方面，如果产品具有整体的美感，或者产品本身能够激发消费者积极的联想，那么企业就应尽量在产品宣传中降低消费者的信息处理动机，减少与产品属性相关的信息展示，而应让消费者基于整体性情绪去做决策和选择。例如，德芙巧克力的"纵享新丝滑"、特仑苏牛奶的"不是所有牛奶都叫特仑苏"，都是典型的基于产品或品牌的宣传，通过消费者的体验或者想象产生整体性的积极情绪，从而提高消费者对品牌的偏好，进而影响其购买行为。

2. 伴随性情绪的作用方式

伴随性情绪是指那些与产品和服务并没有直接联系的情绪体验。也就是说，伴随性情绪并不是由产品本身引发的情绪反应，它可能来自个体长期性的情绪特质（如长期的焦虑感、压抑感），或者个体气质（如开朗、乐观），或者情境（如背景音乐、天气状况）。

伴随性情绪对行为的影响主要是通过同化效应产生的。当消费者心情愉悦时，通常对产品的评价比较高,即便消费者的积极情绪及其所做的决策和购买的产品无关,其决策和产品选择也会受到这些情绪的同化与感染。

研究发现,当消费者处理信息的动机和能力较强时,他们可能会意识到伴随性情绪与其决策无关,所以同化效应不会存在。当消费者处理信息的动机和能力非常弱时,他们可能不会产生伴随性情绪,同化效应很弱,甚至没有。只有当消费者处理信息的动机和能力处于中等水平甚至更高时,伴随情绪的同化效应才会强烈。

伴随性情绪的同化效应通常在消费者不清楚伴随性情绪的来源时最强,当消费者的决策基于体验性动机、采用整体性判断时,伴随性情绪的同化效应影响就会达到最大化。

伴随性情绪的同化效应并不总存在,当消费者的决策基于功能性动机时,消费者选择的产品就是功能性产品,这时就不会依赖伴随性情绪去做选择。当消费者为他人做选择时,即使伴随性情绪存在,其同化效应也会大大减弱,甚至不会对决策产生任何影响。

3. 与任务有关的情绪的作用方式

与任务有关的情绪是指在决策过程中产生的与决策过程有关,或者因为决策过程而引发的所有情绪。这种情绪不同于由产品自身引发的整体性情绪,也不同于与任务无关的一些伴随性情绪。例如,消费者需要在两个非常有吸引力的产品之间做出选择时所产生的压力感就是一种与任务有关的情绪。

在现实生活中,消费者在实施购买行为前,通常首先需要在各种属性之间做出比较和权衡,从而产生不愉悦的情绪;其次,如果在决策过程中有时间压力或者被监督,消费者也会产生与任务有关的压力感。在决策过程中,消费者产生的这种与任务有关的不愉悦感和压力感经常导致其采取规避型策略,如保持现状或者延迟决策。

对企业来说,要想有效降低消费者由于决策困难而对产品评价降低或者延迟决策,可以通过相应策略降低其决策过程的不愉悦感。营销人员可以通过匹配决策方式和消费者动机来提高消费者决策的愉悦感,也可以通过广告激发消费者的促进性动机(如强调希望、愿望、渴望等),同时强化产品的期望属性。这样可以减少消费者在决策过程中对期望属性和可得属性的权衡,降低决策困难,同时提高消费者决策过程的愉悦感。同样,广告也可以激发消费者的规避性动机(如强调责任),同时强调产品的可得属性,降低决策困难,提高消费者决策过程的愉悦感。

6.4.4 消费者购买情绪的激发

在不同的时代,人们对购买行为有着不同的认识。例如,在物质匮乏时代,人们首先考虑的是衣食住行等最基本的需要;而在物质极其丰富的今天,人们开始追求生活品质,寻求性价比与个性化,更多地追求心境、感觉、情调等无形的事物。因此,如何激发消费者的购买情绪成为企业营销成功与否的关键。

> **案例链接** →
>
> **按摩椅的体验式营销**
>
> 一些大型购物商场的休闲区中经常会放置一些按摩椅,很多消费者在购物过程中

逛累了、乏了，都会不自觉地坐在上面休息片刻。这些消费者可能原本并没有购买按摩椅的动机，对按摩椅的功能也不够了解，但经过亲身体验或听了导购员的讲解后，可能会产生非常明显的整体性情绪，进而产生购买行为。

当消费者处于疲劳状态时，哪怕只是一个短暂的体验，也能带给他们真实的放松、舒适感受，这种即时的启发式情绪影响着消费者的决策和购买动机。消费者先前对这类产品缺乏经验，没有深入的认识，现在只是由于这种积极的体验情绪激发了购买动机，体验过后的满足感让其给予产品很高的评价，最终在这种情绪的影响下快速做出购买决定。

这种冲动性的购买行为在很大限度上依赖于消费者的情绪因素，而这种销售策略使商场按摩椅的销量日趋上升。

1. 通过产品本身激发消费者的满意心理

人们现在处于商品过剩的时代，如何在产品相同或相似的功能诉求上占领消费者的心，对于企业来说尤为重要。

与产品或服务有关的整体性情绪对消费者的决策和行为有着非常重要的影响，因此企业或商家在情绪塑造过程中首先需要从产品属性入手，包括产品的质量、特色、外观、款式、颜色、包装、产地、品牌和口碑等。这些产品属性必须能够激发消费者的积极情绪，才能提高产品的吸引力，在一定程度上吸引消费者的注意。在新消费时代下，消费者普遍愿意为更高质量的产品和服务体验花费更多。

除产品属性外，企业还可以通过产品诉求来激发消费者的某种特殊情绪。情感诉求策略不是直接告诉消费者关于产品的特性或优点，而是通过激发消费者的情绪，使其获得对品牌或产品的好感。例如，通过激发恐惧、愤怒来提高消费者对产品的偏好。滋源洗发水通过"洗了一辈子头发，你洗过头皮吗"这一广告诉求，充分激发了消费者的恐惧心理——"怪不得我头皮老痒，怪不得我有头皮屑，原来是因为没有洗头皮。"消费者在情绪管理中会通过产品选择和行为去应对负面情绪，从而倾向于购买此洗发水。

企业还可以通过塑造仪式感来改变消费者的品牌偏好及消费体验，如在生产过程、销售过程及消费过程中塑造仪式感。通过生产过程中的复杂工艺塑造仪式感，如"二十七层净化""纯手工打造"等；在消费过程中塑造仪式感，如奥利奥饼干的"扭一扭，舔一舔，泡一泡"。

研究发现，女性消费者更容易受情绪广告的影响，她们比较关心产品所包含的情感意义，认为某种产品对自己特别有价值，或者某种产品除其自身功能外，还具有某种象征意义，如表达爱情或尊严、唤起自己的情感或回忆等，所以就会特别喜欢。例如，"钻石恒久远，一颗永流传"的广告几乎让戴比尔斯无人不晓，其产品主要突出钻石的尊贵品质、梦幻般浪漫的生活情调、风情万种的优雅气质、精致温馨的居家氛围，以及历久弥新的经典爱情，并以精湛的制作工艺和精致的陈列展示赢得了广大消费者的青睐。

案例链接

软饮料瓶体广告的情绪营销

随着生活水平的不断提高，消费者不仅追求饮料美味的口感，还追求饮料所标榜的个性。尤其是年轻消费者，他们深受网络文化的影响，情绪变化快，更加喜欢张扬个性，所以瓶体广告情绪营销在软饮料领域流行开来。

味全每日 C 的瓶体广告语让产品与消费者展开对话，唤醒了消费者心中的某种想法和向往，如"你眼里有光芒""环游世界""今天不加班"等，在某些方面与消费者的心灵达成共鸣，如图 6-12 所示。

图 6-12　味全每日 C 瓶体广告

瓶装饮料借助瓶体广告对消费者进行感性诉求，在瓶体广告设计中加入"唤醒度"，实现了物体语言传播的情绪表达，表达了消费者自身的高兴、恐惧、厌恶、愤怒等心理状态，让饮料的竞争从瓶内扩展到瓶体。

情绪是主观认知的表达，是需求的外化。而情绪营销是指销售者在产品宣传中充分满足消费者的情感需要，抓住与消费者心情共通的意义空间，让消费者在购买产品的同时充分抒发内心的情感，并让消费者的情绪在内向传播、人际传播、群体传播等不同传播类型中实现交流与回响，从而加强个体认知与群体归属感。

2. 通过外部因素激发消费者的购买情绪

情绪对消费者行为的影响不只来源于产品本身引发的情绪影响，一些外部因素激发的伴随性情绪往往也会对消费者产生较大的影响。企业可以从下几个方面出发激发消费者的购买情绪。

（1）创造良好的购物环境

不管是线下实体店的营业环境，还是线上网络购物平台的营销环境，都要以最大限度地吸引消费者的注意为目的，无论是产品摆设、灯光照明、背景音乐，还是商家的服务态度和效率等，都要以消费者感到舒适、满意为主。无论哪个环节，其优化操作的主要目的都是使消费者停留的时间延长，增加消费者接触产品的机会，加深消费者对产品的认知，激发消费者的购买欲望。

（2）采用多样化的促销手段

企业可以采用多样化的促销手段（如买赠活动、免费体验、免费品尝、限时打折等）来提高消费者对产品的认可感。另外，组织现场活动能够增强消费者参与产品的互动性，使消费者在亲身体验过程中增强对产品的感知，从而激发其购买情绪。例如，雀巢咖啡中秋试饮活动提高了消费者的参与性和积极性，使企业的营销决策有的放矢，从而激发了消费者的购买欲望，影响了消费者的决策和行为。

（3）营造适宜的购买氛围

在销售环境中，商家经常采用愉悦、享乐性的音乐来激发消费者的积极情绪，从环境入手影响消费者的购买决策和行为。例如，在花店播放浪漫的音乐，吸引消费者驻足，让其在欣赏音乐的同时选择购买鲜花；在餐厅播放慢节奏的音乐，会让消费者点更多的菜品。这些都是让音乐影响消费者的情绪，从而影响消费者的行为的措施。

（4）注重人性化的服务

消费者在购买过程中越来越注重个人体验和感受，优质的服务能够激发消费者的购买情绪。消费者既能对先进及人性化的管理做出反应，也能清楚地认识到商家经营管理中的问题，并产生消极情绪，最终从行为上拒绝购买。因此，企业应从进门、付账、出门等细节着手提高服务质量，尽力体现人性化服务，充分显示其对消费者的尊重，最终以人性化服务的魅力赢得消费者的认可。

总之，企业要想尽办法通过唤起目标群体的情绪引发其共鸣，最终让产品或服务与消费者产生关联，从而影响消费者的感受和购买选择。

思政案例

长江水牵起首都情谊

自"南水北调"工程实施以来，南北两方的人民越来越心意相通，连接紧密。南方人民随着长江水运往北方的自然特产让北方人民欣喜不已，北方人民开心地吃上南方的特产，为南方的产品提供更广阔的消费市场，也让南方人民更积极更热情地开拓着"南方品牌"。两方人民心心相印的情绪，连接着两方的经济，促进着两方共同发展。

湖北省十堰市的郧阳区，位于十堰市北部，三面环抱十堰城区，郧阳区在早前还是一个不为人知的僻壤乡村，但那里山野相绕，物产丰富，有着得天独厚的自然环境。随着南水北调工程的深入发展，现今300多种郧阳产品走出郧阳，走进北京，走上首都市民餐桌，让更多人尝到郧阳味道。2022年4月21日下午，经过打包、运送、装车，郧阳今年首批农特产品——60吨安阳香米和郧星魔芋挂面发往北京。

自北京东城区与郧阳区开展对口协作以来，郧阳区扎实开展"郧阳特色产品展销会""南水北调郧阳味道美食节"等一系列宣传营销活动推介郧阳产品，宣传郧阳文化，搭建交流平台，展销会上人们兴高采烈地交流着各类产品的信息，300余种郧阳农特产品随一库清水被送进北京。首都市民有了更多的"郧阳选择"，郧阳名片叫响京城。2022年年初，北京一次性订购了200吨郧阳安阳香米和郧星魔芋挂面，本次已将首批60吨香米和挂面打包运往北京。剩余的140吨计划于5月中旬全部运到。

据了解，自2014年郧阳区与东城区因水结缘建立对口协作关系以来，东城区真金白银、真帮实扶、真情实意，在项目、资金、技术、人才等方面给予郧阳区慷慨无私的帮扶。如今，郧阳好产品也走进京城走上了首都市民的餐桌，郧阳的天然绿色生态产品也被越来越多的人发现和喜爱。首都人民对于郧阳特色产品的信任与喜爱，郧阳人民对于首都真情实意的回馈，不仅使首都人能喝上长江水，吃上健康菜，也大大改善了郧阳的经济，使这一份由长江水牵起的情谊越来越深，越来越长。正是由于人们对"天然绿色生态产品"的喜爱之情,让这份天然的消费情绪带动了两方市场经济的持续、积极发展。

思考:请结合案例和所学知识,分析郧阳是如何把握住人们对于"天然绿色生态产品"的天然消费情绪,让郧阳产品走向首都的。

分析提示:郧阳区从一个穷乡僻壤的小山区,在南水北调的工程中被发现和开发,而郧阳抓住了这一机遇,让郧阳产品也走出山区,走进首都,走上全国人民的餐桌。在这个过程中,两方市场都抓住了人们对于"自然农产品"这一消费的情绪,郧阳人民发挥了自己的劳动智慧,也充分分析、关注了市场与消费者的需求,使得郧阳产品被越来越多的人熟知和喜爱。

6.5 消费者的记忆

案例引入

记忆点创造法——农夫山泉"有点甜"

提到"农夫山泉",人们就会很自然地想到那三个字——"有点甜"。

为何会有如此非同凡响的效果?原因正在于它极好地创造了一个记忆点,正是这个记忆点征服了大量媒体的受众,并使他们成了农夫山泉潜在的消费者。

企业的产品宣传与消费者的记忆如同进行着一场思想斗争,前者竭力要在后者大脑中建立起信息据点,后者则不懈地排斥无用的信息。前者如何才能战胜?毛泽东的战略思想是,集中优势兵力各个击破。战略上我们要能够以一当十,战术上我们要以十当一、以百当一,才能有必胜的把握。

可是,在激烈的市场竞争中,每个企业都力图使自己的产品及企业的整体形象广为人知并深入人心,为此想尽法子。但对消费者而言,面对如此多的企业和产品,要记住其中某一个并非易事,更别说印象深刻了。

中国的饮用水市场历来竞争激烈、强手如云,农夫山泉能有如此卓越的表现,堪称中国商业史上的经典。而这个经典的成就首先启动于"农夫山泉有点甜"这个经典中的经典,这句蕴含深意、韵味优美的广告语,一经推出就打动了众多媒体的受众,让人们牢牢记住了农夫山泉。1999年,农夫山泉的广告开始出现在各类电视台并且来势汹汹,随之市场也出现了越来越强烈的反应,再通过跟进的一系列营销大手笔,农夫山泉一举成为中国饮用水行业的后起之秀,到2000年便顺理成章地进入了三甲之列,实现了强势崛起。

深入思考农夫山泉的"有点甜",不难发现这其中所使用的方法——记忆点创造法。

记忆点创造法的核心内容是,创造能让消费者记忆深刻的点,有了这个点才有了产品在消费者心中的位置。

记忆点创造法就是将企业产品最具差异化、最简单易记的品牌核心诉求提炼出来，把企业宣传、传播的力量集中贯注于这一个点，努力让这一个点渗透到消费者的记忆深处，从而建立起难以消除的信息据点。这个据点就是企业的产品在消费者心中的位置，它也决定着产品在市场上的品牌地位。

农夫山泉这一记忆点方法的运用，表现出以下几个原则。

原则一：创造显著的差异性，建立自己的个性。

雷同、相近的东西很难让人记忆深刻，只有显著的差异才能使人难以忘记。

因为每个人都有明显的差异化，所以才能让读者产生深刻的记忆。创造差异性是凸显自己产品存在的首要因素，没有差异点，就不会产生记忆点。

"农夫山泉有点甜"对此做了很高明的应对，即当别的同类产品都在表现各自如何卫生、高科技、时尚的时候，农夫山泉不入俗套，而是独辟蹊径，只是轻轻却又着重地点到产品的口味，也仅仅是"有点甜"，显得超凡脱俗，与众不同。这样就形成了非常明显的差别，使自己的产品具有鲜明的个性，重要的是让电视机前的消费者感到耳目一新。这样的产品让消费者忘记是困难的，一个广告能达到这样的效果，这个产品也就成功了一半。

同样做得很成功的是乐百氏纯净水，它重点突出了"二十七层净化工序，用一个非常简单的数字表现纯净水的优异品质，使人叹服，不禁对企业的精益求精精神产生敬意。这种表现方式独树一帜，当然功效奇大，鲜明的差异性立即脱颖而出，使挑剔的消费者不会轻易错过。

原则二：力求简单，只要一点，容易记忆。

消费者的记忆能力是有限的，而市场中各种产品的信息相对而言是无限的。要让消费者记住你的产品绝非易事，绝不是可以省去智慧、技巧、创新而能够做到的。最起码要避免让消费者一下子就记住过多的产品信息，因为他们对记住过多的信息缺乏意愿和能力，否则再多的信息也等于没有。

面对铺天盖地的产品信息，消费者只愿意也只能够记住简单的信息，越简单越好，简单到只有一点，最容易记忆。

农夫山泉在这一点上同样掩藏不住其非凡的智慧，仅仅用了"有点甜"三个字，三个再平常、再简单不过的字，而真正的点更只是一个"甜"字，它富有十分的感性，是描述一种味觉，每个人接触这个字都会有直接的感觉，这个感觉无疑具有极大的强化记忆的功效，而记住了"有点甜"就很难忘记"农夫山泉"，记住了"农夫山泉"就很难对农夫山泉的产品不动心。农夫山泉就是以简单取胜：简单，使自己能够轻松地表述；简单，使消费者能够轻松地记忆。

农夫山泉近期推出了"农夫果园"系列果汁饮料，开始进军果汁饮料市场。按理说果汁市场刚刚兴起几年，市场空间很大，但是先有"统一"入主，后有娃哈哈、可口可乐、康师傅等国内外著名饮料大企业跟进，市场细分一分再分，产品创新一代胜一代，市场竞争非常激烈。

而农夫山泉此时推出"农夫果园"为时已晚，它应属于果汁里的二流产品。可是农夫山泉却别出心裁，采用一点记忆，在别的厂家的果汁饮料都尽力回避果汁饮料里的沉淀物问题时，迎刃而上，打出"农夫果园，喝前摇一摇"的广告语，把问题变成了产品销售的一个卖点。

这"摇一摇",化糟粕为玉帛,使产品深入人心,并倡导了一种新的喝法;这一摇,也使"农夫果园"系列产品扶摇直上,将已经诸侯纷争的果汁市场"摇"得重排座次,农夫山泉的果汁饮料也乘势从二流产品迅速挤入一流产品之列。

原则三:符合产品的特性,突出产品的优良品质。

名副其实才能盛名不衰,越是真实的就越有力量。企业要始终知道是在为自己的产品做广告,为自己的产品做广告就是为自己产品的特性做广告,所以广告要符合产品的特性,否则就不是在为自己的产品做广告。广告中的核心记忆点更要以高度的准确性切中产品的特性,否则就是一个失败的记忆点,而失败正败在放弃了最生动有力的产品特性的支持。失败的记忆点是无法经受市场考验的,是无法讨得消费者欢心的,必然导致品牌的失败。

舒肤佳"有效去除细菌,保持家人健康",潘婷"含维他命原 B_5,拥有健康,当然亮泽",伊利"来自大草原的好奶",这些都是在强调自己产品的特性。

符合产品的特性是第一步,为产品做广告、创造记忆点还要竭力宣扬、渲染产品的优良品质。就是说要为产品的优点做广告,围绕产品的优点创造记忆点。记忆点要是广告的核心点,更要是产品优良品质的凝练和升华,通过记忆点使消费者知道并记住产品的优点,这是产品成功的基础。

原则四:建立面的纵深,配合、烘托这个记忆点。

这个记忆点绝非是孤立的、单薄的,孤立、单薄的记忆点经不起记忆的筛选。相反,它背后必须有一个宽阔的信息纵深面,而点正是面的浓缩,虽仅一个点,却挟带着大量的信息。记忆一触发这个点,必会带动后面的大量信息,正所谓"牵一发而动全身",所以只要记住并激发这个点,就会自然地记起背后广阔纵深面的信息,这些信息正是企业绞尽脑汁要告诉消费者的。

农夫山泉的广告策划人员显然深悉这一点。那个著名的广告绝非一句"农夫山泉有点甜"就完事大吉,而是先描绘出一幅美丽淳朴的千岛湖风景画面——青山绿水,又重点突出纯净的湖水,接着是几个非常富有人情味的人物描写,然后用大量的"笔触"细腻地刻画了一个农家小孩饮用了湖水后非常甜蜜、纯真的微笑,最后才是一句话外音"农夫山泉有点甜"。

这最后一句点题之语才是点。前面所有的描述都是纵深面,没有前面的纵深面,这个点绝不深刻;没有后面的点,这个面也绝不能让人记忆深刻。这个点在整个纵深面所营造的绝妙意境的高潮时分自然而然地如约而至,一下子就深深地扎进了观看者记忆的海洋之中,使观看者无可抗拒地记住了这一刻、这一点,也记住这一点后面的纵深面的广阔信息。

原则五:针对消费者,要让他们的记忆美好。

"有点甜"无疑是让人感觉美好的,"甜"意味着甜蜜、幸福、欢乐,这是中国人终生的追求,这样的中国人必定会追求感觉甜美的产品。农夫山泉牢牢地抓住这一点,它对中国人说:我,有点甜。这等于说:我,是你的追求。作为广告语,这更等于说:请追求我吧。这是极难抵挡的诱惑。农夫山泉就是用诱惑力赢得消费者的购买力的。

当年孔府家酒也有一个非常成功的广告。其广告语是"孔府家酒，让人想家"，而"家"在中国人心中是非常美好的，是很容易感动中国人的，并且一种能让人想家的酒必然会带给中国人一番特殊的感觉。有了这种感觉，产品的成功就有了保证。所以，要创造让人感觉美好的记忆点，赢得消费者的好感，才会有好的产品。

思考： 农夫山泉是怎样让消费者记住"有点甜"的？

分析提示： 农夫山泉通过抓住消费者的记忆点，让消费者产生相关记忆与联想，当消费者看到或听到特定的画面或声音时就会想到农夫山泉，可见记忆对消费者行为有着重要的影响。

6.5.1 消费者记忆的类型

1. 记忆的含义

记忆是人脑对经历过的事物的反映。比如，过去感知过的事物、思考过的问题、体验过的情感等，都能以经验的形式在头脑中保存下来，并在一定条件下重现出来。凡是人们感知过的事物、体验过的情感、思考过的问题、实施过的行为等，都可以以印象的形式保留在人的大脑中，在必要的时候再现出来，这个过程就是记忆。

> **学而思，思而学**
> 你还能回忆起小时候或多年前看过的广告吗？广告中的哪些记忆点让你印象深刻呢？

人脑具有对过去经验反映的机能，是因为主体接受了客体的刺激之后，会在大脑皮层留下兴奋过程的痕迹。这些痕迹一旦被重新激活，人脑中就会重现已消失的刺激物的印象，所以说记忆是人脑的一种机能，它的生理学基础是大脑神经中枢对某种印迹的建立和巩固。现代研究表明，人脑能像一个指挥中枢那样向身体的各个器官和部位发号施令，它所记忆的特定信息会对人体行为产生极大的影响和作用。科学家将记忆之谜称为"生物界最大的自然之谜"。斯伯尔丁说："记忆可能是天堂，我们不用担心会被驱逐；记忆也有可能是地狱，我们想逃也逃不掉。"记忆是一个复杂的心理过程。记忆从心理活动上将过去与现在联系起来，并且再现过去经历过的事物，使人的心理活动成为一个连续发展的整体。

2. 记忆的心理过程

记忆是获得信息并把信息储存在头脑中以备将来使用的过程。心理学研究表明，这一过程包括识记、保持、回忆或再认等基本环节，如图6-13所示。

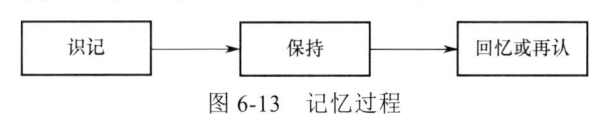

识记 → 保持 → 回忆或再认

图6-13 记忆过程

识记是识别和记住事物，从而积累知识、经验的过程。它是记忆过程的第一个基本环节。保持是巩固已经获得的知识、经验的过程，它的对立面是遗忘。实际上，保持就是防止遗忘的心理活动，它是记忆的第二个基本环节。识记后的结果可以通过回忆或再认的方式表现出来。过去经历过的事物在头脑中重新呈现出来的过程称为回忆；过去经历过的事物再次出现时能够把它们辨认出来称为再认。回忆和再认之间的主要区别在于，再认是在感知过程中进行的；而回忆是在感知之外，通过一定的思维活动进行的。这是记忆过程的第三个基本环节。

记忆过程中的三个基本环节是相互联系、相互制约的。在 20 世纪 50 年代以后，心理学界倾向于用信息论的观点来解释记忆，把记忆看成信息的输入、编码、储存和在一定条件下提取的过程。

3. 遗忘

记忆的另一面是遗忘。这是由于在记忆过程中存在着另一个重要的心理机制，即遗忘。遗忘是指对识记过的事物不能再认或回忆，或者表现为错误的再认或回忆。遗忘是和记忆保持相反的过程，其实质是由于不使用或受别的学习材料的干扰，导致记忆中保持的材料丧失。遗忘可能是永久的，即不再复习时就永远不能再认或重现。例如，许多文字或电视广告，倘若不加注意和有意识记，很可能会完全忘记。但遗忘也可能是暂时的，消费者叫不出自己熟悉的商品名称、想不起使用过的商品的操作程序，都属于暂时性的遗忘。关于消费者遗忘的原因，心理学家提出两种假设，即衰退说和干扰说。

衰退说认为遗忘是由于记忆痕迹得不到强化而逐渐减弱、衰退以致消失的结果。干扰说则认为遗忘是因为在学习和回忆之间受到其他刺激干扰的结果。它认为记忆痕迹本身不会变化，记忆之所以不能恢复活动，是由于存在干扰，干扰一旦被排除，记忆就能恢复。这个学说最有力的证据就是前摄抑制和后摄抑制。前摄抑制是指先前学习的材料对后学习的材料的干扰作用。后摄抑制是指后学习的材料对先前学习材料的干扰作用。在消费者购买活动中，前摄抑制和后摄抑制的影响是十分明显的。

德国心理学家艾宾浩斯对遗忘现象进行了系统的研究，发现了遗忘发展的规律，即"遗忘进程不是均衡的""遗忘的发展是先快后慢的"。这个结果表明，遗忘的进程不仅受时间因素制约，也受其他因素制约。对识记者来说，最容易遗忘的是没有重要意义的、引不起兴趣的、不符合需要的、在工作学习中不占主要地位的那些材料。

4. 记忆的分类

根据信息不同的编码、存储和提取方式，以及信息存储的时间长短，可以从内容和时间或阶段上将记忆分为不同的类型。

（1）根据记忆的内容分类

① 形象记忆。形象记忆是以感知过的事物形象为内容的记忆。这些形象可以是视觉形象，也可以是听觉、嗅觉、味觉等形象。例如，消费者对商品的形状、大小、颜色等方面的记忆就是形象记忆。

② 逻辑记忆。逻辑记忆是以概念、公式、定理、规律等为内容的记忆，是通过语词表现出来的对事物的意义、性质、关系等内容的记忆。例如，消费者对某种商品的制作原理、广告宣传等记忆就是逻辑记忆。

③ 情感记忆。情感记忆是以体验的某种情感为内容的记忆。例如，消费者购买某品牌的商品后，在使用过程中感到满意和愉悦，在满意的心情主导下记住了这个产品和

品牌，就是情感记忆。

④ 运动记忆。运动记忆是以过去做过的运动或动作为内容的记忆。例如，一个人多年前学会的游泳、骑车等动作，间隔了一段时间后仍然不会忘记，就是运动记忆。运动记忆对于消费者形成各种熟练选择和购买技巧是非常重要的。

（2）根据记忆保持时间的长短或记忆阶段分类

根据记忆保持时间的长短或记忆阶段，可以将记忆分为感觉记忆、短期记忆和长期记忆。在处理相关信息时，这三种记忆系统都会被用到。它们的相互关系如图6-14所示。

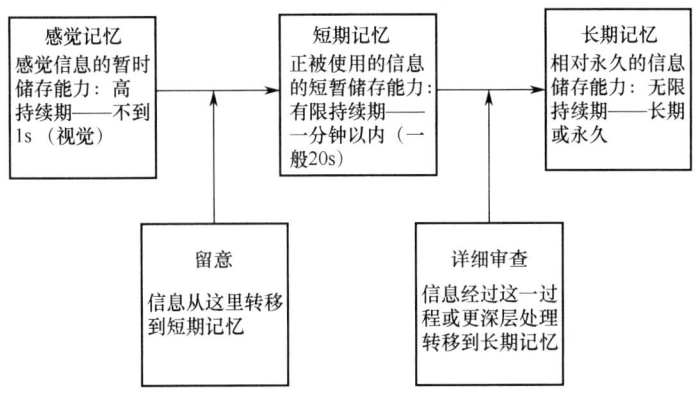

图6-14 三种记忆系统的相互关系

① 感觉记忆。感觉记忆是指外界刺激以极短的时间呈现后，信息便在感觉通道内迅速被登记并保留一瞬间的记忆，所以又被称为瞬间记忆。当外部刺激直接作用于感觉器官并产生感觉之后，虽然刺激作用停止，但感觉仍可维持极短的片刻。感觉滞留表明感觉信息已被瞬间存储。我们的感觉存储可以包括任何感觉信息，其中比较多的是图像记忆和声像记忆。图像记忆即瞬间的视觉记忆，声像记忆即瞬间的听觉记忆。

感觉记忆只留存在感官层面，如果不加注意，便会转瞬消失。例如，乘车经过街道，对街道旁的店铺、标牌、广告及其他景物，除非特别注意，一般是过目即忘的。感觉记忆中储存的信息通常是以感觉的形式存在的。这种感觉记忆保持的感觉信息十分短暂，如果个体认为记忆中的信息有意义，便会进一步加工这些信息，使其进入短期记忆；如果没有进一步加工，这些感觉信息就会很快消失。感觉记忆常常被视为记忆系统的开始阶段。

感觉记忆这种储存很短暂，大部分与视觉记忆同时，只能持续1秒钟。例如，一个人走过一家食品店，会迅速看看里面卖的是什么食品。尽管这种感觉只持续几秒钟，但这段时间已足够消费者做出决定是否留下来进一步观察和搜集信息。如果信息保留下来并经初步处理，它就会通过留意的关口转化为短期记忆。

② 短期记忆。短期记忆是指外界刺激以极短的时间呈现后，保持时间在一分钟以内（一般20s）的记忆。短期记忆包括那些被我们"编码"或理解的信息，我们对信息的理解和知晓都发生在短期记忆阶段。短期记忆在有限的短暂时间里储存信息。与电脑相似，短期记忆系统被认为是工作记忆，它持有我们正在处理的信息。日常输入的口头信息可能以听觉或语义的方式储存为短期记忆。例如，看书的时候，感觉记忆只能临时存储我们看到的每个字的图像，但我们需要使用短期记忆去理解自己看到的事物。在看

到广告或决定是否购买商品的时候，消费者也在使用自己的短期记忆。短期记忆非常重要，因为大多数的信息加工和处理都发生在短期记忆中。

感觉记忆中的信息如果被注意和处理，就会进入短期记忆，而且这些信息可以保持在一种随时被进一步处理的状态。也就是说，短期记忆中的信息可以自动而迅速地被提取，一旦需要对新输入的信息予以解释，长期记忆中的信息也可以被带入短期记忆中来。

短期记忆是有限的，我们在任一时间段只能在短期记忆中保留有限的信息。例如，我们要去超市买东西，如果只打算买两种东西，通常情况下不用特意去记也不会忘记买什么，但如果打算买十种东西，那么事先不把它们记录下来，就有可能会遗漏一些。

短期记忆是短暂的，短期记忆中保留的信息只能维持很短的一段时间，除非这些信息被进一步转移到长期记忆中。只有努力维持这些信息，才能将它们保留下来，不然这些信息就会从记忆中消失。

③ 长期记忆。长期记忆是指外界刺激以极短的时间呈现后，保持时间在一分钟以上、直到数年及终生的记忆。人们日常生活中随时表现出的动作、技能、语言、文学、态度、观念，以及有组织、有系统的知识等，均属于长期记忆。长期记忆被认为是语义和视听信息的永久存储所，各种事件、物体、处理规则、事物属性、感觉方式、背景资料等均可存储在长期记忆中。

长期记忆是真正的信息库，有巨大的容量，保存着我们将来可以运用的各种知识和信息，并且能够长久保存。短期记忆中的信息通过不断重复和充分加工之后进入长期记忆，便可以在头脑中保持很长的时间。

长期记忆包括两种：情景记忆和语义记忆，如表 6-1 所示。

> **思政小课堂**
>
> 在当今市场经济形势下，创造记忆点是一个技术活。作为长期记忆的一种，历史记忆能够满足社会个体需要，是人们探寻自我归属、强化身份认同、形成理想信念的重要源泉，同时能够满足社会需要，是爱国主义、政治认同和社会动员的力量。将市场经济的记忆点创造与历史记忆相结合，更容易引发大部分人的共鸣。

表 6-1　长期记忆的分类

类　　别	方式与内容
情景记忆	指过去的经历，以及与这些经历相关的情绪和感觉，如听过的某场音乐会或丢掉的某件珍贵的礼物等。每个人都有特有的经历和体验，所以情景记忆都具有个性化特征
语义记忆	存储的信息并不都是关于某些特定经历的，关于世界的很多知识都独立于某一具体的情境，如消费者对数字的语义记忆会影响其感知价值，进而影响消费选择

情景记忆和语义记忆除存储的信息不同外，在其他方面也有区别。情景记忆以一个人的经历为参照，以时间、空间为框架，容易受干扰；语义记忆则以一般知识为参照，很少变换，比较稳定。

长期记忆是使信息能被长期保留的系统。为了使信息能从短期记忆进入长期记忆，通常需要进行详细的审查。这一审查过程包括思考刺激的含义，并把它与记忆中已有的其他信息相联系。厂商有时会通过设计出消费者能重复的简短而有吸引力的广告语或小插曲来促进这一过程，使信息进入消费者的长期记忆。

记忆系统三种类型的对比如表 6-2 所示。

表 6-2 记忆系统三种类型的对比

记忆系统	存储信息	容量	持续时间
感觉记忆	短暂储存感官信息	高	几秒以内
短期记忆	短暂储存使用中的信息	有限	一分钟以内
长期记忆	信息储存相对持久	无限	长期或永久

6.5.2 记忆对消费者购买行为的影响

记忆是个体经验积累和心理发展的前提，作为一种基本的心理过程，它是和其他心理活动密切联系的。消费者的每次购物活动不仅需要新的信息、新的知识，还需要参照以往对商品或劳务的情感体验、知识和经验。换句话说，记忆帮助消费者积累大量的商品知识和购买、使用经验，这些就成为以后消费活动的参考依据。在以后的消费活动中，消费者会自觉地利用记忆材料，如过去的使用经验、广告宣传、效果印象等对商品进行评价，这有助于消费者全面、准确地认识商品，并做出正确的购买决策。尤其是对一些价格昂贵的消费品，消费者大都会经过慎重的挑选、比较、权衡，才决定是否购买。因此，信息在消费者记忆中如何组织就成为专家和营销人员十分关心的问题。

6.5.3 基于消费者记忆的营销策略

记忆在人的心理活动及实践活动中起着十分重要的作用。由于记忆，人们才能保持、积累经验，从而形成各自的个性心理特征。研究表明，人的知觉如果没有记忆参与就不可能实现，没有记忆也不可能有思维活动。就人的实践活动而言，没有哪种活动不需要记忆这种心理现象的参与。记忆对人的实践活动具有推动作用，企业在商品的设计、包装、营销中利用消费者记忆的规律、特点，有助于提高企业知名度，有助于商品的推广，有助于提高企业效益。

1. 加深消费者的记忆

记忆可以使消费者做出合理的预期，并有选择地接触产品；记忆能够影响消费者的注意过程，记忆最深刻的内容最容易引起反应；记忆还能影响消费者对产品、服务及其价值的理解。记忆无时无刻不在产生，同时又无时无刻不在被遗忘。如何才能加深消费者的记忆呢？企业可以通过一些信息处理方式影响消费者的记忆。

（1）信息分组

组块实际上是一种信息的组织或再编码。人们利用储存在长期记忆中的知识对短期记忆的信息加以分组，从而构成人们所熟悉的、有意义的且较大的信息单位。分组的作用在于减少短期记忆中的信息单位，增加每一单位所包含的信息。个体的短期记忆可以处理 3~4 个信息块，将较小的信息合并成一个信息块可以提高记忆。例如，我们在记忆手机号码时通常会把 11 位数字分成 3 个组块来处理，而不是把每个数字单独进行处理。

营销人员可以通过把大量信息分成一个个组块来帮助消费者把短期记忆中的信息转移到长期记忆中。例如，使用缩写的品牌名称可以把较长的信息缩减成一个组块，如KFC（肯德基），这样消费者记起来会更容易，记忆也会更深刻。

（2）信息重复

信息分组可以降低信息在短期记忆中被遗忘的可能性，信息重复则可以影响信息在短期记忆中迁移到长期记忆中的成功率。信息重复意味着消费者主动和有意识地试图记住信息，可以是默默地复习，也可以是积极地思考这些信息及其含义。当消费者重复遇到一则信息时，该信息进入长期记忆并被记住的可能性就会大大增加。

（3）精细加工

信息被进一步精细加工之后，便会转移到长期记忆中。虽然人们可以通过粗浅的加工和重复记住信息，但这种方式常常不够有效。更持久的记忆往往来源于更深刻的加工，特别是当消费者把新的信息与之前的知识经验建立起联系之后，新的记忆便会保存得更加长久。

例如，当消费者看到一则广告推荐某种产品时，可能会想象自己在日常生活中如何使用这种产品，从而对产品和广告形成更加深刻的记忆。

营销人员可以运用不同的策略进一步提高消费者对信息精细加工的可能性，如新颖和超出预期的刺激、信息内容与形式之间某种程度的不一致、广告中的各种元素指向一个共同的主题、使用具体而不是抽象的文字、在同一则广告中反复传递相同的内容、鼓励自我参照等。

2. 有效刺激消费者的记忆提取

消费者记忆的过程是识记（信息编码）—保持（信息存储）—再认或回忆（信息提取）。记忆的提取会受到信息特点、信息加工过程和消费者特点的影响。在营销方面，营销人员要充分利用信息的特点来刺激消费者的注意，使消费者主动、自愿地去获取信息；要通过对信息的加工，使消费者储存的信息更加牢固；要通过对消费者的特点进行分析，制作更利于消费者有效提取的信息。

消费者记忆的提取会影响其消费选择，进而影响其购买行为，所以有效刺激消费者记忆的提取对于营销人员来说尤为重要。

（1）信息的特点

记忆的提取不仅会受到信息是否凸显、是否具有代表性的影响，还会受到信息的可传递性的影响。影响消费者记忆提取的信息的特点如表6-3所示。

表6-3 影响消费者记忆提取的信息特点与方式

特　点	方　式
凸显性	若某则信息很突出、很明显，或者处于运动状态，这个刺激就会从其所处的大环境中凸显出来，该信息则更能吸引消费者的注意力。凸显性使消费者更愿意对这些信息进行更深层次的加工和处理，建立更强的记忆线索
代表性	对于某种产品，消费者通常更容易记住具有代表性或著名的品牌。由于这些品牌广泛传播，因此消费者对这些品牌的记忆线索就会不断地被强化
可传递性	信息可以通过语言、表情、动作、报刊、书籍、广播、电视、电话等方式进行传递，信息的不断扩散可以加深消费者的记忆

（2）信息加工的过程

信息在短期记忆中的处理模式影响记忆的提取。研究表明，通过感觉编码存储起来的信息会比通过语义编码进行加工的信息让消费者记得更牢。例如，当消费者看到一则广告信息时，如果先对广告信息形成一种心理意象，那么他们对这些信息的记忆就会大幅提高。这些信息通常以图像或文字的形式在人脑中被加工处理，在记忆中建立起很多的关联，而这些关联可以帮助消费者追溯记忆中的信息，提高信息被提取的概率。语义编码只有文字一种形式，所以提取语义编码的记忆只有文字一种途径。

感觉编码不仅包括图像，还有文字信息。图像、形象化的文字或者形象化的引导可以促进信息的双重加工。当消费者看到熟悉的文字时，他们可以自行生成与之相对应的视觉影像。事实上，消费者在处理文字信息和相关图像时一般会进行双重加工，从而在一种加工方式存在的情况下促进另一种加工方式的记忆提取。

（3）消费者的特点

消费者自身的因素也会影响记忆的提取，影响因素和方式如图6-4所示。

表6-4　影响消费者提取记忆的因素与方式

因素	方式
专业性	消费者的专业知识能在记忆中形成概念框架，影响其记忆的网络联结。复杂的网络联结能使其记住更多的品牌、品牌属性、产品特点等信息
心情	消费者把某个概念存储在记忆中时会同时记住与这个概念相关的情绪体验。心情影响记忆的提取，消费者更容易记住那些与其心情相符的信息

心情对消费者记忆提取的影响是多种多样的。通常，消费者在心情愉悦时，更容易想起积极的信息；消费者在心情低落时，消极的记忆更容易涌上心头。例如，在红星二锅头的广告文案中，"敬，不甘平凡的我们"将目标对准北漂青年，将漂泊在外的游子的孤独感进行了形象的刻画，更容易引起出门在外打拼的年轻人的情感共鸣，使其记忆深刻，无论是在他们成功时还是孤独失落时，都能激发其对记忆的提取。

> **案例链接**
>
> 999感冒灵，温暖的感觉，深刻的记忆
>
> 999感冒灵的视频广告让无数人泪目，因为它戳中了人们内心伪装的坚强……它的广告语传递给人们这样的信息：
>
> 　　即使生活再困难，背后也总有人在爱你、支持你
> 　　每个人都自顾不暇，没有人会在意你的感受
> 　　每个人都小心翼翼地活着，没有人会在乎你的境遇
> 　　行色匆匆的人群里，你一点儿都不特别，也不会被优待
> 　　你的苦楚，不过是别人眼里的笑话
> 　　人心冷漠的世界里，每个人都无处可逃
> 　　但是这个世界，不会好了吗
>
> 在广告的最后，999感冒灵告诉我们：很多时候我们看不到生活的光亮，以为只有自己孤独赶路，其实在你看不到的地方，有人正偷偷爱着你，即使只是一个善意的眼神、一句关怀的话语。

> 这则广告充分利用信息的特点,在感觉编码过程中对信息进行图像、文字的加工,信息的双重加工使消费者的记忆更加牢固。它充分考虑了消费者的心情,抓住了消费者心理及生理的需要,使其记住了与这个概念一致的情绪体验,所以更利于刺激消费者对记忆的提取。

3. 减少消费者记忆的遗忘

短期记忆的保存时间很短暂;长期记忆虽然保存的时间相对较长,但记忆会随着时间的流逝自然消退,从而出现遗忘。遗忘是指在记忆中提取信息失败的现象,对识记过的内容不能再认或回忆,或者表现为错误的再认或回忆。例如,出门忘记带钥匙,或者不记得把某种物品放在哪里。遗忘在一定程度上会影响消费者购买、消费和处置产品等一系列行为。

记忆的痕迹随着时间的推移会变得越来越模糊,常常是因为这些记忆没有被提取过、没有被重复使用过。如果我们经常重复信息、精细加工信息与反复提取信息,记忆衰退的可能性就会大大降低。

人们常常会主观地认为自己脑海中的记忆会保存得很完整,但事实上记忆是最不可靠的。每当唤醒一段记忆时,都有可能会想不起某些片段,或者无意识地对其进行加工和再创作。其实,记忆的精确度并不高,而我们往往不会记得自己忘记了什么。因此,在营销方面,企业要接受消费者遗忘这一事实,运用各种策略和一些记忆规律来帮助消费者减少遗忘。

最早对遗忘现象进行实验研究的是德国心理学家艾宾浩斯。他经过研究发现遗忘几乎是与信息同时发生的,遗忘的进程是不均匀的,表现为先快后慢。他根据实验结果绘成的描述遗忘进程的曲线,即艾宾浩斯遗忘曲线,如图6-15所示。

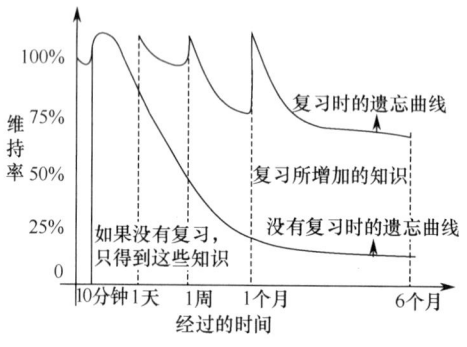

图6-15 艾宾浩斯遗忘曲线

在营销方面,消费者看到广告之后是否能够记住也遵循这些规律。当消费者看完广告20分钟后,记忆量剩余58.2%;一小时后,记忆量已经不足50%。其实,消费者对广告的遗忘速度虽然在初期很快,但随着时间的推移会逐渐减慢,一段时间之后几乎就不再遗忘了。

艾宾浩斯关于遗忘的量化数据为企业制订帮助消费者减少遗忘的营销方案提供了支持,对于何时投放广告有着重要的参考价值。通常在消费者接触第一个广告之后,要在短时间内让广告反复曝光,以免消费者在短时间内快速遗忘,这样有利于消费者形成长期记忆。

艾宾浩斯的开创性研究引发了两个重要发现：一是描述遗忘进程的遗忘曲线，二是揭示了长期记忆中的信息能够保留数十年。在这数十年期间，如果信息被再次启用，很快就会恢复到原有水平；如果不再使用，就有可能完全忘记，但事实上遗忘绝不是彻底的。

除时间外，识记材料的性质、数量、系列位置，以及学习程度、学习时的情绪等因素，都会对遗忘的进程产生不同程度的影响。

（1）突出材料的性质

一般来说，熟练的动作遗忘得较慢。如果以前拥有一项技能，即便过了很长一段时间，在需要的时候稍加练习即能恢复。同样，有意义的材料较无意义的材料遗忘得慢，形象强和主题突出的材料比平淡、缺乏形象性的材料遗忘得慢。对广告主来说，广告主题、情境、图像等要具有独特性和显著性，这样才能使广告内容更容易被消费者记住并长期保持。

（2）材料的数量要适宜

识记数量越大，识记后遗忘得就越多，所以要尽量使材料的数量适宜。例如，对于广告而言，内容应简单明了，广告词要简短、便于记忆。

（3）材料的系列位置很重要

对于系列性材料来说，一般开始部分最容易被人记住，其次是末尾部分，中间偏后的内容最容易被遗忘。之所以如此，是因为前后的学习材料互相干扰，即前面学习的材料会受到后面学习材料的干扰，中间学习的材料会受到前、后两部分学习材料的干扰，因此较难记忆，也更容易遗忘。

（4）保持较高的学习程度

一般来说，学习的熟练程度越高，记忆效果越好。研究发现，学习程度达 150%，记忆效果最佳；低于或超过这个限度，记忆的效果都会下降。

（5）学习时保持积极的情绪状态

心情愉快时习得的材料记忆保持的时间更长，而焦虑、沮丧、紧张时所学习的内容更容易遗忘。研究发现，在阅读广告时，处于积极情绪状态下的消费者对产品的评价最高，其次是处于正常情绪状态下的消费者，而处于消极情绪状态下的消费者对产品的评价最低。由此可以看出，信息获取时的情绪状态对信息如何编码有着直接的影响。

> **案例链接**
>
> **果冻布丁"喜之郎"——童年的记忆**
>
> 喜之郎是中国果冻食品领域的品牌，其产品深受消费者的喜爱，特别是深受少年儿童的喜爱（见图 6-16）。"果冻布丁喜之郎"这一简短的广告语，直接将喜之郎品牌输入消费者的大脑中，垄断了消费者对一个产品类别的联想，制造了品牌与行业的唯一相关性，有效地建立了行业壁垒，令竞争产品难以突破。
>
> 喜之郎品牌已经深入人心，成了很多消费者购买果冻的首选，这主要是反复广告的效果。喜之郎通过密集的电视台广告，将记忆植入消费者的头脑中。简单的广告词既便于记忆，又利于传播，特别是果冻产品所针对的主要消费群体是少年儿童，简单明了便于他们形成印象深刻的记忆。材料性质突出，数量少，又便于

记忆，并且轰炸式的广告让消费者更多地接触产品信息，长时间地与产品信息保持接触，从而让其保持长久的记忆。因此，"果冻布丁喜之郎"成了每个中国儿童童年的记忆。

图 6-16　喜之郎果冻

思政案例

正能量的强大影响力：庆丰包子

2013 年，庆丰包子铺因为习近平总书记的一次光临，走进了人们的视野，上了热搜，而庆丰包子铺的爆红，可不仅仅是因为被正能量光顾，也是因为它自己本身有着满满的正能量。

庆丰包子铺创建于 1948 年，经营至今，小小的包子已经成为北京市特色小吃，而老字号庆丰包子铺也逐步引入国际快餐连锁经营理念，焕发出新的活力。2004 年年末，北京西城区国资委将"庆丰"划归给华天饮食集团公司，在公司朱玉岭总经理的领导下，仅一年时间"庆丰"就发展到七家。同时，他们外请专家为其做了 CI 设计，包括店铺内外装修风格、店铺标识、店铺格局装饰、餐具款式、服装服饰等实现了全部统一。中式风格兼具现代气息的门脸铺面，装修雅致，醒目大气；店内明厨亮灶，通透明亮。这些使庆丰包子铺走上了连锁经营之路：有了统一的企业标识、统一的企业形象、统一的主营品类、统一的价格标准、统一的质量标准和服务标准。目前，庆丰包子铺成为京城最大的包子连锁企业。

庆丰包子铺虽然不如"狗不理包子"有名，但是只要和一些上点岁数的顾客提起"庆丰包子铺"，他们的感受大都会是那里的包子"真的很好吃""吃过一次你就喜欢上了""包子种类很多""馅料也很全""价钱不贵""是个很实惠的充饥的地方"。庆丰包子铺的经营品类符合中国人的饮食习惯，老少皆宜，价格适中，贴近百姓，服务工薪阶层，是具有大众基础的快餐品种，具有广阔的发展空间。

"品质、清洁、服务、实惠、体验、健康"是庆丰包子铺的经营理念，"坚持走连锁加盟之路，创出一条中式快餐发展道路"是庆丰包子铺追求的目标。因为 2013 年 12 月 30 日习近平总书记的一次光顾，庆丰包子铺名声更噪，越来越多人得知庆丰包子铺可以加盟的信息后，全国各地的加盟者络绎不绝，纷纷加入这个正能量满满的包子事业。往常企业每天大约会接到百十来份加盟咨询和申请，现在增加到了三四百份。

思考： 请结合案例和所学知识谈一谈庆丰包子铺的经营是如何发展成一项正能量满满的事业的。

分析提示： 庆丰包子铺能大火，不仅因为习近平总书记的光顾，也因为它本身有着满满的正能量：它有统一的企业标识、统一的企业形象、统一的主营品类、统一的价格标准、统一的质量标准和服务标准，这使"庆丰包子铺"走上了连锁经营之路；庆丰包子铺经营品类符合中国人的饮食习惯，老少皆宜，价格适中，贴近百姓，服务工薪阶层，是具有大众基础的快餐品种。

本章小结

市场活动中，了解消费者需要、消费者动机、消费者心理活动等内部因素，在此基础上开展合适的、有针对性的广告、营销与消费活动，是市场良好运行的基础。

消费者的心理活动过程是消费者在购买行为中发生的心理活动的全过程，是消费者的各种心理现象对客观现实的动态反映，它又反过来作用于消费者的行为。本章中主要从消费者的知觉、消费者的学习、消费者的态度、消费者的情绪与消费者的记忆这五个部分对消费者的心理活动做了系统的阐述。

人们的消费活动是一个充满情感色彩的过程。情感过程反映的是客观事物与人的需要之间的关系，是对客观事物所产生的一定态度和体验。创造良好的营销氛围，诱发消费者的情感，有利于购买行为的实现。在消费者的购买活动中，从消费心理的产生、变化到消费行为的实施，除有一定的生理机制作为基础外，还需要一定的心理机能作为保证，努力排除各种内外干扰因素的影响，自觉实施购买行为，这一过程包含了知觉、学习、态度、情绪、记忆等方面的内容，即消费者的心理过程。

知觉是消费者进行选择、组织及解释外界的刺激，并给予有意义及完整图像的一个过程；学习指的是由于信息与经验的影响所产生的一种行为上、情感上及思想上相当持久的改变；态度是消费者确定购买决策、执行购买行为的心理倾向的重要体现；情绪是消费者对客观事物的情感体验及相应的反应行为；记忆可以使消费者做出合理的预期并影响消费者的整个消费过程。

这五个部分共存互用，共同影响着消费者的心理活动过程，从而影响消费者的行为。对消费者心理活动的分析，既能进一步满足消费者需求、满足市场需求，又可进一步加强企业市场营销策略的科学性、系统性和有效性，有利于从整体上把握消费者行为，激发市场活力。

课后练习

第7章
影响消费者行为的外部因素——社会环境

学习目标

- 掌握文化的含义和基本特征
- 了解亚文化群体的典型分类
- 理解内在和外在经济因素对消费者行为的影响
- 掌握家庭的含义与功能
- 理解家庭生命周期的概念和家庭购买决策的类型
- 理解家庭因素对消费者行为的影响

7.1 文化与消费者行为

> **案例引入**
>
> **华为麦芒：年轻，就要勇敢前行**
>
> 国产手机领导品牌"华为"非常重视用户需求，因此也收获了众多手机粉丝用户。华为能充分了解消费者的需求，针对消费者的特征做出一系列让人喜爱的产品，从而在智能手机发展浪潮中站稳脚跟。华为手机针对年轻人群打造"麦芒"年轻手机品牌，在2000元档次形成系列化产品布局；华为发力中高端，以旗舰智能机进入高端智能机领域，以性能和时尚赢得消费者青睐；华为还以"千元智能机"的领先优势和品牌力夯实了市场。为做好品牌与用户的融合，华为将"青春是一种刺，穿透虚伪，挑破陈规，用棱角，改变世界的圆滑"作为麦芒手机的广告标语，迅速在年轻群体中产生了共鸣，它所倡导的"年轻，就要勇敢前行"这一文化理念也备受用户青睐。
>
> **思考**：华为在销售"麦芒"品牌智能手机的过程中，有哪些文化因素影响了消费者的购买行为？

> 分析提示：在影响消费者行为的文化因素中，文化的差异性、亚文化因素中的年龄因素及流行文化都会对购买"麦芒"手机的消费者行为带来影响，从而促进该系列手机所倡导的文化理念在全行业中脱颖而出，获得行业竞争力。本案例可以从上述几个方面入手去思考。

7.1.1 文化概述与特征

"文化"一词来源于古拉丁文，原意为"耕作""教化"的意思。《易经》最早将"文"和"化"两个字联系起来，提出了"关乎人文，以化成天下"的主张，其意为用儒家的诗书礼乐来教化天下，使社会变得文明而有秩序。文化是人类社会进步的表现。随着社会经济的发展，经济活动都构成了文化的重要组成部分。

1. 文化概述

文化学之父泰勒认为："所谓文化或文明，乃是指知识信仰、艺术、道德、法律、习俗，以及包括作为社会成员的个人而获得的其他任何能力、习惯在内的综合体。"我国学者对文化含义的解释是多种多样的，一般认为文化有广义与狭义之分。

> **学而思，思而学**
> 什么是文化？请列举你所知的消费行为中存在的文化现象。

广义的文化是指人类在社会历史发展的实践过程中所创造的物质财富和精神财富的总和。狭义的文化是指人类精神活动所创造的成果，如哲学、宗教、科学、艺术、道德等。文化是一个系统的概念，其基本的核心是价值观。"文化"这一宏观因素会通过消费者价值体现出来，并且从消费者时代、消费者情境和消费者选择等多方面反映出来。从消费者行为研究角度来看，可以将文化定义为一定社会经过学习获得的、用以指导消费者行为的信念、价值观和习惯的总和。

2. 文化的特征

（1）文化的差异性

在我们所生活的环境中，文化元素无处不在。一个人从出生的那一刻开始，就开始接触和适应其所生活的社会的文化，并在潜移默化中受到这种文化的影响。当一个人长时间处于某种社会的文化当中时，往往不易感受到这种影响。比如在饮食餐具方面，中国人习惯用筷子吃饭，但到了西方国家，人们使用刀叉吃饭的这种文化就区别于中国，这会让刚进入异国他乡的人感到不同文化之间的差异。

每个国家、地区、民族都有自己独特的社会文化，这些文化区别于其他国家、地区、民族，从而体现出社会文化的差异性。比如，全球快餐行业领军者麦当劳推出的牛肉汉堡备受全球美食消费者的欢迎；而在印度，受到宗教的影响，80%的印度人不吃牛肉，于是麦当劳就将牛肉换成当地人喜爱的羊肉，制成羊肉汉堡。企业必须时刻注意不同文化之间的差异，在经营中做到入乡随俗、入境问禁、投其所好，才能被不同的文化群体消费者所接受。

（2）文化的习得性

文化不是随着基因的组合而产生的，而是通过学习而得到的。人们通过文化继承，即学习本民族或本群的文化，保持了文化的延续，并形成了强烈的民族风格与个性。例如，中华民族受到儒家文化的影响，在西方文化的强烈冲击下，仍然保持中庸、谦恭的文化内涵和讲传统、重规范的民族心态。文化移入，即学习外来的文化，对本民族文化的演变和发展有很大程度的影响，甚至一些外来文化可能变成本民族文化的显著特征。例如，中国人穿着的礼服西装，就是学习借鉴了西方服装文化的结果。

（3）文化的适应性

由于一定的客观原因，造成了社会文化的形成和改变，而这种文化现象也是任何企业所不能改变的。因此，企业在进行具体营销活动时，必须研究不同国家、地区、民族、阶层的文化差异，从而使自己的产品适应不同文化环境中的消费者。比如，肯德基为迎合中国人的口味，相继推出了备受中国人欢迎的肯德基"辣鸡翅""鸡腿堡""芙蓉鲜蔬汤"等品种，这对肯德基这家一向注重传统和标准化的老店来说是前所未有的转变。文化变化的过程中，新文化模式的形成和引入会受到人们感兴趣的程度和原有价值观念、行为准则的影响。企业只有深入了解消费者的不同文化心理和风俗习惯，才能有的放矢地做好产品销售。

（4）文化的群体性

文化是特定社会成员所共同具有的。每个国家、每个城市、每个企业乃至部落和家庭，都会形成各自的文化。就民族文化而言，每个民族在其繁衍和发展的过程中都会形成本民族特有的语言、文字、仪式、风俗、习惯、民族性格、民族传统与生活方式。例如，英国文化的典型特征是经验的、现实主义的，由此导致英国人重视经验、保持传统、讲求实际。法国文化则是崇尚理性的，法国人更喜欢能够象征人的个性、性格及反映人精神意念的东西。文化确定了不同文化之间的界限。

（5）文化的变化性

人们的崇尚爱好、生活方式、价值观念等是不断变化的，尽管变化的速度通常十分缓慢，但文化确实会随着环境的变化而变化，有时这种变化还具有周期性。消费市场是反映社会文化变化的一个比较敏感的窗口，因为社会文化的发展变化通常导致市场上某种消费时尚及商品的流行。比如，从时装的发展变化来看，过去人们对于服装的要求是质地精良、做工考究、款式庄重，而现代人们对于服装的要求趋于舒适、自然、宽松、随意。这种在服装风格和款式上表现出来的变化也正反映了人们对生活观念和生活态度的转变。

7.1.2 亚文化概述

1. 亚文化的内涵

亚文化又称集体文化或副文化，是一个相对概念，指的是那些与主文化相对应的非主流的、局部的文化现象，属于某一区域或某个集体所特有的观念和生活方式。一种亚文化不仅包含与主文化相通的价值与观念，也有属于自己的独特的价值与观念。亚文化是整体文化的一个分支，是由各种社会因素和自然因素造成的各地区、各群体文化特殊性的方面。亚文化对人们的心理和行为影响更为具体直接，这一影响在消费行为中体现得尤为明显。通常可以按种族、民族、宗教信仰、地域、年龄、性别、职业、收入、受教育程度等因素将消费者划分为不同的亚文化群，如表7-1所示。

表 7-1 亚文化的类型

人口统计学因素	亚文化群举例
种族	白种人、黄种人、黑种人
民族	汉族、侗族、苗族
宗教信仰	佛教、基督教、伊斯兰教、印度教
地域	东部、西部、南部、北部、中部
年龄	婴幼儿、少年、青年、中年、老年
性别	男性、女性
职业	医生、教师、销售员、部门经理
收入	高收入、中等收入、低收入
受教育程度	小学、中学、大学

2. 亚文化群消费者的特征

（1）独特性

亚文化群以一个社会子群体出现，每个子群体都有各自独特的文化准则和行为规范。当一个亚文化群越是维持这种特色，亚文化对该群体的消费者影响就越大。

（2）同质性

每个亚文化群都会影响本群体内的各个消费者的个体消费行为。一个亚文化越是表现出高度的同质性，它对该文化下消费者的潜在影响就越大。

（3）排他性

当一个亚文化群越排斥社会，或是被社会所排斥，它就越孤立于社会之外。一个亚文化群对本群体的规范和价值维持得越强，该亚文化对消费者的潜在影响就越大。

3. 亚文化群体的分类

（1）年龄亚文化群体

不同年龄阶段的人有着不同的价值观，以及对商品的不同偏好。青年亚文化群体喜欢追求新颖、奇特、时尚，容易产生诱发性、冲动性购买；中年亚文化群体承担着家庭生活的重任，同时扮演着家庭消费品购买决策者的角色，在消费行为中讲求实惠、理性、精心挑选的特征十分明显和突出。在市场上，无论是服装、饰品还是食品，都会针对年龄亚文化群体进行市场细分。

（2）性别亚文化群体

不同性别的亚文化群有着截然不同的消费心理和消费行为。社会上很多的商品都与消费者的性别有关。比如，男性的剃须刀、雪茄烟、领带等，女性的化妆品、香水等，在消费者性别上有着较为明显的区分。随着社会文化的发展，有一些商品的性别诉求概念越来越模糊，如也有一些男性开始使用香水。除此之外，同性恋文化也越来越受关注，人们已经开始慢慢地接受这些人。同性恋者作为一个亚文化群体，也具有其特殊的行为规范和方式。

（3）民族亚文化群体

一个社会中，可将不同民族分为若干文化群。民族亚文化群是人们在历史上经过长期发展而形成的稳定共同体的文化类型，对消费者行为的影响是巨大而深远的。以我国为例，在 56 个民族构成的总体文化下，汉族人口占比 90%以上，少数民族人口少、居住分散，各民族虽然受社会文化的直接影响而带有明显的中华民族烙印，但各民族都保持着自己的传统习俗、宗教信仰、语言文字、生活方式等。比如，藏族的哈达、蒙古族的蒙古袍、维吾尔族的小花帽，无不表现出独特的习俗。

（4）地理亚文化群体

地理亚文化是人们受所处自然地理条件的影响而形成的与气候条件、地形条件有关的生活方式和消费习俗。自然地理环境不仅决定着一个地区的产业和贸易发展格局，而且间接影响着一个地区消费者的生活方式、生活水平、购买力的大小和消费结构，从而在不同的地域形成不同的商业文化。就服饰而言，我国北方人多喜欢穿深色衣物，我国南方人则喜欢穿浅色衣物。就饮食习惯而言，我国北方人多喜欢吃面食，南方人则喜欢吃米。

（5）宗教亚文化群体

不同的宗教有着不同的戒律，产生不同的消费行为。全世界有佛教、伊斯兰教、基督教、天主教等宗教。这些宗教甚至在不同的国家或地域同时存在。宗教信仰者都有各自的信仰、生活方式和消费习惯。

（6）种族亚文化群体

种族亚文化亦称人种亚文化，如白种人、黄种人、黑种人都有着各自独特的文化传统、文化风格和态度，他们即使生活在同一个国家甚至同一座城市，也都会保持自己特殊的要求、爱好和消费习惯。就购买的产品来看，美国的黑种人在衣服、个人服务和家具上的支出要多一些，而白种人在医疗服务、食物和交通上的花费较多。

> **思政小课堂**
>
> 虽然亚文化群体所追求的文化有时与基本文化或者社会主流文化在某些部分或有某种程度的相同，但亚文化群体必然是独特的。每一个亚文化群体的消费者都应当尊重和理解其他文化群体的消费行为。

在现代社会中，消费者的价值观念、生活方式、消费态度总是在不断发生变化，导致新的亚文化群体层出不穷。通过对新的亚文化群体的分析，营销人员可以了解目标市场的需求状况和消费行为特征，从而提高营销策划的目的性和针对性，以取得良好的效果。

7.1.3 文化对消费者行为的影响

关于文化对消费者行为的影响，消费者行为学的一般看法是，"文化"这一宏观因素会通过消费者价值体现出来，消费文化综合和沉积了各种社会、经济、历史和文化的影响。

1．文化价值观对消费者行为的影响

（1）文化价值观的含义

文化价值观是一个社会或群体中的人们所共有的，对于区分事物的好与坏、对与错、符合或违背人的意愿，以及可行与不可行的观念。霍金斯等人解释道，文化价值观导致

了一定的社会规范及不遵守这些规范时的惩罚，而规范与惩罚最终影响了人们的消费模式，如图7-1所示。

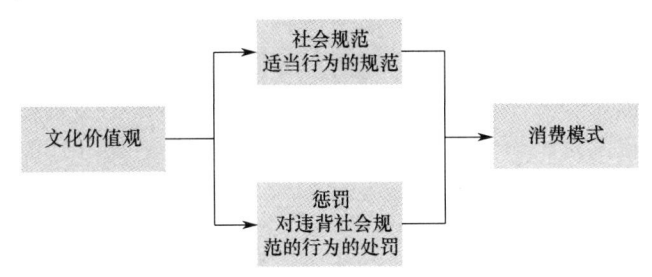

图 7-1　文化价值观、社会规范、惩罚和消费模式

文化价值观有核心价值观和次要价值观之分。文化的核心价值观是指特定的社会或群体在一定历史时期内形成并被人们普遍认同和广泛持有的、占主导地位的价值观念。比如，在当前中国人的价值观中，努力工作、拼命挣钱、多攒一点积蓄以备将来支出等行为似乎成了很多人生活和工作的重心。而以自我为中心、关心身体健康、较少积蓄可以代表美国人的核心价值观。文化的次要价值观是指特定的社会或群体在一定时期内形成并持有的、次要的、居于从属地位的价值观念。

（2）价值观的文化维度

著名的文化学家霍夫斯泰德（Geert Hofstede）提出了具有影响力的文化维度的概念及构成。他所提出的六个文化维度可以用来对各国的文化价值观进行分析和比较。

维度1：个人主义/集体主义

个人主义/集体主义表示个人与群体间的关联程度。

维度2：权利距离

权利距离表示组织或机构内权利较少的成员对权利分配不平等这一事实的接受程度。

维度3：不确定性规避

不确定性规避表示人们对未来不确定性的态度。

维度4：刚柔性

刚柔性也被称为男性化/女性化，表示人们对男性和女性社会角色如何分配的认识，反映人们对性别分工和成就感的态度。

维度5：长期导向

长期导向培育和鼓励以追求未来回报为导向的品德，尤其是坚韧和节俭。

维度6：放纵与约束

放纵与约束与人们是享受生活还是控制享受生活的基本欲望有关。

文化价值观给特定文化下的消费者带来的影响与烙印往往是很难改变的，有时甚至是终身的。处于不同文化维度背景下的消费者，其生活方式、兴趣爱好、行为方式、道德规范都会受文化价值观的影响而存在巨大的差异。

2. 中国文化对消费者行为的影响

文化作为企业重要的社会环境因素，对消费者行为和企业的影响是广泛且深远的，中国文化对消费者行为的影响也可以通过传统的中国文化特点显现出来。

(1)"根文化"与消费者行为

所谓根文化，是指中国文化以家、国为中心，注重血脉延续、家族传承。根文化深植于中国人的内心深处，影响着人们消费的方方面面。基于根文化概念的消费投入和花费不仅处于优先地位、长久不断，而且往往超出经济能力，主要包括对下一代的教育消费、对上一代的祭祖消费，以及对婚丧嫁娶、添丁满月、升学乔迁的仪式消费，还有过年过节的节庆消费及房地产消费等。

(2)"和文化"与消费者行为

中国人注重与自己所处的环境保持和谐统一，因为受中国传统文化的影响，中国人认为人与自然是"和谐"的关系。在消费行为方面，中国消费者一般喜欢新鲜的、原汁原味的食物。在产品的包装及其文化背景方面，产品应该体现出中国文化的人文精神。在商品的交易过程中，交易行为往往遵循"和气生财、以和为贵"之道，体现各种不同思想文化的交互渗透和包容。

(3)"面子文化"与消费者行为

无论是在古代还是在今天，中国人都追求脸面，将送礼、维系关系等视为基本需要，将争脸、给面子和礼尚往来列入基本行为规范，从而形成中国社会中恒久而普遍的面子消费行为。中国人往往以"为了强化别人眼中自己的形象"为购买动机，以此维护自己的"面子"和社会地位。

(4)"关系文化"与消费者行为

在中国人的文化和社会中，关系是非常基本且十分重要的，关系文化是中国的特色文化之一。在关系文化条件下，消费者的交易活动往往不是单纯的经济利益算计，还有人情往来、互惠交换等微妙、复杂的方面。消费者的购买行为往往不仅仅是一次经济交易，更是一种社会互动和关系交往。中国人送礼是传递感情和表达美好愿望的一种必不可少的手段，礼品的品质越高，代表送礼人的诚意越高，也表现出其想要维系这段关系的意愿越强烈。

3. 流行文化对消费者行为的影响

流行文化是符合大众口味的文化，它是最容易为大众所接受的文化。流行文化是区别于高层次文化的、通俗的、大众的文化。文化学家雷蒙德·威廉姆斯说过："文化的含义已经转变为对特定意义与价值的特定生活方式的表达，它不仅存在于艺术中，而且存在于日常行为中。"心理学把流行解释为，"以某种目的开始的社会行动，使社会集团的一部分人，在一定时期内，能够一起行动的心理强制。"在当今社会，流行文化风潮越来越多，流行文化的节奏变化也越来越快，这是由多种社会因素共同作用的结果。

(1) 影响消费流行的因素

① 文明程度。消费流行的产生和发展，与社会生产力的发展水平和人类的文明程度密切相关。人类自从有了文明，便有了与之相适应的流行。随着人类的文明程度和生产力水平的逐渐提高，社会商品不断增加，流行成了十分复杂的社会现象。流行文化发展速度增快，寿命周期缩短，其作用和影响力越来越大，几乎可以渗透到人类活动的各个领域。

② 自我个性与表现。消费者渴求生活多样化、追求新奇、乐于表现自我等都是人对个性意识追求的反映，于是社会流行便应运而生。随着时间的推移，原有消费行为为大家所熟悉或习惯后，消费者因为自身个性特点的作用，开始对原有消费行为产生厌倦，转而追求更新的消费行为，这也是影响消费流行的内在动力。

③ 从众、模仿。任何一种消费行为要形成流行趋势，都必须有一定范围内的消费者群体承认和参与。当某一消费行为在一定环境中激起众多消费者好奇、追求的心理时，众多的模仿者和不甘落后的从众者便纷纷效仿，于是流行开始形成，并逐步扩大。比如，春节晚会上的一首歌曲得到观众的喜爱后便被广为传唱。服从多数人的心理趋势和个体自觉接受、模仿社会行为规范的倾向是流行得以产生的重要条件，消费流行也是如此。

④ 广告传播。当广告中的形象、理念和符号被公众接受时，广告就成了流行文化。广告宣传的声势越大、传播越广，商品的知名度越高，对消费者的心理影响就越强。比如"良品铺子"品牌零食在没有进行明星电视代言和广告宣传之前，这个品牌鲜为人知，而在通过电视广告宣传之后，其知名度越来越高，几乎成为了国民零食品牌。广告传播影响和制约着消费流行的强度和范围。

（2）消费流行的内容

消费流行主要可以分为物质流行、精神流行和行为流行。

涉及消费者衣、食、住、行等方面的消费流行，如衣物、化妆品、食品、家具、汽车的流行都是以商品的形式开始流行的。在物质流行中，倡导者的影响力和广告宣传起着极其重要的推动作用。

精神流行主要是指有某种共同心理取向所反映出来的思想、观念、风气的流行。比如，流行歌曲、引人注目的小品节目，以及一些从电视节目中产生的口头语等，都属于精神流行产物。

行为流行主要表现在人们的行为活动方面，它受社会行为观念和文明程度等环境因素的影响较多。比如，越来越多的中老年女性加入广场舞的队伍，人们在闲暇时用手机软件看小视频丰富娱乐生活等，都是行为流行的代表。

视野拓展

年轻化消费趋势成为时尚消费潮流的前提

时尚化已经成为产业争夺消费者的重要策略。有学者认为，现在社会消费呈现年轻化趋势，而年轻人的本性是喜欢标新立异、追求潮流，正是这个市场背景促使很多行业向时尚化发展。在当今的消费品行业，无论是服装、家电、汽车、玩具、文具还是数码产品，都将消费对象瞄准了领导文化潮流时尚的青年一族。时尚化将是很多行业发展的趋势和出路。只要是大众产品，就能向流行化、时尚化的核心价值靠拢，这是打造品牌的必要手段。

物质流行、精神流行、行为流行是相互影响的。思想观念方面的精神流行是物质流行和行为流行的基础，物质流行与行为流行是精神流行的直接表现。就消费者行为来讲，物质流行更为重要，因为它是影响消费行为的直接因素。

消费者行为分析

> **思政案例**
>
> ### 茅 台
>
> 2020 年 4 月中旬，贵州茅台 A 股市值飙升至 1.49 万亿元，问鼎全球食品饮料行业冠军。茅台地处经济并不发达的贵州，却在消费市场和投资市场都受到热捧，这不仅源于其产品品质和品牌的长期管理，也根源于中国传统的、经久不衰的酒消费文化。
>
> 中国的酒文化源远流长，是中国宴饮文化中重要的一部分。在现代的社会交往中，酒依然必不可少。宴请通常需要较为珍贵的酒相配，因此昂贵且每年量产有限的茅台就成为宴请酒的最佳选择。
>
> 中国赠礼的传统也是茅台受到追捧的重要原因。在中国文化中，礼物的价值往往不与送礼人的经济能力相关，而与受赠人的社会地位、送礼人对受赠人的重视程度相关。因此，中国消费者送礼时不仅注重礼物本身的价值，也注重受赠人是否能够解读该礼物的价值。每到逢年过节时，茅台都会涨价。茅台的价格逐年提高，这也让茅台具有低风险高回报的投资价值，资本市场的杠杆进一步抬高了茅台的身价。
>
> **思考：** 本案例凸显了哪些影响消费者行为的中国特色文化？
>
> **分析提示：** 茅台酒的这一案例中，凸显了对中国消费者行为影响较大的几个文化价值观。首先是"关系文化"，强调礼尚往来——来而不往非礼也。其次是"面子文化"，送茅台酒代表有脸有面，中国人也比较重视群体舆论。再者是"和文化"，强调与他人相处要和谐、和气、和平、和睦，注重群体认同感。还有"根文化"，茅台酒源于中国传统的、经久不衰的酒文化的发源地贵州，虽然贵州经济并不发达，但是可以从酒消费文化中看出中国人对民族和国家的重视。

7.2 经济与消费者行为

> **案例引入**
>
> ### 市中心的 IMAX 上映了新电影，你去看吗？
>
> 小张是漫威系列电影的忠实粉丝，但是因为近期加班，热映的"复仇者联盟 3"一直没空去看。今天是电影院最后一天放映这部电影，小张手头的工作也终于告一段落了。在网上查询了几家电影院的放映时间后，他最终选定了一家市中心拥有顶级配置的高档电影院，打算约个同事下班后一起去看。他问了同部门的好几个同事，才找到合适的同伴。
>
> 同事小李："为什么要去市中心？那里好远，打车要几十块呢！换个近点的我就陪你去。"
>
> 同事小王："就算不心疼打车那几十块钱，但是下班时路那么堵，到那要一个多小时，我还有事情要做，还是算了吧。"
>
> 同事小谢："那家电影院是全市最贵的，太贵了！我最近手头紧，消费不起。"
>
> 同事小赵："这个系列的电影我不是很感兴趣，还那么远那么贵，你自己去吧。"

同事小黄："我跟你去，虽然前两天我已经看过了，但是我还想再看一遍，之前看的是普通3D的，今天我想感受一下IMAX的效果。"

就这样，在一番讨论之后，小张和小黄终于一拍即合，兴致勃勃地讨论起了漫威的系列作品和观影体验。

思考：在以上的讨论中，这些人做出的决定都受哪些经济因素的影响？

分析提示：从以上因为邀约去电影院看电影的事情而引发的一系列回答中可以看出，每个人对于消费行为的实施是因人而异的。在消费行为中，有些消费者的消费行为是依据个人的个性、自我概念和生活方式而定的，如小张和小黄。但有些消费者的消费行为实施与否与其个人经济水平和消费环境有关，也就是受到了内在经济因素和外在消费环境的影响，如小李、小王和小谢。

7.2.1 内在经济因素对消费者行为的影响

消费者自身的经济状况、一定时期内的收入、储蓄所占比重、能否取得消费信贷等内在经济因素都会在一定程度上制约消费者的消费行为。

> **学而思，思而学**
> 请思考经济因素与消费者行为的关系。

1. 消费者的收入状况

消费者收入是指消费者个人从各种来源所获得的货币收入，通常包括工资、奖金、其他劳动收入、退休金、助学金、红利、馈赠及出租收入等。消费者收入是消费者购买力的主要来源，也是社会购买力的重要组成部分。

消费者的收入水平对消费者行为具有直接、显著的影响。消费者的收入水平越高、收入来源越稳定，他们对生活的安全感和稳定感就越强，消费欲望也会随之增长，对商品的购买表现出求新、求好的心理。反之，消费者的收入水平越低、收入来源越不稳定，他们对生活的安全感和稳定感就越低，消费欲望也会随之降低，对商品的购买和选择表现为求廉的心理。

消费者的收入状况对消费者行为的影响可以表现为不同的形式。

（1）消费者的绝对收入变化和相对收入变化

① 消费者的绝对收入变化是指消费者所获得的货币及其他物质形式收入总量的升降变动。一般情况下，消费者的货币收入增加时，消费者的需求欲望就随之增强；反之则减弱。

② 消费者的相对收入变化是指在消费者绝对收入不变的情况下，由于其他社会因素，如价格、分配及宏观经济形势的变化等，引起原有对比关系的变动，从而使收入发生实际升降的变动。相对收入变化对消费者行为的影响主要表现为以下两种情况。

情况1：消费者本人的绝对收入没有发生变化，而其他消费者的绝对收入发生变化；或是消费者本人绝对收入的变动幅度大于或小于其他消费者绝对收入的变动幅度。这种变化在短时间内不易被察觉，对消费者短期的消费行为也不构成影响，只有在经过一段时间的对比之后，才会对消费行为构成影响。比如，当某消费者或消费者群体的收入相对于其他消费者或消费群体有所下降时，最初由于模仿的作用而并未察觉，继续与其他消费者或消费群体在同等水平上进行消费，但是经过一段时间后，消费者便会感知到由于收入降低，已不能与那些收入相对提高的消费者或群体保持同等消费的方式，而必须逐步降至与自身收入相等的水平上来。

情况2：消费者的绝对收入没有发生变化，而市场商品价格发生变化，使原有收入可购买的商品在数量上发生了增减变化；或者是消费者的绝对收入的变化幅度大于或小于商品价格的变动幅度，这种变动会对消费者的心理欲望产生直接影响。当消费者的绝对收入和相对收入变化同增或同降时，一般不会对消费者行为产生太大影响。但是当消费者绝对收入和相对收入变化呈反向变动时，这种变动对消费者的心理和行为带来的影响还是较大的。比如，当消费者的绝对收入增加，消费需求和购买欲望增强，但同时物价上涨的幅度大于自己收入增加的幅度或是其他消费者的收入增加幅度大于自身收入增加的幅度时，消费者原有的消费欲望和需求就会受到打击，转而出现不稳定或失望的心理感觉。

（2）消费者的现期收入和预期收入

① 消费者的现期收入是指在当前条件下，消费者的收入水平。现期收入不反映社会其他因素对收入的影响，只反映当时的收入总量。

② 消费者的预期收入是指消费者以现期收入为基础，以当时的社会环境为条件，对今后收入的一种预计和估算。这种预计和估算，取决于消费者对个人能力的信心和对社会发展前景的信心。

一般情况下，当消费者预估的预期收入高于现期收入时，消费者自身可能增加现期的消费支出，甚至敢于举债消费，以提高现期的消费水平。但是当消费者预估的预期收入低于现期收入时，消费者可能会降低消费水平，减少日常支出，而较多地用于积蓄或投资，以期获得未来收益，为未来生活提供基本保障。在当前社会经济环境中，一部分中老年人由于自身能力的下降，缺乏对未来的信心，就会有这种表现。

2. 消费者的储蓄和信贷情况

（1）消费者的储蓄

储蓄来源于消费者的货币收入，其最终目的是消费。但在一定时期内货币收入水平不变的情况下，如果储蓄增加，消费者的消费水平和消费支出就会降低；如果储蓄减少，消费者的消费水平和消费支出就会增加。因此，储蓄的增减变化会引起市场需求规模和消费结构的变动，对企业的营销活动也会产生或近或远的影响。

（2）消费者的信贷

消费者信贷是指消费者凭借信用取得的商品使用权，然后按期归还贷款以购买商品。我国消费信贷的形式有信用卡信贷、分期付款、短期赊销等形式。消费者的信贷也是影响消费者行为的一个重要因素。随着消费信贷的形式逐渐多样化，我们也经常看到越来越多的消费者购房采用贷款办按揭的情况。由于消费者可以用贷款来购买商品，因而消费者信贷的规模和变化会影响消费者的购买力和消费支出变动。

在信贷消费快速发展的今天，我们必须明确消费信贷的界限，即消费者借贷的是未来用于储蓄的货币，而不能借贷未来的"饭钱"——还款能力。借贷消费中大量的"冒险行为"对未来消费者个人和家庭，以及经济和社会都将带来严重的后果。

7.2.2 外在经济因素对消费者行为的影响

外在经济因素对消费者行为的影响主要分析的是社会、经济、社会行为观念及其变化对消费行为的影响。

1. 经济发展水平与消费者行为

（1）商品供应量对消费行为的影响

社会经济发展水平不同，会直接影响商品的供应数量和质量，在此基础上形成的消费心理和行为也不同。比如，在计划经济时期，由于当时社会的物质缺乏，人们的消费欲望被压制，在穿着方面通常有"新三年，旧三年，缝缝补补又三年"的观念。随着改革开放的道路越走越宽，社会生产力的水平逐渐上升，人们的消费活力被大大激发，这促进了消费流行的发展。而在社会经济高速发展的当代，随着丰富和多样化的商品消费时代的到来，消费者更加追求自我设计与个性展示。

（2）经济周期对消费行为的影响

作为市场经济条件下的一种常见现象，经济周期会对企业的生产经营活动产生一定的影响。当然，这又会进一步对消费者的消费行为产生影响。美国经济学家米切尔认为，经济周期是以商业经济周期为主的国家总体经济活动的一种波动，一个周期由很多经济活动近乎同时的扩张，继而衰退、收缩和复苏所组成，且这种变动重复出现。消费者会根据自己所处经济阶段的不同来改变消费决定。

（3）不同经济发展水平下的生活环境对消费行为的影响

不同经济发展水平下的生活环境会产生不同的消费行为。比如，我国许多较为发达的地区，城市化趋势较为明显。在城市中，人对自然的干预最为强烈，人口越集中，自然状态下的生活环境变化就越大，对消费者行为的影响也越大。由于人口密度过大，生活空间相对狭小，空气污染等现象会让消费者产生焦躁不安、精神厌倦等负面情绪。而大多数城市消费者为了适应这种生活环境，产生了乡村或野外郊游热。归根结底，这种消费行为的出现是由于社会经济发展引起的社会生活环境变化所致。

2. 社会生产关系与消费者行为

（1）商品消费性质与消费者行为

商品的分配性质直接制约着不同社会阶层和不同社会群体的消费行为和消费心理，使他们的消费带有特定的社会性质和心理倾向。比如，"朱门酒肉臭"的消费方式只能是不劳而获者奢侈、炫耀的消费行为，而劳动者即使在相对富有的条件下，其消费行为也是以节俭为基础的丰盛，以及在理性消费下求新、求好、求美的消费行为。

（2）经济体制与消费者行为

不同类型的经济体制会对消费者行为的形成产生不同的影响。比如，在新中国成立最初的几十年里，我国一直保持着一种高度集中的计划或以计划为主的经济体制，在消费领域就是以行政手段为主的供给制与半供给制形式，这让消费者行为也表现为简单的接受型消费。而到了今天，市场经济体制的建立，使消费者行为发生了巨大的变化。目前市场上绝大多数商品价格可以随市场供求有序变动，消费者行为也转变为适应市场经济条件的新型消费模式。形成于一定生产力水平之上的社会生产关系制约着消费者的总体消费活动，影响着消费者行为的形成、发展与变化。

消费者行为分析

> **思政案例**
>
> **人均储蓄3万元：钱不多才不敢随便花**
>
> 据央行数据显示：我国居民人均储蓄超过3万元，是人均储蓄最多的国家；居民储蓄率超过50%，是全球储蓄率最高的国家。专家指出，过高的储蓄率暴露出消费低迷、内需乏力等经济问题，并非好事。同时也说明百姓对未来缺乏安全感，寄希望于增加储蓄以防范风险的心理。政府未来应在教育、医疗、养老等方面加大财政投入，减少居民预防性存款。
>
> 与储蓄持续上涨形成对比的是，居民消费率却下跌到35%的低谷。大家有钱不敢花，主要原因是老百姓对未来缺乏安全感而促使预防性储蓄增加。高储蓄反映出居民投资渠道少，只能把钱存进银行。
>
> **思考**：结合以上案例，查阅相关资料，分析中国居民的高储蓄状况受到哪些经济因素的影响。
>
> **分析提示**：中国居民的高储蓄状况受经济内生动力不足、供给增长大于需求增长、居民收入不高等因素的影响。在未来改变此现状时，需要加大社会安全网建设，政府应该在教育、医疗、养老等方面加大财政投入，还需提高居民收入以减少普通居民预防性存款。此外，应进一步拓宽百姓投资渠道，加快发展直接投资，增加居民财富的保值增值途径。同时，还应完善和规范信用体系，推动消费信贷全面普及；优化消费环境，规范市场秩序，提供多层次的消费产品，提升居民的消费能力。

7.3 家庭与消费者行为

> **案例引入**
>
> **旅游企业：迎合家庭消费者**
>
> 随着人们生活水平的不断提高，消费观念也开始发生转变。外出旅游成为许多人度假方式的首选，每当节假日来临之际，经常会听到"你家过节准备到什么地方玩"的对话。对此，一些精明的旅游企业就把目光盯在家庭旅游这块蛋糕上了。目前家庭旅游表现的类型主要有以下几类：
>
> 一是亲子型。对于核心家庭来说，带着孩子外出游玩主要是为了让他们增长见识，陶冶情操。但核心家庭出游也有一定的限制。比如，孩子太小的时候带着去旅游不方便；读中学的孩子学业太紧，很少舍得花时间出去玩。
>
> 二是情侣型。这包括两种情况：一种是新婚期的情侣用旅游的方式开启新生活；另一种是处于空巢期的老年夫妇，他们退休以后，在身体允许的情况下出去旅游。
>
> 三是孝敬父母型。中青年人平时工作忙，很少能陪父母出去旅游。利用节假日陪父母出去旅游，既可以弥补感情歉疚，又可以回报父母的养育之恩。
>
> **思考**：旅游企业在为消费者提供服务时应当考虑哪些家庭因素？
>
> **分析提示**：过去旅游企业推出的旅游产品一般都是大众型的，以为普通游客提供服务为主。在现阶段，旅游企业应当将家庭旅游作为重中之重，首先考虑家庭的具体类型，再结合家庭所具有的功能，更有针对性地打造适合顾客的家庭旅游方案。这样一来，拉动旅游业内需将对经济发展产生不小的影响。

7.3.1 家庭概述

家庭是社会的基本单位，也是很多产品和服务的基本消费单位。不仅大部分家庭用品常常在家庭成员的影响下被购买，家庭也会对消费者个人的购买决策产生影响。

1. 家庭的含义

家庭是指以婚姻、血缘关系或收养关系为基础建立的共同生活的小型群体，它是社会的基本单位。正常情况下，人的一生大都是在家庭中度过的。家庭对个体性格和价值观的形成，以及个体消费与决策具有非常重要的影响。人的社会性首先从家庭中获得，人的自我首先在家庭中形成。人的一生一般会经历两个家庭：一个是父母的家庭，一个是成人后自己组建的家庭。消费者行为必然会受到这两个家庭的影响，一般受原生家庭的影响是间接的，受现在家庭的影响是直接的。

2. 家庭的类型

社会学家一般按照家庭成员的构成把家庭分为以下几种类型。

（1）核心家庭

核心家庭是指一对夫妇与其未成年子女所组成的家庭，或者是只有一对夫妇组成的家庭。核心家庭人数少，结构相对简单，家庭成员之间有频繁且亲密的接触和交流。核心家庭已成为我国当前主要的家庭类型。

> **学而思，思而学**
> 你所在的家庭类型属于哪一种？请用你自己的话描述一下你所在的家庭类型的特点。

（2）主干家庭

主干家庭是指父母和一个已婚子女或未婚兄弟姐妹生活在一起的家庭。这种家庭中至少有两代人，且每代只有一对夫妇（含一方去世或离婚）。最典型的主干家庭形式就是祖父母、父母及未婚子女等直系亲属三代同堂的家庭。主干家庭曾经是我国最主要的家庭类型，但随着社会的发展，主干家庭已不再占据主导地位。

（3）联合家庭

联合家庭是指由父母双方或其中一方和多对已婚子女或未婚子女生活在一起的家庭。比如，父母和已婚子女、未婚子女、孙子孙女、曾孙子女等几代居住在一起的家庭就可以看作一个联合家庭。联合家庭的人口较多，关系较为复杂。

（4）单亲家庭

单亲家庭是指由父亲或母亲其中一方与其未成年子女所组成的家庭。单亲家庭的组成原因可能是父母当中一方亡故，也可能是父母婚姻破裂。现代的单亲家庭还包括未婚妈妈及其生育的子女。

（5）重组家庭

重组家庭是指夫妇双方至少有一人已经经历过一次婚姻，并可有一个或多个前次婚姻的子女和夫妇重组后的子女所构成的家庭。重组家庭的人数相对较多，结构较为复杂。

（6）丁克家庭

"丁克"（DINK）是由"Double Income, No Kids"的首字母组合翻译而来的，意思是夫妻双方都有收入，但没有孩子且没有要孩子的打算。当今的很多大城市里，存在着相当比例的丁克家庭，但即使在人口生育意愿呈下降趋势的情况下，丁克家庭在社会中所占的比例也只是少数。

（7）空巢家庭

空巢家庭是指家庭中子女外出工作、学习，只留下中年或老年夫妇一代人独居的家庭。在 20 世纪 70 年代之前，夫妇生育子女较多，且生育最后一个子女的年龄往往在 45 岁左右，其来不及"空巢"可能就已辞世。而到了现在，我国的夫妇一般只有一到两个子女，孩子长大离家时，父母还较为年轻，因此我国的空巢家庭越来越多。

在不同文化观念影响下或是在同一观念影响下的不同区域，占主导地位的家庭类型也是不同的。我国城市中核心家庭所占比重较大，而在农村地区则以祖父母、父母及其子女所组成的主干家庭为主要家庭类型。

7.3.2 家庭的功能

家庭对人类生存和社会发展所具有的功能是多方面的，能满足人和社会的多种需求。与消费者行为研究关系比较密切的家庭功能主要有经济功能、情感沟通功能、生育功能、抚养和赡养功能、教育和社会化功能。

1. 家庭的经济功能

家庭可以提供和分配物质资源，以满足家庭成员对衣、食、住、行、育、乐等方面的需求。家庭的经济状况决定了家庭成员的购买能力。家庭作为一个基本的消费单位，可以在某段时间里把家庭成员贡献的大部分经济资源集中起来，为了家庭成员的共同利益或主要为了某一个家庭成员的利益而使用。比如，一些家庭里的父母集两个人的经济力量给大学刚毕业的子女买房，完成一些仅凭个人经济能力短期内无法实现的活动。

2. 家庭的情感沟通功能

家庭具有的情感沟通功能可以满足家庭成员的情感需求。家庭是思想、情感沟通最充分、最真实、最便利的场所。对于每个家庭成员而言，各种心理立场的形成、个性的发展、感情的激起和发泄、品德和情操的锤炼、爱的培植和表现，以及精神的安慰和寄托都离不开家庭。由于社会生活节奏的加快，以及多数家庭夫妻均参加工作，家庭成员之间用于情感沟通的时间就显得非常宝贵，于是那些有利于增强家庭成员之间情感交流和缓解情绪的产品和服务就会受到消费者的欢迎。

3. 家庭的生育功能

家庭的生育功能是指男女双方经过公开仪式，达到法定年龄而结婚，生儿育女，繁衍后代的功能。通过生育功能，人类和社会才得以延续。

4. 家庭的抚养和赡养功能

家庭在承担生育功能的同时，也承担了抚养和赡养的功能。对于父母来说，当子女不具备独立生活能力的时候需要抚养，父母对子女有抚养的义务；对于子女来说，父母年老后，或者丧失劳动能力或独立生存的能力时需要赡养，子女对父母有养老的责任。家庭成员之间也会表现出相互供养、给予生活援助的关系。随着国家社会保障制度的不断完善，社会在一定程度上也承担了家庭抚养和赡养的功能。

5. 家庭的教育和社会化功能

家庭的教育和社会化功能包括父母对子女进行教育以帮助其实现社会化，以及家庭成员相互教育已完成再社会化两个方面。子女教育和儿童社会化是家庭教育和社会化功能的主要方面。消费者在儿童时期所习得的行为、观念等，对消费者的一生都将产生较为深远的影响。根据麦克尼尔的理论，很多儿童在 2~3 岁期间会向父母提出购物要求，在 3 岁半的时候就知道自己喜欢的东西摆放在超市的哪个位置，到 5 岁左右就明白了购物需要付钱的事实。同样，当新婚夫妇建立起新家庭时，双方也要学习如何经营家庭，让家庭生活幸福美满，这也是家庭教育功能的一部分。家庭的教育和社会化功能始于儿童期，贯穿人的一生。

7.3.3 家庭生命周期

1. 家庭生命周期的概念

家庭生命周期是反映一个家庭从组建到解体呈循环运动过程的范畴。家庭生命周期以家庭为单位，以一对夫妻的结合为开端，因子女的出世使家庭规模扩大，在最后一个孩子出生到第一个孩子离家期间维持家庭规模，在子女离家后恢复原来的二人世界，到最后夫妻相继辞世使婚姻解体，原始家庭的周期宣告终止。因此，家庭生命周期也可以体现为家庭从建立到结束这个过程所用的时间。

2. 家庭生命周期各阶段的消费特征

在家庭生命周期的不同时期，消费者所表现出来的消费特征是不同的。

（1）单身期

单身期的消费者通常指 35 岁以下的单身人士。处于单身期的消费者通常刚开始工作，经济收入一般不高，但是由于没有其他方面的负担，所以可自由支配的收入较多。他们收入的大部分都用来支付房租、休闲娱乐、购买时尚产品等。在我国，随着结婚年龄的推迟，单身期消费者的数量正在增加。

（2）新婚期

新婚期始于夫妻正式组建家庭，止于第一个孩子诞生。这一时期是家庭的主要消费期，此时经济收入增加且生活稳定，家庭已具备一定的财力和基本生活用品。对于新婚夫妻来说，他们还会遇到一些以前从未考虑过的问题，如共同进行家庭储蓄等，这就需要双方做出很多调整。不过由于夫妻双方都有收入，在餐馆饮食、服装家具等方面的消费对他们都有较大吸引力。

（3）满巢期

从第一个孩子出生，到所有孩子长大成人后离开父母的这一阶段，被称为满巢期。因为满巢期的持续时间较长，一般将满巢期分为三个阶段。

① 满巢Ⅰ期。这一阶段的家庭是由 6 岁以下的孩子和年轻夫妇组成的家庭。第一个孩子的出生常常会给家庭生活方式带来很大的变化。夫妻中的一方（通常是女方）会停止工作，在家照看孩子，因此这一阶段的家庭收入会减少，家庭经济负担会有所增加。同时，家庭需要购买婴幼儿食品、服装、玩具等与小孩有关的商品，在度假、用餐和家居布置等方面均要考虑小孩的需要，夫妻会对新产品感兴趣并且倾向于购买有广告宣传的产品。

② 满巢Ⅱ期。这一时期，家庭中最小的孩子已经超过 6 岁，都已在学校读书，不需要大人专门在家照看，夫妻中原先在家照看孩子的一方又重新回到工作岗位上，此时的家庭经济状况有所好转，已经形成稳定的购买习惯，极少受广告的影响。这一时期的家庭以孩子为中心，注重孩子的衣食住行等方面的需求，并且会关注孩子的教育问题，因此也会购买一些教育产品，或者带孩子参加培训班，以提升孩子的综合素质能力。

③ 满巢Ⅲ期。这一时期的家庭由上了年纪的父母和仍需要抚养的未成年子女组成。在这一阶段，孩子们中有的已经参加工作，可以帮父母承担一部分家庭开支，家庭的经济压力相对减轻，家庭的经济状况得到改善。通常，处于这一阶段的家庭购买力较强，会更新一些诸如家具等大件物品，也会热衷于旅游、在外用餐等消费行为。

（4）空巢期

空巢期的家庭中，孩子不再依赖父母而生存，也不与父母同住。这一阶段延续的时间也较长，通常分为空巢Ⅰ期和空巢Ⅱ期。

① 空巢Ⅰ期。空巢Ⅰ期是指子女已独立生活，而父母仍在工作的阶段。这一阶段的父母由于子女不在身边而感到落寞，或者感到"解脱"。有些父母会做他们以前想做但因为孩子的原因而无法做的一些事情。比如，夫妻外出旅游、度假、购买一些高档物品，但对新产品没那么感兴趣。

② 空巢Ⅱ期。空巢Ⅱ期指的是子女独立生活，而且父母已经退休的阶段。处于这一阶段的消费者收入大幅减少，消费更加谨慎，倾向于购买有益于健康的产品。由于退休后可支配的时间比较多，一些老年消费者会培养新的兴趣和爱好，如参加老年大学的课程、和同龄人一起外出旅游等。

（5）解体期

解体期是夫妻中的一方去世所形成的家庭这一阶段。如果在世的一方身体情况尚好，有工作或者有足够的积蓄，并有家人、朋友的照顾和支持，家庭生活的调整就比较容易。但由于收入来源减少，在世的一方会过更加节俭的生活，消费主要集中于生活必需品和医疗用品上。

以上解释了传统的家庭生命周期不同阶段的消费者的消费特征，但是随着社会经济和文化的发展，人们的价值观也在发生着变化，家庭因婚姻而发生变化的也越来越多。因此，我们应该用发展和动态的眼光来讨论现代社会家庭类型下的家庭生命周期对消费者和消费市场的影响。

7.3.4 家庭购买决策

家庭购买决策是指由两个或两个以上家庭成员直接或间接做出购买决定的过程。在日常生活中，一个家庭每天都要做出许多购买决策，如决定晚餐吃什么、去哪里度假、购买哪种汽车等。由家庭成员共同做出的购买决策往往不同于他们独自做出的购买决策。

1. 家庭成员在购买决策中的角色

在一个稳定的家庭内部，在购买某些具体商品的决策方面，每个家庭成员所起的社会作用有所不同。家庭成员在购买决策中的作用与个人在家庭内部所处的地位及担任的角色有很大的关系。一般情况下，家庭成员在购买决策中扮演的角色有以下五类。

（1）倡议者

倡议者是家庭中首先想到或提议购买某产品或服务的人。

(2) 影响者

影响者响应倡议者的建议，会直接或间接影响购买决定或挑选商品，如为购买提供评价标准、合适品牌和产品信息等。

(3) 决策者

决策者是有权对最后购买做出决定的人，并有权决定购买什么和什么时候购买。

(4) 购买者

购买者就是实际到商店从事购买活动的人。

(5) 使用者

使用者是在家庭中实际消费或使用他们自己或其他家庭成员所购产品的人。

了解不同家庭成员在购买决策中的角色可以帮助企业把握制定影响策略中较为关键的问题，如谁最容易对产品产生兴趣、谁会是产品的最终使用者、谁最有可能成为最终的购买决策者、不同类型的产品由谁来承担购买任务。

2. 家庭购买决策类型

因为家庭成员，尤其是夫妇双方的性格、兴趣及消费经验不同，对选择商品的看法和标准存在差异，他们在商品购买决策中发挥的作用和影响是有差别的。因此，要理解家庭购买决策过程，就必须分析家庭成员在购买决策中的相互作用和关系。家庭购买决策类型主要有以下四种。

(1) 妻子主导型

妻子主导购买决策，就是在决定购买什么的问题上，妻子起主导作用。这通常是因为妻子精明强干，有丰富的购买经验和决策能力，手握家庭的经济大权。

(2) 丈夫主导型

丈夫主导购买决策，就是在决定购买什么的问题上，丈夫起主导作用。这种情况一般是丈夫有较强的购物消费能力，或是经济收入高于妻子，为家庭提供大部分经济收入。

(3) 自主型

自主购买决策是指对于不太重要的商品或服务，由丈夫或妻子各自独立做出购买决定。这种情况在那些家庭不和、夫妻关系紧张的家庭中也存在。

(4) 共同决策型

共同做出购买决策是指夫妻双方共同做出购买决定。共同购买决策下，夫妻双方都较为慎重、理智，如在购买和装修住房时，夫妻会共同做决定。共同决策比其他决策类型所花费的时间和精力会更多一些。

不同的家庭，夫妻双方在商品购买决策中的影响作用是有很大差别的。随着社会的进步，夫妻地位日趋平等，经济收入也更加公开和透明，家庭中商品的购买基本上是夫妻双方相互协商进行的。

3. 影响家庭购买决策的因素

(1) 经济因素

经济因素对家庭购买决策的影响主要是指家庭成员经济收入水平的不同对所处角色位置的影响，也可以理解为经济收入决定家庭购买角色。但在具体的家庭生活中，综合多种因素，经济因素的影响程度也是不同的。比如，丈夫虽然收入较高，但妻子料理家务的能力较强，那么丈夫就有意愿让妻子主导家庭生活，这样既可减轻自己的负担，又可让家庭生活和谐美好。

（2）夫妻性别角色倾向

受传统社会文化习俗的影响，在农村地区，传统的中国妇女在家庭中多处于从属地位，男性在家庭中的地位更高，对家庭购买决策的影响更大。而在北京、上海、广州、深圳等大城市中，人们受传统家庭观念的影响较小，夫妻双方的地位较为平等，因此家庭购买决策过程中更可能出现自主型、共同决策型甚至妻子主导型的决策方式。随着社会的发展，婚姻中的性别角色不再像传统家庭那样鲜明，丈夫或妻子已越来越多地从事以前被认为应由另一方承担的活动。

（3）家庭生命周期

在不同的生命周期阶段，家庭的购买决策方式有很大差异。在新婚期，夫妻双方共同决策的情况较多，而随着孩子的出生及家庭琐事的繁杂，自主决策的机会不断增加。随着子女的逐渐长大，共同决策的情况又会增加，而当子女都各自成家并离开家庭后，夫妻自主决策的情况又会出现。

（4）子女的作用

子女在家庭购买决策中占有重要地位。在我国城市家庭中，核心家庭尤其是独生子女家庭占大部分比例。这类家庭中，子女在消费活动中占主要地位，并对购买决策有重大影响。对城市家庭调查的结果显示，城市家长的文化程度越低，越注重子女的吃、穿；文化程度越高的家长会越重视子女的教育和娱乐。

（5）家庭成员的自身状况

家庭成员的自身状况，如性格、气质、能力、爱好、行为观念、经济收入、受教育水平的不同，会对家庭购买决策产生影响。比如，收入更高的家庭成员在购买决策中更容易占据主导地位。

（6）产品特点和家庭成员介入程度

家庭购买决策方式会因产品的不同而产生差异。通常情况下，当某个产品对整个家庭都很重要，成员们又都对该产品比较陌生，认为购买的风险比较大时，家庭成员会倾向于做出共同购买决策。当产品为个人使用，购买风险又较小时，一般自主型决策较多。对于价格较高的商品，多数家庭是共同协商做出决策的。反之，价格较低的商品，购买时就不需要共同决策。

思政案例

儿童一个月要花多少钱？

"六一"儿童节过后，国家统计局下属的一家信息公司在北京、上海、广州、成都、西安等消费先导城市进行了一次儿童消费市场调研，结果表明，五个城市6~12岁的儿童平均每人每月花费高达897元。尽管食品与服装消费仍是城市儿童消费的主要部分，占儿童消费总支出的64.1%，但教育支出也占到相当比例，成为儿童消费的新热点。儿童的零用钱每人每年平均245元。低收入家庭（人均月收入低于500元）给孩子的零用钱反而更高；中等收入家庭（人均月收入在1 000~3 000元）对孩子食品和服装方面的支出比例较高；而高等收入家庭（人均月收入高于3 000元）更注重孩子的教育，在教育方面的支出在儿童消费总支出中所占比例最高。

思考：请结合案例和我国的实际情况，谈一谈未成年子女对家庭购买决策产生的影响。

分析提示：传统儒家文化影响下的家庭观念历来强调长者的权威，孩子在家庭权利结构中一直是弱势群体的代表，孩子在传统家庭中的消费受到父母的绝对控制，他们的衣、食、玩、学等用品均由父母提供。但是从20世纪70年代末开始推行的计划生育政策从根本上改变了原有的家庭结构，还有后来的二胎、三胎政策让子女在家庭中的地位也得以迅速提升。随着一个小生命的降临，一个家庭完成了由两口之家到三口之家的转型，同时发生改变的还有生活重心和消费重心的重大转移。在大多数家庭中，未成年子女处于家庭的核心地位，这些家庭的父母对孩子寄予厚望，不惜一切财力为子女创造最好的生活和学习条件以期成才，对孩子的要求往往是有求必应，孩子成为家庭经济消费的中心。孩子的到来，对整个家庭的消费结构产生了重大影响，其影响程度由四种因素决定：子女在家庭中的地位；子女所在家庭的类型；子女的年龄；所购买商品与子女的关系。

本章小结

本章介绍了文化、经济、家庭因素对消费者行为的影响。

第一部分着重讨论了文化的基本概念和特征、亚文化的内涵和亚文化群体的分类，以及文化价值观的维度、中国文化对消费者行为的影响、流行文化对消费者行为的影响。文化影响人们的行为、信念、价值观和习惯，它对消费行为产生了重要影响。企业营销针对不同背景文化的消费者群体、亚文化群体而实施不同的营销策略，已取得良好的营销成果。

第二部分讨论了经济因素对消费者行为的影响。经济因素包括两个方面：内在经济和外在经济。

第三部分从家庭的功能、家庭生命周期、家庭购买决策等几个方面入手，探讨了家庭对消费者行为产生的重要影响。家庭是消费者行为研究中不可或缺的一个环节，深入研究家庭对消费者行为的影响具有非常现实的意义。

课后练习

第8章 影响消费者行为的外部因素——产品与品牌

学习目标

- 掌握产品命名、商标设计、产品包装和产品定价的基本策略
- 理解品牌的价值,以及品牌对消费者行为的影响
- 掌握产品生命周期的概念
- 理解产品的营销策略和品牌的营销策略

8.1 产品与消费者行为

案例引入

换个思路,"小鹿玩具"卖光了

泰国曼谷的一家玩具店分别从中国和日本购入了一些外观和质量都很相似的小鹿玩具,标价都是 3.9 元,让人出乎意料的是,这两种玩具的销量都比较惨淡。店员认为是价格太高所致。精明的老板想了一个办法:他把中国产的小鹿玩具的标价提高到了 5.6 元,并将其放置在日本产的小鹿玩具旁边的货架上。消费者进入商店时看到质量和造型相似的小鹿玩具,而日本产的价格更低时认为自己捡到了便宜,于是日本产的小鹿玩具很快就卖光了。之后老板又将中国产的小鹿玩具标上"原价 5.6 元,现价 3.9 元"的标签,消费者看到减价了,认为自己得了便宜,于是中国产的小鹿玩具很快也卖光了。

思考:老板运用了消费者的什么心理让这两种来自不同生产国的小鹿玩具迅速卖光?

分析提示:在对产品的定价方面,老板利用了消费者对价格的感受性对商品价格及时做出调整,满足了消费者对商品价格的比较、判断、选择的心理。其次,老板利用消费者对价格的敏感性让消费者感到商品确实降价了,从而促使消费者产生购买行为。

8.1.1 产品命名

产品命名就是为产品选择一个可以概括反映产品特点、用途、形状、性能等的名字。产品的名称既是消费者识别产品的标志，也是能引起消费者情感、联想等心理活动的刺激物。产品的命名代表了商品的基本用途和性能，从而能使消费者迅速地获取商品的主要信息。

> **学而思，思而学**
>
> 列举几个你比较熟悉的产品名称，并尝试分析该产品的命名具有什么特点。

1. 产品命名的基本要求

产品命名的要求主要有以下五个方面。

（1）名实相符

产品的名称要与商品的实体特性相对应，使消费者能够通过名称迅速地概括商品的主要特性，了解商品的基本效用，缩短消费者认识商品、了解商品的过程。比如，从"三九感冒灵"的名称上我们就可以知道这是能够对抗感冒的药；我们看到卷发棒，就知道这个商品可以让头发变卷。

（2）便于记忆

产品命名应当力求以最简洁的文字高度概括商品的实体特效。一个易读易记、言简意赅的名称会降低消费者的记忆难度，缩短消费者的记忆过程。

> 案例链接 1

（3）激发兴趣

产品命名力求具有科学性、独特性、艺术性和趣味性，避免一般化，以此来刺激消费者的求知欲、审美欲，让消费者产生恰当的、良好的联想，从而刺激其购买欲。比如，可口可乐公司的"Sprite"饮料的中文译名为"雪碧"，看到这个名称就会让消费者联想到晶莹剔透、清爽宜人的碧水。

（4）雅俗共赏

产品名称要根据产品性质、用途和销售对象情况来定，或文雅别致，或朴实大方，或刚柔结合，或通俗易懂，适合不同性别、年龄、职业和文化背景的消费者的口味和风俗习惯，诱发其积极情感。比如，华为手机的高端系列一般用"mate"命名，适合商务人士使用；而适合大学生使用的系列一般都会带有"青春版"几个字，价格更为低廉；带有"nova"名称的手机更加适合女性消费者使用。

（5）避免禁忌

不同国家、民族因社会传统文化差异而有着不同的消费习惯、偏好和禁忌。避免禁忌是为销往他国的商品命名时必须考虑的心理要求。比如，美国通用汽车公司曾将其"NOVE"型雪佛兰汽车销往讲西班牙语的拉美国家，结果无人问津。原来，"NOVE"在英语中是"舞动"的意思，而在西班牙语里意为"跑不动"。

2. 产品命名的策略

产品命名主要有以下几种策略。

（1）以产品的主要效用命名

这种命名方法直接反映产品的主要性能和用途，以突出产品的本质特征，便于消费者快速了解产品的功效，多用于日用工业品和医药品等。比如，"金嗓子喉宝"是治疗嗓子的药。

（2）以产品的原材料命名

这种命名方法的特点是突出商品的原材料和主要成分，以说明其功效，多用于食品类、医药类产品。比如，"川贝枇杷膏"是以川贝、枇杷叶为主要成分的止咳药品。

（3）以产品的外观命名

这种命名方法可以突出产品独特、新奇的造型与形象，从而引起消费者的注意和兴趣，多用于食品类和工艺类产品。比如，最近风靡市场的"小罐茶"，它的包装是精致的小铝罐。

（4）以产品的制作工艺或制作过程命名

这种命名方法可以使消费者了解产品在研制过程中的严谨与不易，从而提升消费者对产品的信任感。这种命名方法多用于具有独特制作工艺或有纪念意义的研制过程的产品。比如，"二锅头"酒在制作过程中要经过两次换水，然后只取第二锅酒液的中段，"二锅头"酒的名称由此而来。

（5）以产品的产地命名

这种命名方法是具有原产地文化特色的，可以突出产品的地方风情和文化魅力。这种命名方法可以满足消费者求名、求新的心理，同时能让消费者感受到产品的地域文化，从而对产品产生亲切感。比如，闻名全国的"金华火腿"就产自浙江省金华市。

（6）以人名命名

这种命名方法是用产品的发明者、制造者或历史人物的名字给商品命名的。这种方法借助名称把特定的人与特定的商品联系起来，令人睹物思人，产生追忆和敬慕之情。比如，奢侈品品牌"香奈儿"就是以其创始人"可可·香奈儿（Coco Chanel）"的名字命名的，提到香奈儿的产品，就会让人想起可可·香奈儿的时尚信念和创业故事。

（7）以外来词的汉语翻译命名

这种命名方法主要用于进口产品，它既能满足消费者求新、求奇、求异的心理，还可以克服某些外来词语翻译上的困难。以外来词的汉语翻译给产品命名，要考虑译音朗朗上口、寓意良好等因素。比如，中国香港和日本合资企业创立的"THERMOS"系列保温产品，在中国市场被译为"膳魔师"，迅速得到了中国消费者的青睐和认可。

（8）以产品的色彩命名

这种命名方法多用于食品类，其特点是突出产品的视觉感受，从而给消费者留下深刻印象。比如，"黑芝麻糊"突出了这种食品的颜色较深。

8.1.2 商标设计

商标是商品的特定标记，是区分不同厂商生产的同种商品的一种符号。消费者在选购商品时，往往会选择商标进行购买。

1. 商标设计的心理功能

商标的设计对营销主体和消费者具有以下几个心理功能。

（1）识别功能

商标作为产品外在的识别标志，可以帮助消费者辨认和区分不同的厂商，从而选择自己满意的品牌。

（2）印象功能

具有特色的商标往往使人过目不忘，加上其所代表的商品若具有优良的品质，就会使人形成品牌忠诚度，让消费者坚持多年甚至终生购买有该商标的商品。

（3）信誉传播功能

商标通过媒体的宣传，可以把它所代表的商品的信誉最大限度地传播给顾客，并可将信誉延伸到企业所生产的其他系列产品中。

2. 商标设计的策略

给产品设计商标一般有以下几种策略。

（1）形象生动，简洁明了

在设计商标时，应当考虑商标文字和图案的简洁性和形象性，让人一目了然，在短时间内就能把与商品有关的信息传递给消费者，给人以清晰、具体的印象。

（2）符合消费者的审美需求

商标代表着产品形象，消费者对商标的喜爱程度在一定程度上代表着他们对产品的喜爱程度。因此，要想树立良好的产品形象，商标设计者就要努力创作富有艺术魅力、造型优美、符合消费者审美需求的商标形象，以迅速俘获消费者的心，让其百看不厌。

案例链接 2

（3）考虑消费者的心理特征

商标是用来向顾客推介商品的，其文字、图案的选择一定要考虑顾客的喜好。在设计商标时要研究目标消费人群的心理特征，根据他们的生活习惯、受教育程度及对商品的偏好，慎重选择商标的文字、色彩搭配及形状。

（4）适应当地的风俗习惯

在经济全球化时代，要想把产品推向更为广阔的市场，设计商标时就要充分了解各地乃至各国的风俗习惯，设计出合适的商标，并对不合适的商标做出合理的调整。

8.1.3 产品包装

产品包装是指用于产品的包装物，即依据产品的特征、形态、数量、物流方式、销售方式及消费者需求而采用的特定包装材料和技术方法。

1. 产品包装的功能

产品包装一般具有以下几种功能。

（1）吸引消费者的注意力

市场上的产品种类众多，要想快速吸引消费者的目光，就要对产品包装进行设计。那些造型别致、文字醒目、图案精美的包装会格外引起消费者的注意，使其产生购买欲望。

（2）提供决策信息

产品包装上的产品功能、原料成分、使用方法、注意事项等信息可以帮助消费者对是否购买该产品做出决定。因此，产品包装也是消费者做出购买决策的来源之一。

（3）体现产品价值

在没有明确产品的功效之前，产品价值的高低一般会通过产品包装来判定。顾客在选购产品时对其价值的感受往往从包装开始。一般来说，包装越精致豪华，越能体现出产品的价值之高。

（4）增加信任感

产品包装上除有产品本身的相关信息外，还应有企业名称、地址、联系方式、商标、条形码等信息。这些信息的公开是对消费者负责的表示，可以提高消费者对企业及产品的信任感。

2. 产品包装的设计策略

产品的包装设计涉及消费者体验和产品自身两个方面，所以在设计产品包装时要结合消费者和产品的特点，综合考虑制订产品包装设计方案。

（1）包装设计与消费者特征

① 根据消费者的经济收入设计包装。经济收入的差异会导致消费者在选购产品时对包装的要求不同。经济收入较高的消费者会有求新、求美的消费理念，不仅对产品本身有较高的要求，而且对产品包装有较高的要求，以突出消费者的品位和审美。经济收入较低的消费者则更加注重产品本身的质量，而对产品包装的关注不多。因此，企业可以针对不同经济收入水平的消费者生产不同档次的产品，进而依据产品等级设计不同的产品包装，形成系列产品，这样就可以让不同收入水平的消费者都得到心理上的满足。

② 根据消费者的年龄设计包装。对于儿童来说，只要产品包装能够引起他们的兴趣，满足他们的好奇心，这种产品就能备受欢迎。对于年轻的消费者来说，与众不同、表现自我的时尚包装会引起他们的注意。对于老年消费者来说，朴素简洁、内容实在的产品包装会是他们的关注点。因此，在设计产品包装时，设计人员要考虑目标消费者的年龄因素，再进行合理的设计。

③ 根据消费者的消费习惯设计包装。设计人员在进行包装设计时要考虑消费者的消费习惯。比如，消费者在购物时追求方便、快捷，采用透明或者开窗式包装会更加方便消费者挑选。

（2）包装设计与产品特征

① 安全实用，便于携带。商品包装设计要考虑其实用性、安全性和便利性，要根据产品的不同特点采用适宜的包装方式。比如，对于同一个口味的方便面，袋装方便面适合居家的人食用，桶装方便面更适合外出的人食用。考虑到环境保护的重要性，现在越来越多的饮料使用玻璃制品或可降解材料作为饮品的外包装。

② 新颖别致，艺术性强。商品包装只有新颖别致、与众不同，才能吸引顾客的注意。

一种成功的包装使用了较长一段时间后，也要考虑推陈出新，加以适当变换，以满足顾客的求新心理。比如，百事公司每逢过年过节都会推出具有中国特色的新包装，以吸引中国消费者的注意力。

③ 注重差异，针对性强。因为每个消费者的个人特征有所不同，对同一件产品的感受也存在差异。因此，设计包装时要全面了解顾客的购买喜好，加强针对性。比如，在产品包装外形方面，针对男性顾客应突出造型大方、风度潇洒、容量充足的特点；针对女性顾客应突出小巧精致、造型优美、线条流畅的特点。

④ 和谐统一，大方得体。产品的包装设计形象应与产品的内容相一致。不同档次的产品宜采用与其价格相匹配的包装风格、包装材料和包装方式，以满足不同顾客的心理需要。

除此之外，一定要避免过度包装的情况。过度包装会让人感觉产品华而不实，会让消费者产生被欺骗和被愚弄的情绪，进而导致对产品甚至品牌的信任感下降。

8.1.4 产品定价

产品价格是影响消费者购买行为的重要因素。企业在进行产品定价时要充分考虑消费者的心理，采用合理的价格策略。这里介绍以下几种定价策略。

1. 撇脂定价策略

让一杯牛奶静止在空气中，一段时间之后，牛奶的最上层会产生一种半凝胶状态的物质，这就是"脂"。撇脂指的是取牛奶上的那层奶油，含有捞取精华的意思。

撇脂定价策略又称高价策略，是指产品在刚刚进入市场时将价格定位在较高的水平，以求最大利润，从而尽快收回投资，然后随着时间的推移再逐步降低价格。一般而言，对于全新产品、受专利保护的产品、需求价格弹性小的产品、流行产品、未来市场难以测定的产品等，可以采用撇脂定价策略。

2. 渗透定价策略

渗透定价策略也称渐取定价策略。与撇脂定价策略相反，它是指在新产品以一个较低的价格打入市场，目的是在短期内加速市场成长，以期获得较高的销售量及市场占有率，从而获得成本经济效益。渗透价格并不意味着绝对的便宜，而是相对于价值来讲比较低。

渗透定价策略的优点是可以迅速占领市场，刺激消费。但其缺点也较为明显，即利润微博、容易降低企业优质产品的形象、产品价格变动的余地较小、很难应对短期内可能突然出现的竞争或需求变化。

3. 整数定价策略

整数定价策略采用合零凑整的方法来制定产品价格。这种策略适用于价格特别高或特别低的产品。比如，精品服装店的衣服可以定价为 1000 元，而不必定价为 998 元，因为对于有购买能力的消费者来说，多付 2 元对他们来说并没有什么影响。同样，对于某些价值较低的产品，如 2 元的矿泉水，就不必定价为 1.8 元，因为这对消费者和企业来说结算更方便。

4. 尾数定价策略

尾数定价策略又称非整数定价策略，它是指企业利用消费者的求廉心理，制定非整数价格，以零头标价，尽可能在价格上不进位，如某件商品定价为 9.98 元而不是 10 元。实践证明，消费者更乐于接受尾数价格，因为尾数可以让他们感到价格保留在较低一级的档次，从而减轻心理抵抗感。除此之外，尾数定价策略在我国可以用数字来传达吉祥的寓意，如"99"尾数迎合了消费者追求"天长地久"的传统心理、"88"迎合了对"财运大发"的期许和愿望。

5. 声望定价策略

声望定价策略是根据产品在消费者心中的声誉、诚信度和市场地位来确定价格的一种策略。一些在市场上久负盛誉的名牌产品可以高价销售。比如，瑞士的劳力士手表、我国的景泰蓝瓷器、法国的爱马仕奢侈品等都是成功运用声望定价策略的典范。高价不仅要与产品的优良性能和品质相协调，还要与产品的形象相匹配。多数消费者购买名牌产品不仅看重其一流的质量，更看重其所蕴含的社会象征意义。消费者经常凭借购买高价商品来显示自己的社会地位。

6. 习惯定价策略

习惯定价策略是根据消费者的习惯价格心理而定价的策略。消费者在长期的购买实践中已经对经常购买的产品形成了习惯性的价格标准。对已形成习惯价格的产品，即使生产成本降低，也不能轻易降价，否则容易引起消费者对其品质的怀疑；即使生产成本增加也不能轻易涨价，否则容易引起消费者的反感。

7. 认知价值策略

这种定价策略以消费者对产品价值的感受及理解作为定价依据。消费者在购买产品时，总会在同类产品之间进行比较，选购那些既能满足消费需要又符合其支付标准的产品。比如，在便利店出售的矿泉水一瓶仅售 2 元，可是在一些 5A 级景区内售价可能高达 5 元，但是消费者能够接受，这是因为消费者受周围环境的影响而提高了对产品的认知价值。

8. 分级定价策略

分级定价是指在制定产品价格时，把同类产品分成若干等级，各等级的产品价格不同。这样的定价策略帮助消费者简化了购买过程，更方便挑选。但要注意的是，分级定价策略要符合目标消费者的需要，等级间的产品价格差应当适中。等级价差过小，会让消费者怀疑分级的信度；而价差过大，一些希望获得中间价格的消费者就会感到不满。

9. 折让价格策略

折让定价策略是指在特定条件下，企业或商家为了鼓励消费者购买产品，向其提供低于原价格的优惠价格。比如,购买一定数量的产品会有折扣优惠价格;在淡季购买季节性产品而得到折扣价格;为打开新产品的销路而鼓励消费者购买新产品,从而让消费者得到折扣价格等。

10. 处理价格策略

为了应对各种原因导致的产品滞销和产品品质下降的现象,必须采用处理价格策略。在制定处理价格策略时,企业要考虑消费者对降价产品的心理反应,以期达到降价的目的。在处理产品时,要注意降价幅度适中,因为幅度太小不足以引起消费者的注意;但幅度也不能太大,否则容易让人产生怀疑。处理价格要保持稳定,如果连续降价,消费者会产生等待进一步降价的心理预期而推迟购买。

> **思政案例**
>
> **"小米"公司商标,简约而不简单**
>
> 小米公司的商标图案,核心为"MI"形状,"MI"也是"米"字的汉语拼音,白色核心配以橘黄色背景,迅速抓住了广大消费者的眼球。
>
> **思考:**小米公司的商标设计符合中国消费者的哪些消费心理?
>
> **分析提示:**首先,"MI"是英文 Mobile Internet 的缩写,代表小米公司是一家移动互联网公司。该商标倒过来看是少了一个点的"心"字,代表小米公司要让用户省心、放心。同时,"MI"这个形状也是"米"字的汉语拼音,正好对应了公司及其产品的名称。从商标的图文设计来看,其商标颜色基调为橘黄色,明亮而抢眼,能够很好地抓住用户的眼球。镂空的"MI"结构虽然简单,但不失大气。总体来看,小米公司的商标非常具有科技感。其次,从传播中国文化的层面上看,"MI"既是英文字母,又是汉语拼音的组合,一方面满足了一些消费者追求国际流行文化的心理,又迎合了一些消费者弘扬中国文化的爱国心理,能够十分突出中华民族的本土文化特色。因此,小米公司的商标设计真的是简约而不简单。

8.2 品牌与消费者行为

> **案例引入**
>
> **星巴克,为"浪漫"的咖啡体验而生**
>
> 星巴克的品牌主张并不是出售咖啡,而是人们对咖啡的体验。星巴克的咖啡只不过是一种载体,消费者可以通过咖啡感受到星巴克品牌的格调——浪漫。
>
> 星巴克通过环境营造了一种温馨、和谐的氛围,让消费者在办公室和家庭之外获得一个享受生活、愉快社交的"第三空间"。在星巴克,煮咖啡时的嘶嘶声,顾客搅拌咖啡时的撞击声,这些声音的巧妙融合烘托出星巴克特有的情景体验。星巴克努力让消费者在店内的体验化为一种内心体验,使咖啡豆浪漫化、消费者浪漫化、情境浪漫化。星巴克前任 CEO 霍华德·舒尔茨曾说:"我们追求的不是最大限度的销售规模,我们试图让我们的顾客体会到品味咖啡时的浪漫。"

> **思考**：星巴克品牌对消费者的影响与其他咖啡品牌有什么样的区别？
>
> **分析提示**：不难发现，星巴克的咖啡价格稍高于同类产品，但是这并不能阻止世界各地的消费者走入星巴克，原因就在于星巴克发现了消费者对咖啡饮品的新需求。痴迷于星巴克的人会认为杯子里装着的不仅是一杯咖啡，更是一杯"星巴克"，因为"星巴克"的品牌不仅满足了消费者追求商品的基本需求，还能帮助消费者传达其他信息，如他们是什么样的人或者他们想成为什么样的人。对于许多消费者而言，"星巴克"不仅是高品质咖啡的象征，更是高质量生活的代名词，这也是星巴克在咖啡文化行业能够保持领先地位的原因。

8.2.1 品牌的概念

一个产品要想在市场上立足，就必须打造出自己的核心竞争力。而这个核心竞争力就是品牌的塑造。品牌的建立和发展是以消费者为中心的，没有消费者，就没有品牌。

1. 品牌的含义

品牌的含义有广义和狭义之分。广义的品牌是指具有经济价值的无形资产，用抽象化的、特有的、能识别的心智概念来表现其差异性，从而在人们的意识中占据一定位置的综合反映。狭义的品牌是指通过对理念、行为、视觉等方面进行标准化、规则化，使之具备特有性、价值型、长期性与认知性的一种识别系统的总称。

在消费者行为学中，我们把品牌定义为一种名称、术语、标记、符号或设计，或者是这些项目的组合运用，其目的是借以辨认某个销售者的产品或服务，并使其与竞争对手的产品或服务相互区别。

2. 品牌的功能

（1）识别和差异化功能

识别和差异化功能是品牌的基础功能。它是指消费者在看到品牌名称或商标时能够快速地进行确认和区分，减少在选购商品时所花费的时间和精力。品牌一旦成为企业形象的代号，就会代表企业的经营理念、质量管理要求、企业文化、产品特色等。如果品牌在消费者心中形成良好的印象，就可以激发消费者对该品牌的忠诚度，进而为企业带来巨大的市场优势。

（2）保护企业和消费者权益的功能

对于企业来说，品牌通过注册后会受到法律的保护，如果有人非法使用，企业就可以通过法律途径保护自己的合法权益不受他人侵犯。对于消费者来说，品牌有利于消费者权益的保护，至少对于值得信赖的品牌，消费者购买得也会比较放心；对于质量没有保障的产品和品牌，消费者同样可以通过法律途径保护自身的权益。

（3）传播和促销功能

品牌是企业赢得市场核心竞争力的重要因素。品牌象征着产品的品质、特色和档次。一个好的品牌名称简单易懂、优美动听，很容易帮助企业打开市场。比如，老板牌电器、凤凰牌自行车等都是产品好的品牌象征。因此，品牌的名称在一定程度上能够吸引消费者，达到扩大产品销售的目的。

（4）增值功能

品牌作为一种无形的资产，本身可以作为商品被买卖。在市场交流的过程中，它能为企业带来巨大的经济效益。而且，随着企业规模的扩大，以及品牌知名度、美誉度和忠诚度的提高，品牌自身的价值也会不断增长。

品牌的功能对企业来说极为重要，企业一定要重视品牌的功能，更要打造自己专属的品牌。

8.2.2 品牌的价值

品牌价值是指品牌在需求者心中的综合形象，包括属性、品质、档次、文化、个性等，代表该品牌可以为需求者带来的价值。品牌具有用货币金额表示的"财务价值"，以便商品用于市场交换。

品牌作为一种无形资产之所以有价值，不仅在于品牌形成与发展过程中蕴涵的沉淀成本，而且在于它是否能为相关主体带来价值，即是否能为其创造主体带来更高的溢价及未来稳定的收益，是否能满足使用主体一系列的情感和功能效用。所以，品牌价值是企业和消费者相互联系、相互作用而形成的一个系统概念。它体现在企业通过对品牌的专有和垄断获得的物质文化等综合价值上，以及消费者通过对品牌的购买和使用获得的功能和情感价值上。

如今，消费者的需求已经从单一的好产品需求升级到复合的品牌需求。现在的市场已不再是价格主导的时代，而是价值引擎的时代。品牌的价值体系包括三个维度：产品价值、品牌价值感和企业价值观。

1. 产品价值

产品价值要求产品对于消费者有真正的价值，使消费者在使用过程中可以充分感知其使用价值，获得满足感。比如，消费者在使用空调时感知空调可以消暑或者保暖，"空调"这一产品的价值就体现出来了。产品价值是一个品牌最基础的价值，产品只有具备使用价值、能够满足消费者的需求，才具备成为品牌的前提。然而，在当今市场上，只有最基本的使用价值是远远不够的，因为消费者不再满足于单纯的产品价值，而是在此基础上追求品牌价值感。

2. 品牌价值感

品牌价值感也称精神价值，是指消费者心中对某品牌的价值判断、评估和认同，其建立并不需要消费者直接体验到产品价值。比如，很多人没有驾驶过劳斯莱斯汽车，但是他们相信劳斯莱斯一定比普通汽车的驾驶体验更好。很多消费者认为奢侈品比低端品"更好"，不是因为产品的使用价值更好，而是品牌价值感更好。因此，一个品牌想要实现产品价值的更大溢价，最需要做的就是让品牌在消费者心中具备更高的价值感。这就需要企业建立体系化的品牌内容，以获得消费者对品牌的认可，打造出一个高溢价、高竞争力的品牌，从而形成一个"价格卖得高，产品卖得好"的局面。

品牌价值感是一种公共的价值认知，缺乏品牌价值感的企业，不管自身的产品有多大的使用价值，都有可能不被消费者认可，从而陷入价格比较之中。

3. 企业价值观

企业价值观是指企业在追求经营成功的过程中所推崇的基本信念和所奉行的价值取向，也称信仰价值。企业之所以要确立并传播自己的价值观，是因为消费者对品牌价值感的持续认同是建立在对该企业价值观的认同之上的。因此，企业应该持续向消费者传播和强化企业价值观，让消费者坚信该品牌对价值观的践行，这样品牌才能得到消费者真正、持久的认同。很多企业认为企业价值观只是一句口号或企业内部文化的一部分，没有必要刻意传播或告知给消费者，这种思想是不可取的。

8.2.3 品牌对消费者行为的影响

1. 品牌能够协助消费者对购买信息进行处理

品牌代表企业和消费者之间认同的价值观、规划及信念。品牌作为一种识别系统，是特定产品和服务的标志。品牌的最终目的是建立不同品牌的同类产品之间的差异，这种差异便于消费者区分不一样的品牌，根据品牌来挑选自己满意的产品，进而简化消费者的购买行为。

2. 品牌影响消费者的满意度

当代社会的消费者不仅注重产品的质量，追求品质生活，而且追求高品质和良好形象的产品。消费者通过选择购买自己喜欢的产品，可以强化自身的独特形象。品牌代表着企业对消费者的承诺，它越是传递优良的产品质感，就越容易获得消费者的信任，进而提升消费者的满意度，产生消费者重复购买该品牌产品的行为。

3. 品牌影响消费者对该品牌的忠诚度

企业的品牌文化能帮助企业塑造鲜明的品牌价值，以此来形成购买者对品牌独有的忠诚度。在个性化需求市场的社会环境下，消费者对品牌价值观的认同取代了以往对产品功能的追求。比如，大量定制化产品进入消费市场，具有消费者个人决定产品的特性。在具有相同功能的产品中，消费者更倾向于选购其认同的价值观的品牌。如果消费者能够形成对特定品牌较高水平的忠诚度，那么该品牌面临的市场竞争压力也会降低。

4. 品牌定位对消费者有巨大影响

不同经济收入的消费人群往往会被特定品牌吸引而触发消费行为。品牌在一定程度上反映不同阶层的人的身份和地位。好的品牌需要吸引有较高消费水平的消费者。很多消费者为了显示自己的经济水平，会有意识地选择购买能彰显自己身份地位的品牌产品。这就是为什么富有的人会购置豪华车、房的原因。好的品牌定位来自对消费人群心理的深刻理解，企业需要将消费者的经济水平和产品结合起来进行品牌传播。

5. 品牌的文化背景影响消费者的情感认知

在跨文化的企业管理中，来自不同文化背景的人群，对同一品牌的理解可谓大相径庭，因为消费者做出购买决策及忠于某品牌的行为在很大程度上是受情感的影响和支配的。神经学家唐纳德·卡尔说过："情感和理智之间的主要区别在于，情感会引发行动，理智会引发推论。"比如，我国的金鸡牌鞋油，销售到欧美国家时遭遇了困难，因为在欧美国家的文化中，与"鸡"有关的一些词汇往往都有淫秽的含义。

> **思政案例**
>
> **美的集团——"为人类创造美好生活"**
>
> 2019年，美的集团总市值已经超过3 600亿元，美的集团董事长兼总裁方洪波对媒体表示："美的与时代同行，从1981年一路壮大，得益于我国的改革开放、巨大的人口红利、市场的发展，以及人民生活水平的提高。现在发展到财富世界500强，面对整个经济形势，要想发展到新的规模，我们面临着更艰巨的调整。伟大的企业通常都经历过不同的市场周期，而更重要的是传承企业家精神、价值观，以及先进的企业治理理念。美的要把这种精神和理念传承下去，发扬光大。"
>
> 思考：美的集团所奉行的企业价值观对其品牌传播的作用对其他企业有怎样的启示？
>
> 分析提示：美的集团的企业理念是"为人类创造美好生活"，践行"顾客至上、以人为本、持续创新、卓越执行"的核心价值观，为消费者提供智能、节能、健康、舒适的产品和服务，发扬"开放、和谐、务实、创新"的企业精神。企业之所以要确立并传播自己的价值观，是因为消费者对品牌价值感的持续认同是建立在对该企业价值观的认同之上的。因此，企业要想做得更大更强，就应该持续向消费者传播和强化企业价值观，使其坚信本品牌对价值观的践行，感受到"诚信经营"的品质。这样，品牌才会被消费者真正、持久地认同。

8.3 基于产品与品牌的营销策略

> **案例引入**
>
> **蔚来汽车**
>
> 在中国新能源车市场上，2014年创立的蔚来已成为最受关注的中国汽车品牌之一。
>
> 蔚来是智能电动汽车品牌，该品牌没有走中国汽车品牌常见的路线：主打低端市场以量取胜，而是直接对标BBA（宝马、奔驰、奥迪）高端市场，走以质取胜的路线，成交价均在42万元以上。据威尔森终端零售数据显示，上海2021年1~2月，蔚来ES8和EC6的交付量都超过了BBA。这意味着长期以来欧美高端汽车品牌在中国高枕无忧的护城河出现了缺口，蔚来在中国高端市场切走了欧美品牌6%的市场。
>
> 蔚来的突破有许多方面的原因，如充分利用了中国的基础设施和科技红利，聚焦于提升用户在数智化时代的体验则是关键。相对而言，汽车企业很多时候还是以产品为中心、关注技术本身的，如电动、车联网、智能化、人工智能或者自动驾驶，而较少关注用户的痛点。蔚来的创始人李斌强调要专注于移动互联网时代的用户体验，提

出要"傻傻地对用户好"。

蔚来发现了中国电动车的四大痛点：第一，电池贵；第二，残值低；第三，电池升级快；第四，充电时间长。这些对车主来说都是很不好的体验。

为了解决用户的电池烦恼，蔚来提出了BAAS（Beverly As A Service）服务的解决方案：卖车时创造性地将车和电池分开出售。用户可以只买车，把电池作为能源服务，按月付费，终身免费换电池。这样不仅解决了电池贵、残值低、电池升级快的后顾之忧，也带来了加电比加油更方便的用车体验。

思考：蔚来电动汽车的成功营销运用了什么策略？

分析提示：蔚来电动汽车在上市期间就抓住了营销中非常重要的因素——产品的竞争力。在面对琳琅满目的电动能源汽车市场时，选择哪一款才好，是许多消费者在购买之前会思考的问题。而随着人们的经济环境和环保意识逐渐提高，以消费者为中心、给消费者省钱省事的产品自然会受到消费者的青睐。蔚来的用户中心主义不仅体现在电池服务上，也体现在用户体验的全链条上，口碑在线上线下的用户社群中不胫而走，因此"温暖"的蔚来积累了一大批忠实的粉丝。

8.3.1 产品营销策略

产品如何在市场上进行推广，除要考虑产品的优良品质和消费人群的特点外，还要考虑产品的营销方式，综合各方面因素来制定产品营销策略，这样才能让消费者接受和喜欢。

1. 产品的生命周期

产品的生命周期是指产品从市场投放开始，到它失去竞争力并在市场上被淘汰为止的整个运行过程。产品生命周期一般分为四个阶段：导入期、成长期、成熟期和衰退期。

（1）导入期

导入期是产品刚投入市场的试销阶段。在这一时期，由于产品刚刚由设计到制成进行销售，在有些方面还存在一定的缺陷，所以购买人数极少。

（2）成长期

成长期是指新产品被开发投入市场后，经过各种营销手段，产品终于站稳了脚跟，并以迅速发展、迅速扩大市场占有率的态势进入产品生命周期的第二阶段。成长期是产品能否生存和发展壮大的关键期。

（3）成熟期

成熟期是指产品生命周期达到鼎盛时期，即产品的销售达到了顶峰，然后进入销量增加缓慢甚至停滞的时期。在成熟期，产品的各个方面已基本完善，消费者对产品予以肯定的评价，消费者对新产品的需求猛增。

（4）衰退期

衰退期是指产品在市场上失去竞争力，市场销量下降，并出现被淘汰趋势的时期。

2. 产品的生命周期与营销策略

产品营销是一个长期的过程，企业可以根据产品的生命周期，把握消费者的个性特征，制定产品营销策略。

（1）产品导入期的营销策略

在产品导入期，即产品刚刚投放市场的时候，购买者一般以求新、求异、求胜的青年人居多，他们在购买新上市的产品时会比较冲动。因此，对于新产品的营销，企业应该把握产品的特点，力求生产出全新型、革新型、改进型和部分改进型产品，并且要针对这些产品的新意和使用要点进行宣传。

（2）产品成长期的营销策略

在产品成长期，消费者会因为市场上有了竞争产品而寻求性能更优的产品；而且因为产品种类增加，消费者对产品的价格也较为敏感，企业会做出降价行为。这个时期，企业一方面要巩固产品的优越性，提高质量，保证信誉；另一方面，企业需要降低成本，降低价格，满足消费者的求廉心理。在新产品的宣传上，企业要形成宣传攻势，加速产品扩散速度，让销量不断增加。

（3）产品成熟期的营销策略

当产品进入成熟阶段时，就代表市场上的此类产品已经饱和，消费者会更加严格地选择同类产品。因此，企业在产品成熟期应着重开发产品的新功能，想办法在质量上精益求精，改进产品的特色和款式，因为成熟期的产品面临着销量停滞的危险。企业还应考虑从服务上下手，以良好的销售和售后服务留住消费者的心。在广告宣传方面，可以采用对比型广告向消费者介绍产品的独特性和优越性。

微课堂 3

（4）产品衰退期的营销策略

当产品进入衰退期时，消费者会期待新产品的出现。面对这一现实，企业应该积极研制新产品，满足消费者求新、求异、求胜的心理需求。另外，企业可以通过降低产品价格的方式满足传统消费者的求廉心理，尽快走出衰退期的低谷。

8.3.2 品牌营销策略

1. 制定品牌战略

品牌建设的过程不是一蹴而就的，企业要想打造和建设知名品牌，就要用发展的眼光制定切实可行的品牌发展规划。首先，品牌代表企业的门面，企业需要根据品牌长远发展的目标来确定品牌名称，为实现产品从局部品牌到知名品牌的跨越做好充分的准备。其次，企业需要根据自己的企业背景选择适合产品的品牌战略，突出产品的特点，同时要突出战略的创新性和稳定性。品牌的制定和发展是一个长期的过程，企业需要根据自身发展情况，适时调整其品牌战略。

> 学而思，思而学
>
> 请简要介绍你所知道的某个品牌的营销策略。

2. 加大产品竞争力度

产品的销售状况与品牌建设和管理密不可分，品牌的发展离不开产品的发展，好的产品更是一家企业在塑造品牌过程中的垫脚石，加大产品竞争力度也代表着品牌之间的竞争。想让企业的品牌在同类产品中取胜，更加迎合消费者的需求，就要赋予产品以下特征。

> **思政小课堂**
>
> 消费者是消费行为的中心，企业必须以最诚恳、最真实的态度，提供比竞争对手更好的产品和服务。只有秉持"消费者体验至上"的理念，企业才能在变化巨大的消费市场中站稳脚跟，甚至经久不衰，构建消费者与企业和睦相处、共同向好的欣欣向荣的消费环境。

（1）值得信赖

企业在产品质量上偷工减料、以次充好的事件屡见不鲜，导致许多消费者对一些产品产生了怀疑态度。因此，企业在塑造品牌的过程中必须重视产品质量管理，保证产品的可靠性，满足消费者对产品质量的期望，让消费者对产品建立起信任感。消费者对产品有了好的评价，才能让产品的销量更好、品牌更加响亮。

（2）独特新颖

在繁星众多的同类产品中让产品脱颖而出需要品牌的支撑。企业在规划产品战略时，需要思考如何打造特色产品，以应对产品同质化问题，从而提高品牌的知名度和辨识度。

3. 加大品牌宣传力度

为了提升企业品牌的知名度，各大企业会制定各种各样的宣传策略来做推广。除使用报纸、电视广告等传统方式来为品牌做宣传推广外，近年来随着信息通信技术的发展，利用视频软件、微博、热点新闻、微信公众号、软文推广等方式进行的宣传也深受广大企业青睐。当然，要想在万花丛中独领风骚，企业也要遵循无孔不入、多方渗透的原则，把品牌宣传做到平时的工作中去，如在各大商超、居民小区、学校附近扩大宣传力度。

4. 加强品牌管理

塑造一个品牌的过程是艰辛且漫长的，毁灭一个品牌却让人猝不及防。H&M、Nike等知名服装品牌曾因"抵制新疆棉花"事件被推向了舆论的风口浪尖，致使业绩损失非常严重。这给广大企业提了个醒——要对品牌建设进行有效的管理。品牌知名度的提升需要稳步推进，切忌急于求成。企业只有建立积极的品牌意识，对品牌进行严格的管理，才能让品牌获得可持续发展。

5. 完善产品服务体系

"顾客就是上帝"的服务理念已深入人心。对于追求高品质消费体验的消费者来说，完善的服务更会让人感觉物超所值。第一，提升产品购买便利度。比如，将品牌线下直营店设置在目标消费群体较为集中的区域，设置更为人性化的支付方式，提升送货上门的覆盖率和速度。第二，提高销售人员的服务态度和技能。加强对这部分人员的培训和考核，端正其服务态度，提升其服务技能。第三，完善售后服务制度。对已售出的产品继续跟踪服务并适时回访，针对消费者的购物体验提供定制化服务，以此来提升品牌知名度，这也是一种人性化的策略。

第 8 章　影响消费者行为的外部因素——产品与品牌

> **思政案例**
>
> **农夫山泉，甜并快乐着**
>
> 1998 年，娃哈哈、乐百氏及其他众多的饮用水品牌大战硝烟四起，而且在娃哈哈和乐百氏面前，刚刚问世的农夫山泉显得势单力薄。另外，农夫山泉只从千岛湖取水，运输成本高昂。农夫山泉在这个时候切入市场，并在短短几年内顶住了众多国内外品牌的冲击，稳居行业之中，成功要素之一在于其差异化营销策略。而差异化的直接表现来自"有点甜"的概念创意——"农夫山泉有点甜"。
>
> "农夫山泉"真的有点甜吗？非也，营销传播概念而已。农夫山泉的环保理念是不使用城市自来水，它认为只有好的天然水才能生产出优质的瓶装饮用水。农夫山泉的水来自千岛湖，是从很多大山中汇聚的泉水，经过千岛湖的自净，完全可以说是甜美的泉水。但怎样才能让消费者直观形象地认识到农夫山泉的"出身"，怎样形成美好的"甘泉"印象，这就需要一个简单而形象的营销传播概念。甜水是好水的代名词，中文有"甘泉"一词，解释就是甜美的水。"甜"不仅传递了良好的产品品质信息，还直接让人联想到了甘甜爽口的泉水，喝起来自然感觉"有点甜"。
>
> **思考**：农夫山泉品牌矿泉水的营销策略体现了品牌的哪种功能？
>
> **分析提示**：农夫山泉从中国文化"甘泉"中得到灵感，让企业品牌融合中华文化，从而实现与其他产品差异化的功能。农夫山泉利用其产品的差异化功能，加大了品牌的竞争力度，使其产品在众多同类产品中脱颖而出，并且经久不衰，让消费者真正体验到农夫山泉的"甘甜"，并且企业的环保健康理念也深入人心，让农夫山泉获得了不错的市场反应。

本章小结

本章介绍了产品和品牌两大外部因素对消费者行为的影响。

产品命名、商标设计、产品包装、产品定价几个环节都能够影响消费者的购买行为，因此企业要根据消费者特点和产品特征来综合考虑产品策略。品牌与产品密不可分，它影响产品的价值，凸显品牌的价值感，体现企业的价值观，进而对消费者行为产生影响。

现代社会是一个消费感性化的社会，每一个卓越的品牌，其魅力都在于它凝结了理念、情感、象征等文化内涵，满足了消费者情感、心理层面的需要，激发了消费者的购买冲动。

随着消费市场品牌数量的快速增加，人们的消费理念也在不断变化。品牌要想立足，就必须打造自己的核心竞争力。企业在市场竞争中除要关注自己的产品外，更应该多关注产品和品牌与消费者之间的沟通，从而制定合适的产品和品牌营销策略，形成消费者认同，进而吸引更多消费者的眼球。

课后练习

第 9 章

影响消费者行为的外部因素——广告与营销

学习目标

- 掌握广告的概念及广告对消费者行为的影响
- 理解新媒体背景下的市场营销与整合营销
- 掌握广告与营销背景下的消费者行为分析

9.1 广告对消费者行为的影响

案例引入

茶π"自成一派",张扬青春个性,放飞心中梦想

茶π是农夫山泉旗下一款面向年轻人的茶饮品,其名称独具一格,包装俏皮清新、缤纷多彩,口感更是清新爽利,符合年轻人的口味。

茶π系列共有四款产品,分别是蜜桃乌龙茶、柚子绿茶、西柚茉莉花茶、柠檬红茶。产品定位为"好喝的水,果味饮料",主要面向 90 后、00 后消费市场。饮品口味上用果香调和茶味,就是为了吸引更多年轻人从这里开始重新认识茶,爱上茶饮。图 9-1 所示为茶π广告。

图 9-1 茶π广告

现代消费者需求变化大，企业需要满足消费者求新、求快、求体验的需求，因此茶π针对年轻人市场打出符合年轻人口味的果味茶。π这个无限不循环小数，象征着无限不循环的青春。茶π的四款产品各有特色，每一款都自成一派，绝不雷同。其广告设计有以下特点。

① 包装焕新：符合年轻人对美和刺激的追求。茶π在包装和插画上追求多变，迎合了年轻消费者不断变化的审美偏好，选择想象力更丰富、线条色彩更明快的手绘插画，呈现了茶在世界各地的起源和在传统文化中的小故事，趣味性更强，也更"吸睛"。新包装的设计风格建立在对年轻人喜好的洞察之上，因此受到广大年轻消费者的喜爱，而且不断推陈出新持续给消费者带来新鲜感。

② 口味升级：多种口味拥抱年轻市场。柚子绿茶，夏天冰凉爽口；西柚茉莉茶，酸甜飘香；柠檬红茶，茶感纯正，茶香四溢。茶味、果味完美融合。热情奔放的口味更加符合年轻人群的喜好，给其带来全新的感官体验。

③ 明星代言：代表青春的态度与文化。青春代表个性，不循规蹈矩，坚持做自己喜欢的事情，努力追逐梦想。年轻消费者为了确立自己与众不同的风格，突出自己的个性特点，不惜付出艰辛与努力，正如茶π作为年轻茶饮的主力代表，在前行的道路上一直努力探索。

思考： 茶π"自成一派"广告创意在其产品宣传方面起到了什么作用？

分析提示： 茶π根据广告诉求重点，突出广告主题——千年茶文化古国缔造经典纯正口味的主体。其新包装的设计风格建立在对年轻人喜好的洞察之上，因此受到广大年轻消费者的喜爱，而且不断推陈出新持续给消费者带来新鲜感；多种口味拥抱年轻市场，同时茶π的明星代言广告吸引了广大年轻消费者，突出了目标消费者的个性特点。

9.1.1 广告与消费者行为

> **学而思，思而学**
>
> 什么是广告？请列举几个你所熟悉的广告案例，试着分析广告在营销方面的作用。

广告是指为了某种特定的需要，通过一定形式的媒体，并消耗一定的费用，公开而广泛地向公众传递信息的宣传手段。广告的英文原义为"注意""诱导"，即"广泛告知"的意思。美国广告主协会对广告下的定义是，广告是付费的大众传播，其最终目的是传递信息，改变人们对广告商品或事项的态度，诱发其行动，从而使广告主获得利益。本节介绍广告的分类、广告的特点、广告对消费者行为的影响。

1. 广告的分类

广告有非经济广告和经济广告之分。非经济广告是指不以营利为目的的广告，如政府公告，以及政党、宗教、教育、文化、市政、社会团体等方面的启事、声明等。经济广告是指以营利为目的的广告，通常是商业广告。它是为推销商品或提供服务，以付费方式通过广告媒体向消费者或用户传播商品或服务信息的手段。商品广告就是这样的经济广告。广告可以根据不同的标准进行分类。下面主要介绍根据广告的直接目的不同而进行的类别划分。

微课堂 1

① 以介绍和销售产品为目的的广告。这类广告在市场上直接宣传产品、刺激需求、诱导购买，具体可分为报道性广告、竞争性广告和提示性广告三种。

② 以建立企业声誉和产品声誉为目的的广告。这种广告不直接介绍商品和宣传商品的优点，而是宣传企业的一贯宗旨和信誉、企业的历史和成就、企业在市场中的影响等，其目的主要是加强企业自身的形象和信誉，沟通企业与消费者或公众之间的关系，培养消费者对企业的偏爱和信任，从而促进销售。

③ 以树立某种消费观念为目的的广告。这种广告不直接介绍商品，也不直接以宣传企业的声誉和信任为目的，而是通过广告宣传建立或改变某种消费观念，而这种观念的建立是有利于广告宣传的。

2. 广告的特点

为了刺激消费者购买行为的发生，从而实现产品销售而产生的广告主要指的是狭义的广告，即经济广告或商业广告。总体说来，广告的本质特点主要表现在以下几点，如图9-2所示。

（1）传播性

图 9-2　广告的特点

广告是一种传播工具，由商品的生产或经营机构（广告主）将商品信息传送给特定的用户和消费者。广告学在其发展的过程中是以整个传播学体系作为自己的依据的，从本质上说广告就是一种信息传播的过程。必须依靠各种传播手段，广告信息才能传递给一定的受众。

（2）说服性

广告进行的有计划、连续的传播活动是带有说服性的，是有目的的行为。企业根据消费者行为及心理分析，有针对性地制定广告宣传活动，能够有效地推广其商品的知名度，说服诱导消费者实施购买行为，从而提升企业产品的市场转化率。

> **学而思，思而学**
> 请列举几个你所熟悉的具有说服性的广告案例。

（3）价值性

广告的本质特征是信息传播，是一种特殊的传播形态和传播方式。广告在实现其功能的同时，必然以其特殊的形式作用于整个社会，产生一定的经济价值和文化价值。广告不仅对广告主有利，对目标对象也有好处，它可使用户和消费者得到有用的信息。

3. 广告对消费者行为的影响

广告的宗旨是将商品信息传递给受众群体，从而促进商品销售。广告对消费者行为的影响主要体现在以下几个方面。

（1）促销功能

广告能在市场促销过程中起举足轻重的作用，是由广告的促销功能决定的。广告促销是指通过大众媒介向目标顾客传递有关信息，由特定主办人以支付一定费用的方式进行的、对于创意产品和服务的非人员推销的展示和促销行为。广告的促销功能表现为高度普及公开、渗透性强、富于表现力，而且不像企业的销售代表那样具有强制性。对于消费者来说，广泛且深入的广告植入能够一定程度上影响消费者的购买行为。因此，广告既能用于树立产品的长期形象，也能促进产品的快速销售。

（2）诱导功能

广告通过告诉消费者购买某种产品或劳务的时间、地点、方式等，引导消费者立即购买，并且让消费者感到该产品确实符合自己的要求。通过广告对产品进行直观的介绍，是介入消费购买决策过程的一种有力手段。广告的这种作用可以从引发对产品的好奇，到通过产品性能的演示帮助决策，再到最后形成购买。诱导潜在消费者购买，是广告的最终目的。

> **思政小课堂**
>
> 广告的诱导功能有助于企业实现其营销计划。社会主义市场经济条件下，多彩多样的广告大量涌现，大学生应学会甄别不同的广告，理性判断广告所推销商品的实用性。

（3）便利功能

广告是利用大众传媒向目标市场中的消费者传递信息的最好方式。通过广告树立产品品牌形象和塑造企业组织形象，传授有关销售与服务活动的信息，让消费者了解企业及其商品的特色和商标名称等，能使消费者对企业或产品产生深刻的印象。如果人们有消费欲望，就会主动选择该企业某商标的产品，从而为消费行为带来便利。

（4）传播功能

广告是一种传播平台，由商品的生产或经营机构（广告主）将商品信息传送给特定的用户和消费者，能够传播与商品有关的信息和消费者需要的信息。

> **思政小课堂**
>
> 改革开放以来，我国致力于构建以社会主义核心价值观为核心内容的主流价值观体系。媒体广告的教育功能，有助于在当代世界树立中国形象、传播中国声音、讲述中国故事，从而扩大中国价值观的国际竞争力和影响力，增强中华儿女的价值自信和文化自强意识。

（5）教育功能

公益性的广告蕴含教育内容，篇幅短小精悍，画面引人入胜，情节幽默诙谐，以图、文、视频和音频等形式生动形象地阐释当代社会的主流价值观，可通过受众的自我感受、想象和体验等活动实现广告中的思想、政治、教育价值。

（6）艺术功能

在广告策划中，广告可以利用语言艺术的作用将广告语锤炼得更加精细和合理，从而更好地服务于广告所宣传的产品，提升产品的艺术感，使之贴合消费者的艺术品位。

9.1.2 广告定位策略

一个成功的广告，必须让产品或品牌在消费者心中找到一个位置。这就是广告理论对"定位"的解释，也是广告定位的基本原则。定位理论的创始人特劳特认为，定位起始于产品，包括一件

> **学而思，思而学**
>
> 请思考什么是广告的定位。

商品、一项服务、一家公司，甚至一个人。然而，定位并非对产品本身采取什么行动，而是针对潜在顾客的心理采取行动。

定位即强调自己在同行业或同类产品中的地位，以及在某一方面独具特色。企业在广告宣传中使用"正宗的""较好家""市场占有率较好""销售量较好"等口号，就是定位策略的运用，如百威啤酒宣称是"全世界最大、最有名的美国啤酒"。在现今信息爆炸的社会里，各种广告、品牌大量涌现，消费者对大多数信息毫无记忆，但对"较好"印象较为深刻，因此定位能使消费者在短时间内记住该品牌。所谓品牌定位，就是给品牌在潜在顾客的心中定一个适当的位置。常见的定位策略主要有下面几大类，如图 9-3 所示。

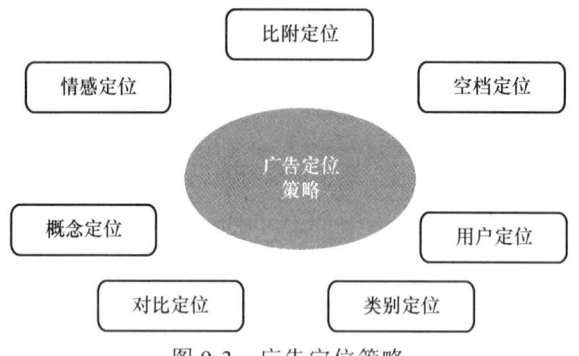

图 9-3　广告定位策略

1. 比附定位

比附定位就是通过攀附、比拟来给自己的产品定位，以沾之光而使自己的品牌生辉。比附定位主要有以下三种方法。

① 甘居"第二"。即明确承认同类中另有颇负盛名的品牌，自己只不过是第二而已。这种策略会使人对公司产生一种谦虚诚恳的印象，相信企业所说是真实可靠的，这样较容易使消费者记住这个通常难以进入人们心智的序位。比如，美国阿维斯出租汽车公司强调"我们是老二，我们要进一步努力"，从而得到更多忠诚的客户。

② "攀龙附凤"。其切入点亦如上述。首先承认同类中早已卓有成就的品牌，而且自己的品牌虽自愧不如，但在某地区或某一方面还可与这些较受消费者欢迎和信赖的品牌并驾齐驱、平分秋色。比如，内蒙古的宁城老窖，宣称自己是"宁城老窖——塞外茅台"。

③ 奉行"俱乐部策略"。自己的品牌如果不能在同类中取得较好排名或攀附第二名，便可退而采用此策略，借助群体的声望和模糊数学的手法，打出入会限制严格的俱乐部式的团体牌子，强调自己是这一群体中的一员，从而提升自己的地位。例如，可宣称自己是某某行业的三大公司之一、50 家大公司之一、10 家著名商标之一等。美国克莱斯勒汽车公司宣称自己是美国"三大汽车"之一，使消费者感到克莱斯勒和第一、第二一样都是好轿车了，从而得到了良好的广告效果。

2. 空档定位

空档定位是指品牌寻求市场上尚无人重视或未被竞争对手控制的位置，使自己推出的产品能适应这一潜在目标市场的需要。在做出此种决策前，对以下三个问题要有足够的把握：①新产品在技术上是可行的；②按计划价格水平，经济上是可行的；③有足够的消费者。如果上述问题的答案是肯定的，则可在这个市场空档填空补缺。

3. 用户定位

用户定位直接以某类消费群体为诉求对象，突出产品专为该类消费群体服务，以获得目标消费群的认同。把品牌与消费者结合起来，有利于增进消费者的归属感，使其产生"我自己的品牌"的感觉。例如，中国移动的动感地带就针对 20 岁左右的年轻人喊出一句"我的地盘听我的"，在用户中形成了一种年轻人"有些霸道、叛逆"的认同感。

案例链接 3

4. 类别定位

类别定位是指与某些知名而司空见惯类型的产品做出明显的区别，给自己的产品定为与之不同的另类。这种定位也称与竞争者划定界线的定位。例如，美国的七喜汽水之所以能成为美国第三大软性饮料，就是因为采用了这种策略。它宣称自己是"非可乐"型饮料，是代替可口可乐和百事可乐的消凉解渴饮料，突出其与"两乐"的区别，因而吸引了相当部分的"两乐"转移者。又如，粟米油以不含胆固醇而与花生油区别开来，在市场中拥有自己的消费群体。

5. 对比定位

对比定位是指通过与竞争对手的客观比较来确定自己的定位，也称排挤竞争对手的定位。在该定位中，企业设法改变竞争者在消费者心中的现有形象，找出其缺点或弱点，并用自己的品牌进行对比，从而确立自己的地位。例如，农夫山泉通过天然水与纯净水的客观比较，确定天然水优于纯净水的事实，并宣布停产纯净水，只出天然水，鲜明地亮出自己的定位，从而树立了专业的健康品牌形象。

6. 概念定位

概念定位就是使产品、品牌在消费者心中占据一个新的位置，形成一个新的概念，甚至造成一种思维定式，以获得消费者的认同，使其产生购买欲望。该类产品可以是以前存在的，也可是新产品类。例如，在个人数字助手（Personal Digital Assistant，PDA）行业，商务通运用概念定位，创造了一个营销神话——"手机、CALL 机、商务通一个都不能少"，给了当时迷茫的市场、迷茫的行业、迷茫的消费者一个清晰的定位，以致消费者认为 PDA 即商务通，商务通即 PDA，商务通也从此坐上了行业老大的宝座。

7. 情感定位

情感定位是指运用产品直接或间接地冲击消费者的情感体验而进行定位，用恰当的情感唤起消费者内心深处的认同和共鸣，改变消费者的心理。例如，美加净护手霜的广告语"就像妈妈的手温柔依旧"，让我们的内心泛起阵阵涟漪，觉得美加净的呵护就像妈妈一样温柔，这正是情感定位策略的绝妙运用。

9.1.3 广告创意原则

学而思，思而学

什么是广告创意？广告创意应遵循哪些原则？请谈谈你的观点。

广告创意是与众不同的创造性思维过程，是表现广告主题的、能有效与受众沟通的一种艺术构思，也是广告人员根据市场调查结果、产品特性和公众心理创造广告宣传意境的思维和决策过程。具体来说，广告创意应遵循以下原则。

1. 定位于消费者需求之上

首先，广告创意应存在于消费者的内心需求基础之上，其定位对生产者来说应满足市场潜在的心理需求，即"这个产品是做什么的，是给谁做的"。例如，"乐百氏奶"是"给小朋友饮的果酸奶"，"百事可乐"是"新一代的选择"，麦当劳的方便性，都体现出不同的潜在消费群体。产品一旦定位，广告内容和广告风格所形成的品牌形象也就基本确定。因此，定位是满足不同群体心理需求（利益）的界定，这是创意的开始，也是创意要解决的基本问题。

其次，从消费者情感上定位，需要生产者利用商品来给消费者带来情感上的满足（包括地位、派头、时尚、享受人生、快乐等）。例如，哈根达斯"爱她就带她吃"的选择、海澜之家是"男人的衣柜"、Darry ring 钻戒代表"一生只爱一个人"等，都是基于情感定位形成的品牌形象。情感定位的前提是对文化背景、时代潮流、社会风俗、消费者心理有深入理解。面对消费者的性别、年龄、职业，企业营销人员应能透过表层现象深刻领会目标消费者的人生态度、价值观念和对产品的特殊需求，找出产品上的关联点，使产品配合消费者心理，引起共鸣，从而在消费者情感中占据一席之地。

微课堂 2

微课堂 3

2. 抓住消费者的消费心理

广告创意与消费心理的关系非常密切，研究消费者的消费心理是广告创意的本原和市场开拓的需要。从整个广告的流程来看，广告从消费心理出发，又以消费心理的变化为归宿。因此，研究消费者的消费心理是广告创意的本质要求。违背消费者心理活动规律，广告将失去其存在价值。消费者的若干心理状况直接或间接地影响着其消费行为，并由此影响着产品决策者对整个宏观市场的把握。因此，优秀的广告创意必须建立在对消费者消费心理的科学调查和研究基础之上，以满足消费者的需求。

微课堂 4

首先，巧妙运用广告语。广告创意要有的放矢，瞄准大众的消费心理靶位。广告语是表现广告主题最直接的方式，它与画面图形配合，使广告内容更加明确、清晰、醒目、动人，在广告中起着举足轻重的作用。创意成功的广告语，不仅需要撰稿人具备一定的文学修养，而且需要根据企业产品特点、市场、定位、消费群体等，用文学语言生动、准确、巧妙地突出主题，达到吸引消费者、树立企业产品形象和促进销售的目的。

其次，巧妙运用广告画面设计。广告画面设计巧妙，能给观看者带来强烈的视觉冲击，即美和娱乐的享受。简洁生动、形式感强的画面会给人留下深刻的印象。这一切都与广告创意者千方百计研究、迎合人们的消费心理密切相关。

广告创意无论是文字还是画面设计都是一项艰苦而富有创新精神的工作，是广告人智慧的结晶，是创造思维的结果。要进行有效创意就必须切合公众心理，并根据产品的特性利用各种艺术手段，学习国内外优秀广告精华，创造出新颖、独特、吸引人、诱惑人的真正富有感染力的作品，使公众在艺术享受中、在经意不经意间，产生潜在的消费动机，进而达到广告创意宣传的目的。

3. 科学准确地投放广告创意

企业应紧扣消费者的心理，科学而准确地投放广告。广告创意及其表现形式是针对特定消费群体的消费心理来制作的。在不同的市场领域，由于地理变数的影响（如地区、人口、规模、生活方式等），消费者对产品和营销组合的需求不同，广告创意也必须针对特定的市场区域采用特定的创意表现，以达到诉求的效果。因此，如果同一产品有不同的目标市场区域，那么广告创意表现形式也应是多样化的。

在进行广告创意表现之前，必须事先对目标市场消费者的心理做认真细致的考察，找出最佳诉求点，然后围绕这一点进行具体的广告创意。在进行广告创意时，不仅要切合消费者的心理，而且要根据所宣传产品的特性，深入挖掘其中的有效创意元素，创作出能为大众所接受的、富有感染力的广告作品，在带给受众快乐生活的同时，也把产品的信息准确及时地传达给消费者，使消费者在经意不经意间产生购买动机，或者把企业的品牌特征、企业理念和企业形象深深地烙在消费者的记忆深处，从而达到广告宣传的目的。例如，有些商家为了更贴近消费者的生活，找到一种与受众互动的方式，即在广告、受众之间通过节目互动，让受众充分娱乐，把商业信息巧妙地融入消费者的娱乐生活之中。

现代社会广告铺天盖地，信息无孔不入，广告不能一味地靠增加曝光量来产生预期的广告效应。为了突出自己产品的特色，企业应尽力精心设计自己的品牌形象，同时对媒体和受众进行深入的研究，从中找到广告与媒体、广告与受众的契合点，使广告更具号召力，这样才能达到与消费者互动、共鸣的传播效果。

9.1.4 广告诉求心理

广告是传播消费信息非常有效的一种方式，其传播效果的好坏直接影响消费者的购买行为。企业在进行广告宣传时，要考虑广告与消费者行为之间的关系，充分发挥广告传播的优势，同时减少或避免广告传播对消费者造成的不良影响。

1. 广告诉求与消费者行为

广告诉求是指产品广告宣传中所要强调的内容，俗称"卖点"。广告诉求体现了整个广告的宣传策略，往往是广告成败的关键。广告诉求方式可以分为感性诉求和理性诉求。

> **学而思，思而学**
> 什么是广告诉求？请谈谈你的观点。

（1）感性诉求

人的情感十分丰富，也很容易被激发。广告的最终目的是诱发消费者的购买行为，而人们的购买行为往往与情感活动关系密切。在广告中，情感活动越强烈，消费者就越容易产生购买行为，甚至会在一定程度上决定购买行为。感性诉求广告正是基于这种条件产生的。

> 微课堂5

广告中的感性诉求不完全从产品本身的固有特点出发，而更多地关注消费者的心理需求，所以企业需要运用合理的艺术创作手法来创作广告内容，寻找可以激发消费者情感共鸣的出发点，使消费者在动情之余接受广告信息的传播，从而产生购买行为。

感性诉求作为一种有效的广告策略，尽管其作用是理性诉求广告难以超越的，但也不能一味地使用，而必须根据产品的特性有针对性地选择广告诉求方式，因为对于有些产品来说，理性诉求的效果会更好。

（2）理性诉求

理性诉求是指广告诉求定位于消费者的理智动机，通过真实、准确、公正地传达企业、产品或服务的客观情况，使消费者经过概念、判断、推理等思维过程之后理智地做出购买决定。理性诉求类广告会清清楚楚地告知消费者，他们购买某种产品或服务会获得怎样的利益，或者不购买某种产品或服务会受到怎样的影响。恰当地使用理性诉求可以增强广告的说服力，使用不当则会变成对消费者的说教，使其产生反感情绪。

视野拓展

理性诉求的几种表现形式

（1）直接陈述

直接陈述是最直接的方法，一般用于说明产品的特点和功能。例如，全新力士润肤露的广告词："全新力士润肤露有三种不同配方和香味，充分呵护不同性质的肌肤。如白色力士润肤露，含有天然杏仁油及丰富滋养成分，清香怡人，令肌肤柔美润泽，适合中性和油性肌肤。"这则广告简单明了地陈述了力士润肤露的产品特性及功效，可以使消费者对该产品有一个全面的认识。

（2）引用数据或图表

引用数据能够让消费者对产品或服务产生更具体的认知。如果需要引用的数据较多，或者产品结构、设计特性难以用语言描述，就可以引用简单明了的图表，从而向消费者传达更精确的信息。

（3）类比

类比是形象地传达信息的重要方法。一般选择消费者熟悉的、与产品具有相似或相反特征的事物与产品特性并列呈现，从而准确地对比出有关产品本身的重要事实。

（4）设问

采用设问修辞，用自问自答的方式可以引起消费者的兴趣，因为他们在生活中或许会有相似的疑问，而且尚未得到解决；也可能他们还没有意识到存在的问题，但该问题一直困扰着他们的生活。总之，广告中提出的问题可能会触动消费者的内心，促使其将广告文案浏览完毕，并对广告产生深刻的印象。

2. 诉求方式的选择依据

广告诉求选择得当，会对消费者产生强烈的吸引力，激发他们的消费欲望，促使其购买产品。企业可以依据以下因素选择广告诉求方式。

（1）产品的市场形象成熟程度与同质化程度

如果产品的市场形象成熟程度和同质化程度较高，不同品牌之间的性能和功能没有太大的差异，那么广告诉求就不适合强调性能、属性等理性信息，否则将无法引起消费者注意、无法强化其记忆效果，说服力也会受到削弱；而应诉诸消费者的感性心理机制，在品位、情调等方面与同类型的产品相互区分。

（2）产品质量可供直接判断的可能性

如果目标消费者能够依据自身经验判断产品质量，那么他们就会在接触广告信息时根据内心设定的标准形成心理上的期待。产品若能满足消费者的期待心理，说服力则强，否则会被认为空洞不实。

若目标消费者无法直接判断产品质量，内心无法形成对产品的评估标准，那么即使广告中出现了产品性能或功能等信息，对于他们来说也形同虚设，而且很多技术性的语言枯燥乏味，对其产生不了吸引力。这时，可以依靠故事情节、色彩和音响来增加广告的情调，采取明星推荐的方式使消费者在晕轮效应的影响下认同产品信息。

（3）产品的使用场合

产品的使用场合也是企业在选择广告诉求方式时需要考虑的因素。通常情况下，公共场合使用的产品适合制定感性诉求策略，因为消费者在公共场合中的自我形象心理很突出，感性诉求很容易作用于消费者信息处理的边缘路径（每个人都会以两种不同的方式处理信息：一种是以详尽的方式，用严谨的思考处理信息，即核心路径；另一种是以简单、粗略的方式处理信息，即边缘路径）；而非公共场合使用的产品，如家电、日用品等，其广告策略应以理性诉求为主。

3. 感性诉求与理性诉求的融合

在实际的广告创意中，广告诉求方式的最佳选择是感性诉求与理性诉求相融合。

首先，如果一则广告作品充斥着过多的理性知识符号，让消费者保持长久的注意，容易使其产生心智疲倦；而过多的情感经验符号会过度吸引消费者的情感，使其轻松、愉快，但转移了他们的注意力，会弱化其对产品功能、特性等信息的注意力。因此，好的广告作品是两种类型的符号进行优势互补，既要吸引消费者的注意力，又要唤起消费者强烈的情感参与，从而达到最佳效果。

其次，消费者是理性与感性的结合体，既有理性需求，也有感性需求。根据马斯洛的需求层次理论，人们的心理需求从低到高依次为生理需求、安全需求、社交需求、尊重需求和自我实现需求。人们满足了低层次的需求后，便想满足更高层次的需求。

面对多元化的社会和个性化的消费者，广告不仅要通过理性诉求方式简洁、高效地为消费者提供所需的产品信息，满足消费者的基本需要，还要用感性诉求方式来帮助消费者寄托某种情感或精神，解决他们的烦恼，使其产生愉快的情绪，这样才能给消费者留下真正满意的感觉，使其愉快地接受广告，并乐于购买广告中宣传的产品。

9.1.5 增强广告效果的心理策略

广告营销的心理策略主要运用心理学的原理来策划广告，诱导消费者完成消费的心理过程。美国广告专家路易斯提出的"AIDMA"法则，即Attention（引起注意）、Interest（引起兴趣）、Desire（唤起欲望）、Memory（留下记忆）、Action（购买行动），这五个方面与人们的心理活动密切相关。本节介绍主要的心理学原理与增强广告效果的心理策略。

1. 主要的心理学原理

企业希望通过广告打造企业知名度，使其产品深入人心；同时，企业应在广告设计过程中充分学习相关的主要心理学原理，以取得更好的营销成果。广告相关的主要心理学原理如下。

（1）注意理论

注意是心理活动对一定对象的指向和集中，是伴随感觉、知觉、记忆、思维、想象等心理过程的一种共同的心理特征。广告能否成功地引起观看者的注意，是判定广告效果的重要依据。

(2)记忆理论

记忆是经验在人脑中的反映,是在头脑中积累和保存个体经验的心理过程。人们只有记住了广告,消费时才会将其所宣传的产品作为考虑目标之一。

(3)说服理论

霍夫兰的说服理论认为,说服是引起人的态度改变的有效途径,即通过给予一定的诉求,引导接受者的态度和行为趋向劝说者的预定方向。广告是说服大家购买的手段,即利用生动的形式和真诚的承诺引起消费者的关心和信任,从而使其产生购买行为。

(4)个性理论

个性就是个体独有的并与其他个体区别开来的整体特性,即具有一定倾向的、稳定的、本质的心理特征的总和。不同商品有着不同的性能和特点,个性要求广告在内容、形式和媒体选择上充分考虑目标客户的个性特点,有针对性地设计和推出。

2. 增强广告效果的心理策略

如前文所述,广告与注意理论、记忆理论、说服理论、个性理论密不可分。因此,要增强广告的效果,就要结合上述心理学原理,从以下几个策略入手,开展广告的设计制作及推广工作,如图9-4所示。

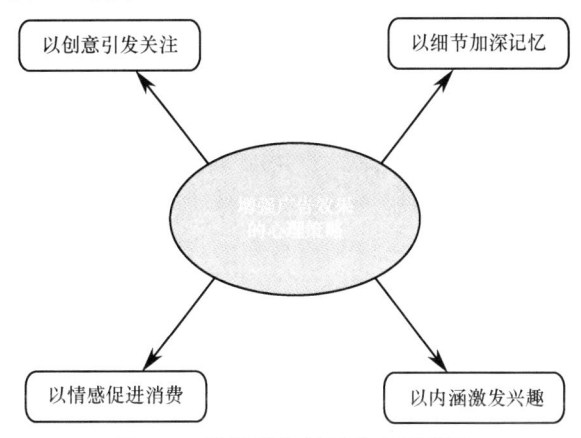

图 9-4 增强广告效果的心理策略

（1）以创意引发关注

"广告教父"大卫·奥格威认为,广告创意要考虑以下问题:一是能否在消费者第一眼看到时抓住其注意力;二是是否很独特;三是是否符合公司策略;四是是否可以用30年以上。

面对竞争对手的压力和消费者的挑剔,企业设计一则创意无限的广告吸引消费者的注意显得尤为重要。众所周知的"南方黑芝麻糊"的广告,已近30年,画面中的温情场景和叫卖声至今让人难以忘怀。创意不是奢华,也不是标新立异,更多的是找到可以让人接受并产生共鸣的刺激点,这样才能吸引消费者注意,最终促成消费行为的产生。

（2）以细节加深记忆

广告能否给企业带来经济效益,很重要的一点就是能否吸引消费者的注意,这也是促使消费行为产生的第一步。广告要借助电视、报纸、网络等媒体向大众推广,不同的商品广告要选择合适的媒体或媒体组合，充分考虑大小、时长、颜色及运动变化等细节因素，这样才能引人注意。细节设计上具体可从以下三个方面着手。

① 突出关键点，增加强度。商品的广告要突出商品的特点和优势，不能平铺直叙、泛泛而谈。在抓住商品的关键点后，还要适当增加强度，因为在一定范围内，物理强度越大，心理反应越强烈。广告的强度表现在大字体、大尺寸、响亮的宣传声等方面。突出重点、强度较大的广告更容易吸引人，并引发记忆。

② 关注差别点，加强对比。在广告设计中，要关注各种商品的差别，除广告本身各元素的对比外，还应注意与周围环境的对比，运用动态刺激和色彩刺激等方式，加强对比，凸显效果。例如，应用广泛的电子屏广告运用画面的变化或视频形式的展现，色彩明艳，易于抓住人们的视线，增强人们的记忆。

③ 善用情感点，形成口号。温暖柔情、幽默诙谐等带有正面情绪的广告主题能给受众带来一种积极的响应。例如，脑白金卡通造型的老人跳舞的广告设计，让人感觉神清气爽，同时其广告语"送礼就送脑白金"更是深入人心。"好吃点，好吃你就多吃点""一切皆有可能"等著名的广告语，让人们记忆犹新，这就是利用广告所展现的情感。

（3）以内涵激发兴趣

广告创意的内涵能让消费者产生深刻的记忆，从而产生对品牌的高度认同感与忠诚度。例如，2018年初，江小白出品了一系列亲情、爱情及缅怀青春相关的文案，江小白相继扮演了"我""父母的孩子""漂泊的游子""恋爱中的情侣"等角色，产生了强烈的带入感，激发了消费者的兴趣，即使许多人吐槽江小白的酒不好喝，但仍被其广告内涵所吸引，愿意购买尝试，应了那句"喝的不是酒，是情怀"。

（4）以情感促进消费

广告要充分调动消费者的心理活动，情感认同是其中重要的环节，它对消费行为起着重要的诱发作用。例如，999感冒灵的广告"总有人偷偷爱着你"被消费者广为转发，好评如潮，因为生活中那些平凡的小温暖总能让人泪流满面，有人评论说没有感冒也想买来吃吃。这则广告在宣传产品信息的同时，给了大家一个可以触动消费者心理的印象，从而引导消费者购买商品，实现产品利润的最大化。广告要抓住消费者的情感，要从消费者的从众求实心理、求异攀比心理出发，有的放矢。

商业广告的心理功能是一个复杂的系统，从市场调查、广告策划、设计制作、发行宣传到修订完善，每个环节都要体现创造性和系统性。企业可以通过巧妙的构思、艺术的加工升华、热门动人的题材等，增强广告的感染力。每个环节都要紧密结合消费者的心理特征，把握消费者的心理变化，适时根据变化进行调整，成功地抓住消费者的心，完成商品的推广，实现企业的营销目标，这样的广告才能称为成功的商业广告。

> **思政案例**
>
> **投准了的乌龙——三得利乌龙茶**
>
> 三得利最开始以酒起家，后来逐渐在瓶装茶市场中占据了一定的市场份额。虽然三得利并不是首家把茶做成瓶装饮料的品牌，但却能够后来居上，原因有两个方面。一方面，三得利乌龙茶通过强调原料产地，找到了突破口。另一方面，三得利乌龙茶通过定位无糖、健康、低热量等，形成了差异化。另外，三得利在广告中不断强化三得利乌龙茶来自中国、是正宗乌龙茶的认知，帮助消费者建立印象；而且在产品上也在不断进行改进和创新，以便更好地适应市场需求。三得利乌龙茶的品牌定位，成功帮其获得了更多的关注和认可。
>
> 乌龙茶最初起源于北宋时期，发源于福建省的凤凰山，是中国特有的茶类。乌龙茶除内销广东、福建等省外，主要出口日本、东南亚。前瞻产业研究院数据显示，2020年乌龙茶出口量为1.69万吨。日本是中国乌龙茶的外销市场之一。在20世纪70年代末乌龙茶刚刚进入日本市场之际，凭借其减肥、美容等效果吸引了不少年轻女性的目光。虽说乌龙茶的作用有些被高估了，但这并不影响日本人对乌龙茶的喜爱，茶余饭后喝上一杯乌龙茶都是很常见的事。也就是说，日本消费者知道乌龙茶是来自中国福建的，不过将这一印象进一步加深的是三得利，因为它在乌龙茶原料的来源上进行了强调。三得利基于上述认知，在品牌战略上打的是中国牌，不断强化"来自中国的乌龙茶最好"这个概念。虽然日本伊藤园的乌龙茶原料也是从中国进口的，但是并没有强调产地，这也帮助三得利成功地找到了突破口。
>
> **思考**：请结合中国制造简要分析三得利乌龙茶品牌定位成功的原因。
>
> **答案提示**：三得利乌龙茶在品牌战略上打的是中国牌，不断强化"来自中国的乌龙茶最好"这个概念。虽然日本伊藤园的乌龙茶原料也是从中国进口的，但是并没有强调产地，这也帮助三得利成功地找到了突破口。"中国制造"的独特性，成功地帮助三得利实现了品牌定位，同时增强了中国产品在国际上的形象，弘扬了优秀的中国传统文化，增强了中华民族文化的自信心。

9.2 营销对消费者行为的影响

> **案例引入**
>
> 若是茶饮界也分段位，那么长沙的"茶颜悦色"绝对牢牢地占据着王者之位。
>
> "茶颜悦色"不仅是茶饮界的"老炮儿"，也是设计界的"扛把子"，更因在长沙外开一家、堵一片的强大交通破坏力，声震整个茶饮行业。排队6小时，一杯奶茶代购单价最高达500元，自2021年4月2日茶颜悦色深圳快闪店开业后，关于网红茶品"茶颜悦色"的热度议论便一直没有中断过。相比喜茶的"高颜值网红路线"、蜜雪冰城的"低价下沉路线"、一点点的"高性价比中端路线"，茶颜悦色更像一个异军突起的战士，在各大奶茶品牌疯狂争夺市场的时候悄然崛起，并迅速获得追捧。
>
> 茶颜悦色是2013年创立的一家鲜茶店，当消费者对传统奶茶的热度锐减的时候，

茶颜悦色就在这个时候兴起，开始着手开辟自己的鲜茶制作和销售市场，并以其尊崇品质化经营的方向，展现出品牌别具一格的个性品质及优质高效的服务，迅速赢得了广大消费者的青睐。作为国内鲜茶饮品制作的先行者，茶颜悦色一直坚持自己的特色，使自己更能符合消费者的需求。随着物质生活水平的提高，天然、健康已成为越来越多的消费者健康生活方式的消费潮流，而茶颜悦色正是满足了消费者的这种需求。

思考： 请简要分析茶颜悦色的成功营销与消费者行为的关系。

分析提示： 茶颜悦色的目标群体是年轻人，它利用精美的包装图案、国风内容和可爱新颖的外观，精准地抓住了目标消费群——年轻人。茶颜悦色的定位就是利用奶茶加中国传统文化进行宣传推广，走"中国风"路线。茶颜悦色深知消费者感知的不是餐饮品牌，而是其心中的认同感，但想让消费者真切感知，不能硬性灌输，应该以受众易于接受的传统文化唤醒文化认同感。比如，茶颜悦色的公众号文章采用的是年轻人幽默、极其坦诚且略带调侃的文风，更加有亲和力和诙谐力。另外，像"单品免费续杯""集卡点免费赠杯""雨天指定饮品第二杯半价"等营销套路，能够让消费者感到温暖，继而成为大家心目中的陪伴茶饮。除此之外，茶颜悦色还在打造周边产品，如与茶饮有关的叶子、杯子，还有明信片、中国风的雨伞、水杯等。茶颜悦色还采用公众号发文/大V转帖/抖音曝光等方式，以及中国风原创+接地气的互动，用年轻人更容易接受的方式做传统文化，把年轻人对文化的理解看得很重。不仅是产品的包装，还有室内的装修风格，茶颜悦色把一个个产品或场景做出来，去找消费者的共鸣，吸引年轻人的关注。

9.2.1 新媒体时代的市场营销

新媒体融入市场营销，是社会科技进步的必然趋势。随着技术进步及经济的发展，新媒体营销方式的应用给企业带来了机遇，也带来了挑战。本节从新媒体营销的概念、新媒体营销的优势、新媒体时代的载体营销、新媒体营销对消费者行为的影响几个方面介绍新媒体时代的市场营销。

1. 新媒体营销的概念与形式

新媒体营销指企业利用当前的信息技术创造信息化和网络化的平台，进行产品信息的传播与发布，进而获取收益。新媒体营销的平台多种多样，最常见的就是网络平台、移动媒体、数字媒体等。与传统营销模式的不同之处在于，新媒体营销主要依靠网络进行信息扩散，利用社会化媒体进行品牌和产品的宣传营销工作，可以与用户群体建立多项关联，进而提升品牌或产品的知名度。

> **学而思，思而学**
> 什么是新媒体营销？新媒体营销有哪些形式？

新媒体营销有以下主要形式。

① 自媒体平台。所谓自媒体，就是社会个体运用网络化的技术手段，将具有一定格式的信息传递给大众的一种信息传播形式。随着互联网的发展，自媒体形式也越来越多样化，主要有微信、微博、博客、贴吧，以及抖音、快手等短视频软件。自媒体的信息传播速度快捷、范围广，能为企业带来很好的商机，由此产生了以这些自媒体为媒介的

企业产品宣传方式，如微商、抖音直播间带货等。

② 搜索引擎。企业将相关信息在合作的搜索引擎上进行发布，以此向一部分受众进行传播。我国搜索引擎的用户量大，使用频率高，企业可以利用其筛选功能，较为准确地锁定目标用户，将产品广告、销售信息发布出去，增加广告的传播速度和广度，使得宣传对象更加具有针对性，从而提高企业宣传效率，明确市场定位。

③ 户外新媒体。将传统户外广告方式与信息技术相结合，形成了新颖的户外宣传方法，最常见的有 LED 广告牌、全息投影墙面、灯箱等。这些形式都是企业实现有效营销的主要手段。但是这种户外新媒体营销宣传具有一定的局限性，即消费者的可选择性降低，传播速度也受时间和地点的限制，所以企业在选择这些营销方式时，要根据产品特点及企业实力慎重决定。

2. 新媒体营销的优势

与传统的市场营销方式相比，新媒体营销可以抓住消费者的兴趣点，调动消费者的积极性。同时，随着各种社交软件和网络平台的产生，消费者可以利用网络渠道对产品和品牌进行了解与沟通，还可以利用网络进行信息的传递。因此，与传统营销模式相比，新媒体营销将消费者变成传播过程中的媒介，如果营销手段得当，可能会引起病毒式传播，从而形成市场需求逐渐扩大的营销效果。当前，很多品牌和产品广泛使用新媒体营销手段进行营销信息的管理和发布，收获了良好的营销效果。具体来说，新媒体营销有以下优势。

（1）增强了企业与顾客之间的互动性，降低了企业营销成本

互动性强是新媒体突出的特点，能够在信息传播过程中实现与信息接收者之间的实时互动，提高自主性。因此，新媒体营销方式实现了企业与顾客之间的双向实时互动，有利于企业了解市场，做出正确的营销管理决策。这种形式也为企业提供了一种低成本传播平台，如果宣传内容充满创意且具有一定的时代教育意义，网友感到有趣、有价值，就会进行自愿转发，起到免费传播的作用，极大地增强了企业产品相关信息的传播速度与广度，此时企业只要运用一小部分的成本进行网站维护、及时发布信息即可。相比传统营销方式，新媒体营销的投入成本要少得多。

（2）提升了产品广告创新空间

随着信息技术的发展，新媒体营销方式也越来越多样化，如 QQ 营销、新闻营销、博客营销、微信营销、病毒营销、社区营销、数据库营销等。无论运用什么样的营销形式，都需要企业对营销内容进行不断创新。创新是企业最强的生产力，创意是企业实现创新的灵魂，是当今企业提升整体市场竞争力的关键因素。新媒体创新传播手段将许多创造性因素集中在一起，是对我们现有知识结构的组合和改变，将这些创新因素应用在营销手段中，刚好弥补了媒体创意枯竭的不足，提升了产品广告创新空间。将新媒体的创新传播方式与企业产品相结合，对企业在短时间内实现战略转型和营销方式的整合提供了可能。

（3）有利于塑造企业形象，打造企业品牌

在进行新媒体营销的过程中，企业需要对官方媒体账号进行时时维护和更新，公众号文章的撰写、产品文案的编写等都是企业树立良好形象的主要手段，以此为源头进行后续的宣传工作，可以大大增加营销成功率。用户通过浏览这些文章，对企业建立较好的第一印象，重复浏览后好感加深，步步积累的好感将在最终的产品宣传上起到积极作用。当顾客出于好感买到企业的产品后，他们会对产品进行免费推广，这有利于逐渐提升产品的知名度，有利于品牌的打造。

总的来说，与传统市场营销方式相比，新媒体营销不仅可以在很大程度上节省营销成本，还可以在短时间内积累大量的良好口碑。与此同时，还会督促品牌和产品不断提升自身服务的质量与性能，使品牌和产品的核心竞争力得到提高，逐渐形成良性循环，扩大品牌影响力。新媒体营销可以针对不同的消费者群体给出针对化营销，利用大数据对用户进行精准筛查，发掘潜在用户，明确消费者需求，使品牌做到精准服务用户、扩大发展与盈利空间。

3. 新媒体时代的载体营销

载体营销是美国斯坦福大学提出的一种模式，其基本经营理念为先进理念+完美平台（营销的承接整体）+完善服务+良好信誉+优质产品=巨大商机。

在传统的载体营销中，尽管产品也面向具体的消费者，但要借助具体的终端，以该终端为媒介进行销售，如酒店的客房咖啡、KTV包厢的饮料、自助售货机等。而在新媒体时代，线上营销载体不断涌现，主要有以下形式，如图9-5所示。

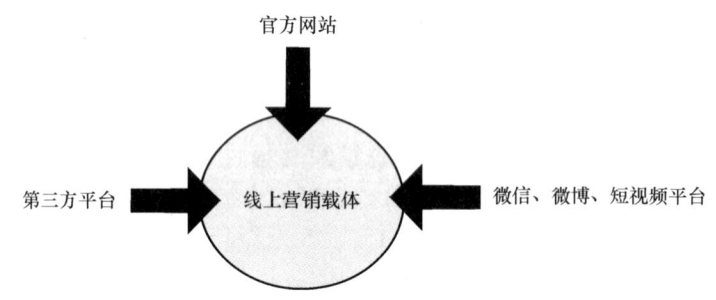

图9-5 线上载体营销形式

（1）官方网站

自互联网诞生后，网站作为一种有效的沟通工具，受到个人和企业的极力推崇。网站可以为企业或个人实现品牌和产品的宣传，有着巨大的商业价值。尽管现在已经进入移动互联网时代，但官方网站仍然是企业在营销活动中不可忽视的一个重要载体。

（2）微信、微博、短视频平台

微信、微博和短视频平台是移动互联网时代的典型代表。这三种载体为企业与消费者的互动提供了便利，让企业运营人员能够方便、快捷地回答消费者的提问，以树立企业的正面形象，同时有利于收集消费者信息。

微博具有较强的媒体属性，所以微博用户的关系大多建立在兴趣上，属于弱关系，多为单向传播，更注重传播速度和内容的公开性，传播范围较广。因此，社会热门事件大多在微博上曝光，并大范围扩散。

微信具有较强的社交属性，关系链较强，用户之间多为双向关系，更注重即时聊天，传递私人内容，所以信息的传播范围不广泛，传播速度不快，但用户的信息消化率较高。

在移动互联网时代，人们的网络行为习惯发生了变化，时间越来越碎片化。随着网络提速和资费降低，短视频平台逐渐成为企业市场营销一个不可或缺的载体，其中以抖音和快手为代表。近年来，短视频用户的增长、各大平台的入场、内容生产机构的进入、商业化的成熟带来的资本积累，以及技术智能化的不断升级，都标志着短视频已经成为移动互联网时代重要的媒介形态，也成为企业必须格外关注的营销平台。

（3）第三方平台

第三方平台主要包括新闻网络媒体、论坛等。与官方网站、微博、微信、短视频平台相比，新闻网络媒体、论坛等平台的限制性因素更多，企业可以发挥的余地较小。例如，很多论坛明确要求不能在帖子中添加电话、产品链接等信息，也不能直接展示产品或品牌信息，而且与用户的互动性比较差。

不过，仍有很多第三方平台在用户中存在较广泛的影响力，企业在进行多渠道营销时可根据具体情况适当发布内容，扩大广告信息的覆盖范围。

案例链接6

4. 新媒体营销对消费者行为的影响

消费行为包括目标消费者对产品从购买到使用的一系列过程中所经常采用的方式，如通常的了解途径、主要的获取方法、关键性的影响因素、习惯性的使用方式等。新媒体营销对消费者行为的影响主要体现在以下方面。

① 使消费者由主要通过实体店购物转变为网络虚拟店铺购物或通过新媒体获得信息后购物。

② 使消费者从传统广告受众转变为主动接收广告信息者。传统模式下的消费者只能从实地去了解商品信息，新媒体营销使得消费者在使用线上营销载体时主动接收广告信息。

③ 使消费者从接受标准产品变为个性消费。新媒体的发展使得消费者的个性需求得到满足。专业定制等营销方式很大程度上改变了消费方式。

④ 使消费者购物周期缩短，冲动消费次数上升。商家通过新媒体营销等方式，提供打折、发优惠券、满减优惠等活动，有助于刺激消费者的购买行为，使购物周期缩短。

⑤ 使消费者购物地域变广。网络商家利用新媒体推广自己的产品，不再受到国家或地区的限制，能够通过完善的物流服务实现异地交易。

⑥ 使消费者"宅"家的时间变长，足不出户就可以享受送货上门服务，改变了消费者的购物方式。

⑦ 新媒体出现以来，不仅刺激了传统媒体的转变，也刺激了消费者的思维方式和消费方式，实现了新的商业模式消费方式的转变。新媒体具有传统媒体所没有的特点，高效便捷，内容丰富、全面、有趣，正符合现代人追求高效阅读、快节奏的消费需求。

⑧ 借助消费平台的口碑宣传、店铺评分、商品评价等方式，消费者有了更便捷的途径来知道购买商品的质量。传统模式下的消费者只有通过实地了解才会考虑是否购买，

这不仅限制了消费空间也浪费了许多时间。在新媒体时代，消费者对于想买的商品可在各大消费平台进行查找，充分了解其他消费者的评价，再决定是否购买。

> **视野拓展**
>
> **新媒体营销下打造消费者认可的产品品牌**
>
> 对企业来说，核心问题之一就是如何满足消费者的需求，打造消费者认可的产品品牌。在新媒体条件下，这个问题将得到进一步解决。
>
> 在传统营销的过程中，企业的研发设计都是以企业为出发点的，消费者没有途径参与其中，只能被动地接受产品。在新媒体营销下，产品的设计与研发是以顾客为中心的，企业通过新媒体获取消费者的反馈信息，让消费者提意见，获取消费者的真实需求，以此来设计和研发产品。
>
> 这种在新媒体条件下的网络营销方式，能够使企业直面消费者，满足消费者的消费需求。而消费者也会在新的产品中得到需求的满足，从而获得超预期的消费体验，增强对该企业产品的偏好和忠诚度。现在流行的微博、微信、抖音等新媒体平台，都提供了免费的宣传机会，企业通过传播图文、短视频等方式，或者将广告植入直播之中，不仅能够提高宣传的效率，还能降低广告的成本，实现品牌的多元化、多方位传播，提高品牌知名度。

9.2.2 整合营销

整合营销传播（Integrated Marketing Communication，IMC）也称整合行销传播、整合传播、一体化营销传播，它适应了信息多元化与企业竞争品牌中心时代的要求，以 1993 年美国学者唐·舒尔茨等《整合营销传播》一书的出版为标志。整合营销传播已成为全球范围内营销与广告学界讨论的热点。本节从整合营销的概念与特征、整合营销的基本步骤、整合营销对消费者行为的影响等几个方面介绍整合营销。

> **学而思，思而学**
>
> 什么是整合营销？请谈谈你的观点。

1. 整合营销的概念与特征

（1）整合营销的概念

整合营销理论产生于 20 世 90 年代，是由美国西北大学市场营销学院教授唐·舒尔茨提出的。他认为整合营销就是根据企业的目标设计战略支配企业的各种资源，以达到战略目标的营销方式。

整合营销把各个独立的营销活动综合成一个整体，使之产生协同效应，为企业创造最大的利润。整合营销倡导更加明确的消费者导向理念，以消费者为核心来重组企业行为和市场行为，综合、协调地使用各种形式的传播方式，以统一的目标和统一的传播形象来传递一致的产品信息，实现与消费者的双向沟通，迅速树立产品品牌在消费者心中的地位，建立产品品牌与消费者长期、密切的关系，更有效地达到广告传播和产品销售的目的。

实施整合营销时，企业可以将消费者需求与企业的发展相结合。通过各种渠道搜集市场信息，能够帮助企业总结分析市场资源及消费者需求，用分析的结果来指导企业生产，然后对生产出来的产品进行有效宣传，从而促进产品销售，实现营销一体化发展，实现企业的规模化经营，提升企业的整体竞争力，帮助企业建立品牌形象。

（2）整合营销的特征

整合营销主张把一切企业活动（如采购、生产、公关、产品开发等，包括企业经营战略或策略，以及具体的实际操作等）都进行整合重组，从而使企业在各个环节上达到高度的协调统一与紧密配合。整合营销具有以下特征。

① 以整合为中心。整合营销是以整合为中心的，注重综合利用企业的所有资源，实现企业的高度一体化营销。其营销方法就是整合，包括企业营销过程、营销方式和营销管理方面的整合，以及企业内外的商流、物流和信息流的整合。

② 系统化管理。在生产管理时代，企业管理主要将注意力集中在生产环节和组织职能上。在混合管理时代，企业管理基本上是以职能管理为主体、各个单项管理的集合的"离散型管理"。在整合营销时代则不同，企业面临的竞争环境更加复杂多变，只有整体配置企业的所有资源，企业各部门、各岗位，以及总公司、子公司与合作伙伴协调行动起来才可以形成竞争优势。因此，整合营销必须采用系统化管理。

③ 形成一致化营销。整合营销就是要形成一致化营销，形成统一的行动，这样不仅可以保障企业在发展过程中实现内部协调统一，还可以帮助企业与外部市场之间形成统一协调的关系，使产品适合市场需要。协调统一还有利于企业内部管理的一体化，帮助企业实现系统化管理，使各部门之间相互配合，实现企业内部资源的合理配置，从而形成强有力的竞争优势。

2. 整合营销的基本步骤

整合营销基本按以下五个步骤开展。

（1）建立消费者资料库

企业整合营销的第一步是建立消费者和潜在消费者的资料库，包括人员统计资料、心理统计资料、消费者态度信息与历史消费记录等。整合营销将整个焦点聚集在消费者和潜在消费者身上，因为一切企业或组织，无论是产品销量还是利润，都要依赖消费者的购买行为。

（2）分析消费者资料

企业要运用消费者和潜在消费者的购买行为信息，通过分析来进行市场划分。与消费者的态度、意愿等主观性因素相比，通过购买行为信息可以更清楚地预测消费者在未来会采取什么行动。

在整合营销中，消费者分为三类：对本品牌忠诚的消费者；对其他品牌忠诚的消费者；游离不定的消费者。这三类消费者有着不同的品牌喜好，要想了解其内心的想法，就必须对其购买行为信息进行分析与研究。

（3）实施接触管理

接触管理是指企业可以在某一时间、某一地点或某一场合与消费者沟通。在过去的卖方市场时代，消费者要主动寻找产品信息；而在现在的买方市场时代，市场上的产品信息超载，所以企业应该适时决定何时与消费者接触，以及采用什么样的方式与消费者接触。

（4）制定营销目标

确定接触管理方式以后，便可以明确应当传播什么样的信息，并为整合营销计划制定明确的营销目标（一般来说是数字化的目标）。对于一个竞争力很强的品牌来说，其营销目

案例链接 7

标包括三个层次：一是促使消费者试用本品牌产品；二是若消费者在试用后表示认可，便鼓励其继续使用，并增加购买量；三是改变品牌的忠诚度，使消费者从对其他品牌的忠诚转换为对本品牌的忠诚。

（5）创新营销工具

在确定营销目标之后，这一步就要选择完成营销目标的工具了。如果将产品、价格都看作与消费者沟通的要素，那么企业就会拥有更广泛、更多样的营销工具来完成营销目标，如广告、线上销售、线下促销等，关键在于使用哪些工具及怎样对工具进行有效、合理的使用。

3. 整合营销对消费者行为的影响

新媒体时代下的整合营销传播对消费者行为的影响是逐渐深入的。它以消费者为导向进行多种活动的引导，从而增强企业产品在消费者视野范围内出现的频度，进而潜移默化地引导消费。因此，企业一定要结合当下的传播技术和市场环境制订营销传播方案或计划，及时洞察不同人群的消费行为特征，利用数据分析对症下药。这里从传统消费行为模式与新型消费行为模式对比、以消费者为核心的整合营销传播两个方面来介绍整合营销对消费者行为的影响。

（1）传统消费行为模式转向新型消费行为模式

在传统媒体背景下，消费者的消费行为模式是传统模式，即 AIDFA 模式。这种模式是由 Attention（注意）、Interest（兴趣）、Desire（欲望）、Feel（感受）、Action（行动）五个重要环节构成的。在新媒体整合营销背景下，消费者的消费习惯和消费方式也在发生着重大变化，传统模式结合新媒体背景下的消费者行为特征可以总结为 Attention（注意）、Interest（兴趣）、Search（搜索）、Perception（感知）、Buy（购买）、Share（分享），即 AISPBS 模式。

在这个新型消费行为模式中，搜索、感知和分享这三个要素是新媒体时代的重要标志。搜索是指消费者在互联网海量信息数据库里对自己想要的信息和资源进行检索、挖掘，在对数据进行搜索并进行重新整合后，通过对数据的感知来决定下一步应该采取什么样的行为。随后，消费者对购买和使用后的商品、服务进行心得分享，而分享这一环节也是新媒体环境下的独特环节。重视消费者的消费体验和感受能够对其他潜在消费者产生潜移默化的影响，这也是新媒体传播特性的重要体现。

（2）以消费者为核心的整合营销传播

在新媒体环境下，传播媒介的不断变化致使整合营销传播的核心逐渐从媒体转向消费者。企业需要深入了解和分析消费者的消费行为和消费习惯，在此基础上形成一种新的营销传播方式，并借助互联网信息技术将所有的营销传播手段有效地协调和统一起来，实现从信息到目标用户的精准投放。此外，营销传播战略的制定是指营销人员要明确传播的目的，然后根据企业营销传播目的为整合营销传播方案确定一个可量化的目标，之后再根据目标受众的特征，选择针对性的营销传播工具完成既定目标。

第9章 影响消费者行为的外部因素——广告与营销

> **案例链接**
>
> ### 淘宝"双十一":群众运动式营销
>
> 群众运动式营销是指营销人员在一定时期内为了完成一定的任务而开展的有组织、有领导、有众多目标消费者广泛参与的活动。其特点是能够快速大规模地占领市场,增强企业内部、经销商和消费者的品牌信心。
>
> "双十一"就是吸引全民参与的群众运动式营销,令广大网民活跃沸腾。"双十一"促销活动不仅吸引了大量的消费者,还能成功地让他们产生购买行为。"'双十一'来啦,我要把今年缺的都买回家,把明年用的也囤下。"受这种心理的影响,人们在"双十一"这一天疯狂购物。在商家各种各样的营销方式(如降价打折、限时促销、阶梯价格等)的吸引下,"双十一"的消费群体越来越庞大。
>
> 消费者个体在收到群体的暗示或提示后,会有意识或无意识地做出群体所暗示、所期许的行为,迅速加入网购大军,购买大量的商品,形成大规模的从众现象。很多消费者并不考虑需不需要就蜂拥而至,加入这种消费群体之中。这种跟风、从众的消费心理往往导致消费者的后悔率较高,"双十一"过后,很多消费者在社交媒体中自嘲要"剁手",同时网购平台上的退货率猛增。

> **思政案例**
>
> ### "本土化"的费列罗
>
> 国内巧克力市场近年来不断增长,不过进口品牌仍占据较大份额,费列罗就是其中之一。费列罗能够从众多进口品牌中赢得市场份额,可能与其"本土化"策略有一定关系。最开始推出产品时,费列罗就瞄准了中国高端巧克力市场,但与其他品牌不同的是,它瞄准的是中国较大的礼赠市场,并不断推出相应的产品,同时加速数字化转型,以便触及更多的消费者和探索新的消费场景。在年轻人成为消费主力军时,它也关注到了年轻人的需求。
>
> "礼尚往来"是中华民族的传统美德,尤其是在一些重要场合或者节假日,通过送礼物来增加与亲朋好友之间的沟通和联系较为常见,推动了国内礼赠市场的不断扩大。而巧克力本身自带特殊属性,非常适合节日礼赠。费列罗在设计之初就定位于高端礼赠场景,一方面可能是基于国内的消费需求,另一方面也是针对巧克力产品本身的特点。另外,费列罗还在节日积极地进行礼赠营销,并推出了很多的礼盒产品。比如,近三年费列罗携手天猫在九月发起了"中秋月亮系列战役",不断强化产品"心意礼物"的属性(如2019年的"193个月亮"限定礼盒、2020年的"小团聚"限量礼盒、2021年的"月亮里的诗"国风诗意系列礼盒)。值得一提的是,费列罗还入驻了天猫2022年4月推出的"哺心礼"独立板块,加码节庆礼赠市场。费列罗近年来依旧将高端礼赠作为中国市场的布局重点,礼赠当然也是费列罗最大的消费场景。
>
> **思考**:请结合"礼尚往来"简要分析费列罗的"本土化"营销策略。
>
> **答案提示**:费列罗最开始推出产品时,就瞄准了中国高端巧克力市场,重点关注中国较大的礼赠市场,不断推出相应的产品。"礼尚往来"是中华民族的传统美德,中华民族向来讲究"来而不往非礼也"。基于此,费列罗在产品宣传、品牌定位上都很好地

契合了中华民族传统文化。深入分析中国本土消费者的消费需求与消费动机，开展线上线下促销活动，如"中秋月亮系列战役""心意礼物"等，都迎合了消费者的消费需求与动机，这也是费列罗能够从众多进口品牌中赢得市场份额的主要原因。

本章小结

　　企业开展市场营销活动时，除良好的产品、适当的定价和高效的渠道外，还应当充分分析消费者行为，了解消费者需要、消费者动机、消费者心理活动等，同时进行合适的、有针对性的广告与营销。在新媒体背景下，作为影响消费者行为的外部影响因素，广告是一种以顾客为中心、以大众为对象的宣传技巧，是一种建立产品形象的艺术，营销不仅要创造一种人们需要的、有意识的形象，而且要创造影响人们无意识的欲望。

　　开展广告与营销活动，企业应与顾客进行有效的沟通。这就要求企业担负起信息传播者和促销者的角色，综合运用人员推销、广告宣传、营业推广和公共关系等手段，制定有利于实现企业营销目标的整合营销。整合营销策略是市场营销中最丰富多彩的策略，企业应全面运用各种营销手段，适应消费者的行为和需要，以此来增加销售额。企业还应善于运用广告强大的诉求力和明确的针对性，在更广阔的领域为企业的总体经营做出贡献。

课后练习

第 10 章
消费者购后行为分析

学习目标

- 掌握购后行为的概念、形式及影响购后行为的因素
- 理解产品的使用、产品与包装的处置
- 掌握消费者满意度的概念、特征、内容及影响消费者满意度的因素
- 掌握有效提升消费者满意度的方法
- 掌握消费者忠诚度的概念、类型和内容
- 掌握有效提高消费者忠诚度的方法

10.1 购后行为

案例引入

购买者的购后矛盾心理

一位消费者很喜欢她新买的一套家具,觉得它比以前所用的那套要强得多,但是她又想如果花费更长一点的时间,也许会找到更满意的。意思是说这套家具确实物有所值,在那样一个价位下不可能得到更好的东西。从某种意义上说,她对这笔支出相当满意,但有时她也希望自己当时能买一套价格更贵一点、档次更高一点的家具。

思考:如何描述上述的心理现象?是什么原因导致上述现象发生的?

分析提示:消费者因某次购买而引起的心理焦虑、怀疑和不安被称为购后不满或购后冲突。认知失调是一个心理学上的名词,用来描述在同一时间有着两种相矛盾的想法。正是因为认知失调,消费者才会产生一种不甚舒适的紧张状态。

10.1.1 购后行为的概念

购买行为是消费者决策过程的一个阶段。在该阶段,消费者会根据他们在购买产品之后是否满意采取进一步的行动。这包括消费者在使用产品后可能产生的一些心理活动及消费者在购买以后发生的典型行为。针对消费者的这些心理活动和行为,

微课堂 1

营销人员在消费者购买之后可采取相应措施来增加消费者的满意和未来的销售。

> **视野拓展**
>
> **研究顾客购后行为的价值**
>
> 研究顾客购后行为对企业留住顾客、培育忠诚顾客有巨大的价值。研究表明，企业吸引一位新顾客的成本是保持一位老顾客成本的4～6倍；顾客保持率提高5%，企业的利润将会增加25%～85%。因此，在一个成熟和高度竞争的市场中，维系老顾客比吸引新顾客对企业提高市场竞争力更有意义。

10.1.2 购后行为的形式

1. 购后满足

顾客购买产品后，在使用过程中可能会发现产品存在缺陷。有些顾客不希望产品有缺陷，有的顾客则对产品缺陷并不在意。购买者的满足感是产品期望（E）与产品实效（P）之间的函数，即

$$S = f(E \cdot P)$$

其中，S是消费者的满足感。如果产品实效与期望相同，则顾客是满足的；如果产品实效超过期望，顾客就是高度满足的；如果产品实效低于期望，则顾客是不满足的。

顾客是根据自己从卖者、朋友或其他信息源获取的所有信息中来形成期望的。如果卖主夸大某产品的好处，顾客在使用该产品的过程中就会产生不满足。期望与实效之间的差距愈大，顾客的不满足感就愈强烈。因此，店铺策划者的产品诉求要真诚地表达产品的实际功效，以使顾客感到满足。

2. 购后行动

顾客对产品满意与否将影响其以后的行动。如果顾客感到满足，则他们将显示出较大的再购买的可能性，这有利于培养顾客的商品忠诚感。满足的顾客也会向其他人宣传该产品和该公司的好处，用营销人员的话来说就是"满足的顾客是我们最好的广告"。

不满足的顾客可能会设法降低失调感，因为人们总在努力建立内在的和谐性和一致性，失调的顾客可能以退回产品的方式来降低失调感。

店铺策划者要了解顾客处理不满足的所有方式。顾客会在采取行动或不采取行动之间进行选择。如果他们采取行动，则可能采取诉之于众的行动或个人行动。诉之于众的行动包括向公司投诉、找律师或向消费者协会投诉，或者顾客怕麻烦不采取任何行动而只是以后不再购买该产品。

3. 购后作用及处置

店铺策划者在处理购买者的购后行为时，还需注意购买者如何使用及处置该产品。了解消费者如何使用和消费其产品对企业非常重要。在产品使用过程中，消费者可能采用创新方式使用产品，或将产品使用到设计时没有考虑过的场合。企业要预计消费者可

能将产品以什么方式使用。产品如何被使用在不同地区也有差别。产品的使用频率、使用量、使用时间间隔等,对企业营销都十分有用。

4. 购后评价

在产品使用之后,消费者在评价购买效益时仍是围绕产品和厂商、商店进行的。购后评价的态度不同,对日后消费决策的影响也不同。满意评价强化了消费者的信念和购买意图;不满意评价对未来消费决策的影响比较复杂,甚至可能导致重新识别消费需求。

5. 购后的抱怨行为

除非消费者确信已购商品的确是最佳选择,或者认为抱怨也无济于事,否则就会采取某种形式的抱怨行为。从形式上看,抱怨行为可分为私下的和公开的两种。私下的抱怨行为包括转换品牌和商店、购买替代商品或劝周围的人不要购买该品牌商品;公开的抱怨行为则是向厂家商店要求退货、换货、赔偿损失,或者向政府机构、消费者协会甚至各级法院申诉。消费者经常采取的是私下的抱怨行为。

10.1.3 影响购后行为的因素

消费者购后行为是消费者购买决策过程的延续,同时又是消费者购买行为的一个特例和组成部分,因此消费者购买决策、购买行为的影响因素同样影响着消费者购后行为。基于前人研究结果的整理分析,我们总结出消费者购后行为的几个影响因素:产品因素(性价比、品牌形象)、个人因素(消费者期望、消费者感知价值、购买重要性)和环境因素(相关群体的评价、竞争产品的性价比)。

1. 产品因素

产品因素主要包括产品性价比、品牌形象。

(1) 产品性价比

消费者购买产品的目的是获得产品的功能效用和精神效用,那么衡量功能效用的指标就是产品质量,衡量精神效用的指标就是品牌形象。效用等于获得减去付出,付出就是产品价格。而消费者购买产品最希望获得大于或等于付出,这样消费者才会从一次购买中获得价值。经济学假设指出,人都是趋利的,没有利的、没有价值的事情是不被人所追求的。因此,如果消费者购买产品并通过使用发现所获得的产品质量、品牌形象价值要高于所付出的成本即产品价格,则说明消费者在这次购买中获得了价值,对产品产生了质量高、价格合理、形象好的积极印象。研究表明,积极的产品品牌印象容易导致较为满意的顾客评价,从而形成积极的购买行为。Boulding、Colleagues研究发现,产品质量与购后行为、推荐意愿、正面评价、支付行为正相关。

> **视野拓展**
>
> **性价比计算公式**
>
> 性价比是商品的性能值与价格值之比,是反映物品可买程度的一种量化的计量方式。性价比的全称是性能价格比,是一个性能与价格之间的比例关系,具体公式是性价比=

性能/价格。通常不会在同一性能基础上比较或比较的机会较少。性价比应该建立在对产品性能要求的基础上，也就是说先满足性能要求，再谈价格是否合适。由于性价比是一个比例关系，它存在适用范围和特殊性，不能一概而论。

（2）品牌形象

品牌形象好并不是决定消费者购后满足的唯一因素，品牌形象符合消费者的个人价值观才能在精神层面满足消费者的深层次需求。品牌形象是企业产品质量、功能、效用的特征显示，如果企业设计出完全符合每一个消费者个性特征的品牌形象，所有消费者都会对企业品牌产生忠诚，忠诚的实质获得了高于预期或者说是高于付出的额外价值，即价值实现程度较高，那么在不断满意的基础上，消费者会不断重复正向的购后行为，但是消费者数量庞大，需要巨大的成本，这在实际生活中是不可行的。所以，做到品牌形象与消费者个性相匹配需要理解形象的概念：形象是主体与客体相互作用，主体在一定的知觉情境下，采用一定的知觉方式对客体所进行的感知。心理学上的形象是客体在人们心里的一种反应图。同时经研究发现，企业品牌形象与消费者价值观的符合程度能够影响消费者购后行为，相匹配的品牌形象能够促进消费者正向的购后行为。例如，法国时装周定期发布最流行的时装，很多名媛纷纷效仿；迪奥、路易威登等很多品牌均是被明星、富人所相互推荐而闻名遐迩的。

2. 个人因素

个人因素主要包括消费者期望、消费者感知价值及购买重要性。

（1）消费者期望

消费者期望是指消费者希望企业提供的产品或服务能满足其需要的水平，达到了这一期望，消费者就会感到满意，否则消费者就会感到不满意。期望是消费者根据自己对产品的需求和已有产品信息对产品功能和质量的一种期待，消费者正是通过期望和实际获得的效用的对比，对产品的质量进行评估的，因此期望作为消费者购买价值实现程度的重要衡量因素，反映的是消费者的需要水平。但是由于期望是消费者购买前对产品的期待，如果消费者购买前的期望很高，而实际购买后通过使用产品发现产品质量功能低于其期望，那么就容易导致消费者抱怨、退出。从这些行为形成的本质来说，因为消费者价值实现程度较低，从而导致不满意的心理状态，最终形成了消费者的消极购后行为。这说明消费者期望对购后行为能够产生负面的影响。造成这种影响的原因很多，如企业过分夸大其产品的功能导致消费者对产品期望过高等。

（2）消费者感知价值

消费者感知价值是指消费者在购买产品或服务过程中获得的价值的总称。感知价值是消费者对产品质量、功能、品牌等所有方面进行的综合评价，是消费者获得产品效用的综合体现。感知价值对购后行为的作用更为直接。科特勒认为消费者是价值最大化的追求者，消费者从能够获得最大价值的商家那里购买产品，同时根据购买商品后的感知利得与感知利失的权衡，得到购后行为类型：若感知利得大于感知利失，则消费者购后满意，因此对产品和品牌的购后评价较高，在采取不断重复购买行为的同时还会进行口碑传播，最后实现品牌忠诚；若感知利得等于感知利失，则消费者购后评价一般，购后满足感不强，但也不会出现购后抱怨行为；若感知利得小于感知利失，则消费者购后抱怨，对产品的评价较低，出现不再使用本品牌并转换其他品牌的行为。消费者购后通过对产品的使用和处置一般都会获得一个价值感知和价值效用,并通过这一价值感知和效用来对产品进行评价,从而决定下一步行为的倾向,因此消费者购后行为的最终决定因素是消费者感知价值。

(3)购买重要性

购买重要性是指产品购买对消费者的重要程度,一般用价值来衡量其重要程度。例如,有人认为电脑产品相对于洗发水产品价值较高,那么可认为其相对重要性程度较高。又如,一个没有任何收入的学生受访者与一个月收入在 5000 元左右的白领人士相比,笔记本电脑产品相对学生而言就会非常重要。购买的重要性程度不同,消费者购买的参与度就不同,购后的价值体验和行为倾向也不同。不同的价值体验,即不同的价值实现程度,形成了不同的购后行为倾向。

3. 环境因素

环境因素主要包括相关群体的评价及竞争产品的性价比。

(1)相关群体的评价

群体是指为了共同的目标或目的而相互依赖和影响的两个或两个以上的人,通过一定的社会关系结合起来进行共同活动或者生活的集体。相关群体是指能够对人的看法和行为产生影响的群体。

相关群体的评价是指相关群体对消费者购买产品后的价值评价。评价可能是积极的正向评价,也可能是消极的负向评价。不同的评价会对消费者购买后满意感、价值实现感的程度有一定的影响和作用。这个作用原理在于相关群体对消费者购买行为的规范性影响。规范性影响是指个体通常会将群体的道德规范、价值观、生活方式等看作自己的思想和行为规范,从而个体行为受到群体的影响和左右。当消费者的购买行为受到来自群体的负向评价时,规范性所带来的无形压力会促使个体改变自己的再次购买态度和行为,以符合群体的标准和期望。而来自群体的正向评价同样会在规范性影响的作用下,不断引导消费者的购后价值感知和价值取向,使消费者的购买观念和购后倾向完全趋同于相关群体的总体水平。

(2)竞争产品的性价比

竞争产品对消费者购后行为的影响体现在竞争产品的吸引力上,即消费者在购买本产品后的使用过程中,发现本产品的各个方面都低于竞争产品或者本产品与竞争产品相比不能满足自己的需求,则说明消费者购买使用本产品的价值实现程度低于竞争产品,那么很容易导致消费者购后的品牌转换行为发生。

4. 价值实现程度

通过对顾客满意和其他各个影响因素的研究发现,消费者购后行为倾向的正向或负向取决于消费者价值的实现程度。也就是说,消费者在购买产品后通过使用获得效用,并会对这个效用进行评价,或者将这个效用与购买前的期望进行对比。这个效用包括产品性价比、感知价值、产品功能、品牌形象等。评价过程会受到诸如相关群体正向或负向评价的影响。消费者根据购买的重要性等客观因素,得出结果,也就是满意感,从而决定下一步的购买行动。消费者通过使用产品所获得的效用与付出的成本,以及购买前对产品表现的期望进行比较。消费者购买产品后的行为倾向最终取决于消费者价值的实现程度,由此可以得出:价值实现程度是连接各个影响因素与顾客满意的纽带。

思政案例

商场购物纠纷

一位女士来到某大厦商场买衣服,几经挑选,最终看中一条标价为200元的裙子,她还价50元,店主起初怎么也不卖,但经不起女士的死缠硬磨,最终同意以50元的价格成交,就在付款时女士却反悔了。店主见白费功夫,非常恼怒,两人便争吵起来,现场的其他人员忙上前劝解,可是两人越吵越凶,言辞激烈,围观的人也越聚越多,管理人员只好将他俩请到管理处办公室解决。管理处主任热情地招呼俩人坐下,给每人都倒了杯水,然后分别做他们的思想工作。经过一番劝说和调解,俩人最终都认识到了自己的错误。

思考:你如何看待店主的处理态度?

案例分析:消费者在经过讨价还价之后觉得商品没有达到预期,所以在付款时反悔,店主的处理态度有失妥当。店主应当尽可能了解顾客的不满之处,增加顾客购买的可能性,这样有利于化解矛盾,培养顾客的忠诚度。

10.2 产品使用与处置

案例引入

快递盒营销

随着电商发展,快递盒变得越来越常见,能够覆盖的消费者也越来越多。所以,快递盒不光是保护商品的包装,还是一种移动的媒介,可以承载很多内容。

通过快递盒的巧妙设计,配合有意思的文案,可以赋予快递盒包装以外的价值,同时消费者开封以后还可以玩起来,从而起到很好的互动和传播作用。

对于快递盒营销,国内玩得最出色的恐怕要数网易严选了。

16岁的少年Q哥是杭州一名自闭症患者,智力相当于5岁,但Q哥有他的特长,那就是画画。2017年,网易严选做了两万个印着Q哥画作的"Q哥快递盒",跟着单子随机发到全国各地的买家手里。每个快递盒里都有个小纸条,邀请大家拍下照片发到微博为Q哥点赞。最终,网易严选收集了上千条点赞截图发给Q哥。

2018年,网易严选将快递盒打造成"猫咪盒子"——爱心猫窝,供流浪猫使用。这些快递盒外部涂层做了防水处理,可以避免纸箱因淋雨而受潮破损。纸箱上面印有相关文案,引导消费者将快递盒做成爱心猫窝,同时提醒保洁人员在来年春天再回收,让猫咪能够在盒子里温暖过冬。此外,网易还推出一首《网易严选喵喵了》,让用户倾听来自流浪猫的心声。

网易严选的这些创意,赋予了外卖盒个性格调及情绪价值,并致力于号召大家关注和解决社会问题,有助于品牌形象的提升。

宜家也曾尝试在快递盒上做文章。在2018年的戛纳创意节上,宜家宣布了新的AR手机应用Ikea Toybox,教顾客的孩子将包装宜家产品的纸箱做成玩具或摆件。

根据演示,用户打开Ikea Toybox应用后,需要将相机对准瓦楞纸作为平面,随后可以挑选不同的摆件模型,对瓦楞纸进行裁剪、拼接,很轻松就能做成各种玩具造型。

思考:将产品处置的环节放到整个营销路径中去看,它具有哪些作用?

分析提示:第一,它是产品体验的延伸。产品用过后的剩余物、包装、价签等,如果具有独特的设计及造型,具备某些有意思的附加功能,让消费者忍不住玩味、品鉴或收藏,可以强化产品的感官体验,促使消费者对品牌形成偏好。第二,它是品牌互动的媒介。像茶颜悦色、星巴克这些快消品牌,都很善于把杯子乃至购物袋等设计得非常有个性,刺激消费者发抖音、发朋友圈晒图,引发社交传播。第三,它是刺激复购的"实物券"。已经使用过产品的消费者,本身就是很精准的消费人群。很多商家善于将用完的产品,作为产品复购的"凭据"进行促销,以刺激后续重复购买,老顾客也能因此节省购物成本。最典型玩法是以旧换新,像手机、空调、家具等更换周期很长的产品,鼓励消费者以旧物抵扣现金购买新物,可以激发新需求,创造新的购买理由。

10.2.1 产品使用

产品使用是指消费者直接使用产品和享受服务的行为和体验。消费者产品使用的行为特征可以从四个方面来分析:

① 产品的使用频率:消费者多长时间使用一次该产品。
② 产品的使用数量:消费者每次所使用的产品数量是多少。
③ 产品的使用目的:消费者是为了获得什么样的具体功能而使用产品的。
④ 产品的使用方式:消费者如何去使用产品。

10.2.2 产品与包装的处置

消费者在购买所需商品或服务之后,会进入使用过程以满足需要。使用有时只是一个直接消耗行为,如喝饮料、看演出等;有时则是一个长久的过程,如家电和家具等耐用消费品的使用。营销人员应当关注消费者如何使用和处置产品。

如果消费者将产品搁置一边几乎不用,说明产品就是一个不太令人满意的产品,消费者对产品的口头传播也不会强烈。如果他们将产品出售或交换,那么就会阻碍公司新产品的销售。如果消费者发现了一个产品的新用途,营销者就应该用广告来宣传这种用途。

比如,雅芳公司的顾客遍布全球,因为它的沐浴油和保湿液是可以驱虫的。有些消费者用这种有香气的沐浴油沐浴,有些则将它放在背包里驱蚊,或打开瓶盖放在沙滩房屋的木板上驱虫。现在,经过环境保护机构的批准,雅芳推出了有三重功能的保湿防晒产品,以及驱虫和保湿的 SPF15 防晒油。乔·格林(Joey Green)是一位写了 5 本关于日常用品在居家生活中怎样被利用而获得特殊用途的作者,他发现雅芳的沐浴油可以用来去除门上的黏胶。

如果消费者要丢掉产品,营销者应了解他们是怎样丢掉它的,特别是会造成环境污染的产品(如饮料容器和一次性尿布)。由于再利用公共意识的增强、经济上的考虑和消费者抱怨把美丽的瓶子丢掉太可惜,法国香水制造商罗

案例链接 1

加斯考虑引进一条香水重灌生产线。

> **思政案例**
>
> ### 空瓶回收计划
>
> 产品的瓶子本身就有价值，消费者用完后丢掉空瓶，既不环保又浪费资源。因此，很多品牌鼓励消费者将空瓶回收利用，并通过创意的方式，将回收计划做成传播战役，在有效提升品牌知名度的同时，很好地传递了品牌的形象和理念。
>
> 2019年，三顿半咖啡推出"返航计划"，号召消费者在特定时间将咖啡空罐拿到线下"返航点"回收，此次活动覆盖17个城市的29个机构和文创空间。
>
> 活动采用微信小程序预约、线下交换的模式，空罐可以兑换主题咖啡，以及徽章、贴纸、胶带等周边的小合集包。回收的咖啡空罐并不会用于二次包装，而是用于制造新的周边产品。
>
> 无独有偶，小仙炖2020年第三季度空瓶环保公益回收活动，由小仙炖投资人章子怡和陈数联合发起，号召消费者寄回空瓶，空瓶回收后将熔制成玻璃工艺品再寄回给用户。章子怡和陈数还亲自参与到了玻璃工艺品的设计中。
>
> 截至活动收官，参与用户共计6448人，平均每位用户寄回空瓶31.6个，共回收空瓶超过20万个；与此同时，有6146名用户在小红书等社交平台分享了这次活动。
>
> **思考**：三顿半咖啡的"返航计划"和小仙炖的空瓶环保公益回收活动是如何实现双赢的？
>
> **案例分析**：三顿半咖啡推出"返航计划"和小仙炖的空瓶环保公益回收活动针对产品"处置场景"创意社交传播活动，致力于环保和可持续发展的同时又刺激了消费者的后续重复购买，达到了双赢的效果。

10.3 消费者满意度

> **案例引入**
>
> ### 免费的暖身汤
>
> 冬天，大多数平常的路边小店，都是顾客要求吃什么饭菜，店主就上什么饭菜，汤水都要钱。而且点完饭菜之后，距离饭菜上桌还有一段时间，在这段时间里，顾客只能冷冷地搓着自己的双手取暖，总觉得很失落。大多数店主从来都没想过顾客在这么冷的冬天，多么希望进店后能在饭菜上桌前先上一碗汤让顾客暖暖身。但是，我在禅城区却吃到了一份"冬天的温暖"。我进店里吃饭就是想吃到一份热腾腾的饭菜，这就足够了，但是没想到店主上了一碗汤（免费的）让我先暖着身，好等待饭菜上桌，那时我感觉不仅暖身还暖心，很满足。
>
> **思考**：站在顾客的角度看，他所期望的产品（或服务）应该是怎样的？案例中企业（客服人员）的做法是否达到了客户的期望？
>
> **分析提示**：站在顾客的角度看，顾客在寒冷的冬天都希望进到店里的时候能够喝到一碗热腾腾的汤（免费的），可以暖暖身，有时还可以解渴，这种意料之外的服务会让顾客更满足，案例中的店主已经达到顾客的期望了。

10.3.1 消费者满意度的概念

客户满意度（Consumer Satisfactional Research，CSR）也叫客户满意指数。一般来说，客户满意是指客户通过对一种产品的感受与他（或她）的期望值相比较所形成的愉悦或者失望的感觉状态。如果客户的感受低于期望，客户就会不满意；如果客户的感受与期望相匹配，客户就满意；如果客户的感受超过期望，客户就会高度满意或者欣喜。

> **视野拓展**
>
> **顾客期望值**
>
> 顾客如何形成他们的期望呢？顾客的期望来源于过去的经验、朋友和伙伴的言论、媒体的宣传、营销者和竞争者的信息及承诺。如果营销者将期望值定得太高，顾客很可能会失望。如果营销者将期望值定得太低，又无法吸引顾客。由此可以看出，顾客的满意度与顾客对服务的期望值紧密相连。所以，正确地管理顾客的期望对顾客满意度尤为重要。

10.3.2 消费者满意度的特征

消费者满意度具有客观性、主观性、层次性、相对性、阶段性、变化性及全面性等七个特征。

① 客观性：顾客在使用产品或服务后会有一个满意与否的问题，它不以产品或服务的提供者关注与否而客观存在。

② 主观性：顾客满意度是顾客的一种心理体验。由于心理体验是主观的，因此这种主观性有时并不一定真实、准确。

③ 层次性：顾客由于其所处地域、收入、年龄、性别、阶层等的不同，对产品或服务的期望和体验会有所区别；同时，即使同一个人在不同条件下，感受体验也可能不同。

④ 相对性：顾客往往将所购买的产品或服务与同类的产品或服务及过去的消费经验进行比较，从而得出满意程度，但这种体验显然是相对的。

⑤ 阶段性：顾客对产品或服务的满意程度取决于其过去体验的积累，因而具有阶段性。

⑥ 变化性：顾客对产品或服务的期望值是随时间变化的，满意与不满意可以转化。

⑦ 全面性：顾客对产品或服务的评价往往是全面的，他们不只对产品或服务的某一质量特性进行评价，组织的外在形象、社会责任等都会影响顾客的满意度。

10.3.3 消费者满意度的内容

客户满意度是对服务性行业的顾客满意度调查系统的简称，是一个相对的概念，是客户期望值与客户体验的匹配程度。换言之，客户满意度就是客户通过对一种产品可感知的效果与其期望值相比较后得出的指数。

有效衡量客户服务质量的指标是 RATER 指数。RATER 指数是五个英文单词的缩写，分别代表 Reliability（信赖度）、Assurance（专业度）、Tangibles（有形度）、Empathy（同理度）、Responsiveness（反应度）。

① 信赖度：指一个企业是否能够始终如一地履行自己对客户所做出的承诺。当企业真正做到这一点的时候，它就会拥有良好的口碑，赢得客户的信赖。

② 专业度：指企业的服务人员所具备的专业知识、技能和职业素质。它包括提供优质服务的能力、对客户的礼貌和尊敬、与客户有效沟通的技巧。

③ 有形度：指有形的服务设施、环境、服务人员的仪表，以及服务对客户的帮助和关怀的有形表现。服务本身是一种无形的产品，但是整洁的服务环境、餐厅里为幼儿提供的专用座椅、麦当劳里带领小朋友载歌载舞的服务人员等，都能使服务这一无形产品变得有形起来。

④ 同理度：指服务人员能够随时设身处地地为客户着想，真正理解客户的处境、了解客户的需求。

⑤ 反应度：指服务人员对于客户的需求给予及时回应并能迅速提供服务的愿望。当服务出现问题时，马上回应、迅速解决能够给服务质量带来积极的影响。作为客户，他们需要的是企业积极主动的服务态度。

10.3.4 影响消费者满意度的因素

影响消费者满意度的因素是多方面的，涉及企业、产品、营销与服务体系、企业与客户的沟通、客户关怀、客户的期望值等各种因素。如果其中任何一个方面给消费者创造了更多的价值，都有可能提高消费者的满意度；反之，上述任何一个方面客户价值的减少或缺乏，都将降低消费者的满意度。影响消费者满意度的因素可归纳为以下六个方面。

1. 企业因素

企业是产品与服务的提供者，消费者对企业及其产品的了解，首先来自企业在公众当中的形象、企业规模、效益、公众舆论等内部和外部因素。当消费者计划购买产品或服务时，他们会非常关心购买什么样的产品、购买哪家的产品，这时企业形象就起到了很大的决定性作用。形象模糊不清的企业，公众一般难以了解和评价；而形象清楚、良好的企业可以带给消费者认同感，提升企业的竞争优势。如果企业给消费者一个很恶劣的形象，则很难想象消费者会选择其产品。

2. 产品因素

产品的整体概念包括三个层次，即核心产品层、有形产品层和附加产品层。

核心产品层是指客户购买产品时所追求的基本效用或利益。这是产品最基本的层次，是满足客户需求的核心内容。客户对高价值、耐用消费品要求比较苛刻，因此这类产品难以获得消费者满意，然而一旦消费者满意，消费者忠诚度将会很高。客户对价格低廉、一次性使用的产品要求较低。

有形产品层是指构成产品形态的内容，是核心产品得以实现的形式，包括品种、式样、品质、品牌和包装等。由于产品的基本效用必须通过特定形式才能实现，因而企业应该在着眼于满足消费者核心利益的基础上，努力寻求更加完善的外在形式以满足消费者的需要。

附加产品层是指消费者在购买产品时所获得的全部附加服务或利益。企业生产的产品不仅要为消费者提供使用价值和表现形式，有时还需要提供信贷、免费送货、质量保证、安装、调试和维修等服务项目，否则会影响消费者满意度。

3. 营销与服务体系

现代的市场竞争不仅在于生产和销售什么产品，还在于提供什么样的附加服务和利益。企业竞争的焦点已经转移到服务方面，企业的营销与服务体系是否有效简洁、是否能为消费者带来方便，售后服务时间长短，服务人员的态度、响应时间，投诉与咨询的便捷性，服务环境、秩序、效率、设施和服务流程等，都与消费者满意度有直接关系。同时，经销商作为中间客户，有其自身的特殊利益与处境。企业可以通过分销政策、良好服务赢得经销商的信赖，提高其满意度，使经销商主动向消费者推荐产品，解决消费者一般性的问题。

4. 企业与客户的沟通

企业与消费者的良好沟通是提高消费者满意度的重要因素。很多情况下，消费者对产品性能不了解，造成使用不当，需要企业提供咨询服务；消费者因为质量、服务中存在的问题要向企业投诉，而与企业联系缺乏必要的渠道或渠道不畅，则容易使消费者不满意。我国消费者协会公布的有关数据表明，客户抱怨主要集中在质量、服务方面，涉及价格、性能的很少。抱怨的倾诉对象通常是家人、朋友，较少直接面对厂家或商家。但是，即使消费者有抱怨，只要沟通渠道畅通、处理得当、达到消费者满意，消费者就会对企业表示理解，并且会在下一次继续选择该企业的产品。菲利普·科特勒（Philip Kotler）指出，如果用令人满意的方法处理投诉，那么80%的投诉者不会转向其他企业。

5. 客户关怀

客户关怀是指不论客户是否咨询、投诉，企业都主动与客户联系，对产品、服务等方面可能存在的问题主动向客户征求意见，帮助客户解决以前并未提出的问题，倾听客户的抱怨、建议。客户抱怨或投诉不但不是坏事，反而是好事。它不仅能为企业解决问题提供线索，而且为留住最难对付的客户提供了机会；相反，不抱怨或投诉的客户悄然离去，这才是厂家最担心的。通常，客户关怀能大幅提高消费者满意度和非常满意度。但客户关怀不能太频繁，否则会引起消费者反感，适得其反。

6. 客户的期望值

客户的预期越高，客户达到满意的可能性就相对越小，这就对企业在实现客户预期上提出了更高的要求。

> **案例链接**
>
> **没有座位的公交车**
>
> 在烈日炎炎的夏日，当你经过一路狂奔，气喘吁吁地在车门关上的最后一刹那，登上一辆早已拥挤不堪的公交车时，洋溢在你心里的是何等的庆幸和满足！而在秋高气爽的秋日，你悠闲地等了十多分钟，却没有在起点站"争先恐后"的战斗中抢到一个意料之中的座位时，你的心里又是何等的失落和沮丧！同样的结果——都是搭上没有座位的公交车，却因为过程不同，在你心里的满意度大不一样，这到底是为什么？

10.3.5 提升消费者满意度的方法

要真正使消费者对所购商品和服务满意，期待消费者能够在未来继续购买，企业必须制定和实施如下关键策略。

1. 塑造"以客为尊"的经营理念

"以客为尊"的企业经营理念是消费者满意最基本的动力，是引导企业决策、实施企业行为的思想源泉。麦当劳、IBM、海尔等中外企业成功的因素就是它们始终重视客户，千方百计让客户满意，其整体价值观念就是"客户至上"。

"以客为尊"的经营理念，从其基本内涵来看，大致有三个层次："客户至上""客户永远是对的""一切为了客户"。没有这种经营理念，员工就缺少求胜求好的上进心，缺乏优秀企业那种同心协力的集体意志。麦当劳的创办人雷·克罗克（Ray Kroc）曾用简单的几个字诠释了麦当劳的经营理念：品质、服务、整洁、价值。有明确的且为全体员工所接受的目标，企业才能充满活力，真正地为客户服务。"以客为尊"的经营理念不仅要在高级管理层加以强调，更要使之深入人心，使企业内部全体人员都明确这一观念的重要性。

2. 树立企业良好的市场形象

企业形象是企业被公众感知后形成的综合印象。产品和服务是构成企业形象的主要因素，还有一些因素不是消费者直接需要却影响消费者购买行为的，如企业的购物环境、服务态度、承诺保证、品牌知名度、号召力等。这就要求企业做到以下几点。

① 理念满意，即企业的经营理念带给消费者的心理满足状态。这包括消费者对企业的经营宗旨、质量方针、企业精神、企业文化、服务承诺及价值观念的满意程度等。

② 行为满意，即企业的全部运行状况带给消费者的心理满足状态。行为满意包括行为机制满意、行为规则满意、行为模式满意等。

③ 视听满意，即企业具有可视性和可听性的外在形象带给消费者的心理满足状态。这包括企业名称、产品名称、品牌标志、企业口号、广告语、服务承诺、企业形象、员工形象、员工举止、礼貌用语、企业整体环境等给人的视觉和听觉带来的美感和亲切感。

3. 开发令消费者满意的产品

产品价值是消费者购买的总价值中最主要的部分，是总价值构成中比重最大的因素。消费者的购买行为首先是冲着商品来的，冲着商品的实用性和满意程度来的，也就是冲着商品的价值来的。这就要求企业的全部经营活动都要以满足消费者的需要为出发点，以消费者需求为源头开发产品。因此，企业必须熟悉消费者、了解消费者，调查消费者的现实和潜在要求，分析消费者购买的动机、行为、能力和水平，研究消费者的消费传统、习惯、兴趣和爱好。只有这样，企业才能科学地顺应消费者的需求走向，确定产品的开发方向。

4. 提供消费者满意的服务

热情、真诚地为消费者着想的服务能带来消费者的满意，所以企业要从不断完善服务系统、以方便消费者为原则、用产品特有的魅力和一切为消费者着想的体贴等方面去感动消费者。售中和售后服务是商家接近消费者最直接的途径，它比通过发布市场调查问卷来倾听消费者呼声的方法更加有效。在现代社会环境下，消费者绝对不会满足于产品本身有限的使用价值，还希望企业提供更便利的销售服务，如方便的包装、良好的购物环境、热情的服务态度、文明的服务语言和服务行为，信息全面的广告、咨询，快捷的运输服务，以及使用中的维修保养等，服务越完善，企业就越受欢迎，消费者的满意度也就越高。

5. 科学地倾听消费者的意见

现代企业实施消费者满意战略必须建立一套消费者满意分析处理系统，用科学的方法和手段检测消费者对企业产品和服务的满意程度，并将结果及时反馈给企业管理层，为企业不断改进工作、及时满足消费者的需要服务。

视野拓展

著名企业科学聆听消费者意见

目前，很多国际著名企业都试图利用先进的传播系统来缩短与消费者之间的距离。一些企业建立了客户之声计划，收集反映消费者想法、需求的数据，包括投诉、评论、意见、观点等。日本的花王公司可以在极短的时间内将消费者的意见或问题系统地输入计算机，以便为企业决策服务。据美国的一项调查，成功的技术革新和民用产品，有60%~80%来自用户的建议。美国的宝洁日用化学产品公司首创了客户免费服务电话，客户向公司打进有关产品问题的电话时一律免费，不但个个问题给予答复，而且将问题进行整理与分析研究。这家公司的许多产品改进设想正是来源于客户免费服务电话。

6. 加强客户沟通与客户关怀

企业要完善沟通组织、人员、制度，保证渠道畅通、反应快速。企业要定期开展客户关怀活动，特别是客户刚刚购买产品，或产品到了使用年限，或使用环境发生变化时，厂家的及时感谢、提醒、咨询和征求意见往往能达到让客户非常满意的效果。为了加强与客户的沟通，企业要建立客户数据库。客户数据库是进行客户服务、客户关怀、客户调查的基本要求。企业要努力使客户数据库从无到有，逐步完整、全面；否则，客户满意无从谈起。企业还要关注客户感受。有许多被公认的优秀企业（如亚马逊公司）都尽可能地收集与客户间的日常联络信息，了解客户关系中的哪个环节出了问题，找出问题的根源并系统地依据事实进行解决。

7. 控制消费者的期望值

一些销售人员为了扩大销售，营造良好的企业形象，常常喜欢夸大自己的产品、技术、资金、人力资源、生产、研发等方面的实力，借此提高自己的身价。尤其是在销售推介中，更会夸大产品的效能，人为地制造客户的高期望值。这种接近欺骗的手段，在一定程度上伤害了客户的信任度，虚假地拉升了客户的期望值。成交后，如果客户发现没有购买到自己期望的产品或服务，往往会把一切责任都归咎于销售人员及企业。此时，客户的满意度会大幅下降，企业的产品在该部分地区的销售将受到严峻的考验。为此，销售人员最好在订单签订前如实地描述产品性能，设定合适的客户期望值来减少客户误解、客户投诉等麻烦，避免危机公关、客户流失等风险。

除此之外，企业还可以把提高消费者满意度纳入企业战略范畴。由于消费者满意度影响产品销售，并最终影响企业的获利能力，因此应纳入战略管理。企业要把消费者满意度作为一项长期工作，从组织、制度、程序上予以保障。企业还应该经常进行消费者满意度调查。由于市场环境经常发生变化，如技术进步、竞争对手变化等，开展经常性的消费者满意度调查有助于企业及时发现问题，采取相应对策，避免消费者满意度大幅下降。

> **思政案例**
>
> **"飘柔"为什么每年都要投入广告？**
>
> 美国宝洁公司的第一品牌是"飘柔"。"飘柔"在中国已经有了一个相对稳固的客户群体，同时在中国有着很好的口碑和品牌美誉度。但是，"飘柔"每年依然有很大的广告投入，保持着在全国所有电视台每天至少有一次广告的出镜率。如果说电视广告的作用仅仅是让消费者了解和知道这种产品，然后花钱去购买它，那么"飘柔"早就做到了这一步，就不需要再做广告了。可是"飘柔"依然在做广告，这是为什么？因为，如果"飘柔"停止了自己的广告，很快就会有其他的品牌跟进，这样"飘柔"就将逐渐退出这个市场。
>
> 有些产品的广告在某一时期曾进行过一种急速式的广告轰炸，让人每天都看得见，但这几年却见不到了。例如，以前有一种录音机的品牌叫"燕舞"，它做过很多广告，广告词是一首很短的歌。这个品牌的广告现在看不到了，人们可能会想："这个厂家还存在吗？这个企业还存在吗？估计已经倒闭了。"消费者的这种猜测是不是正确呢？事实上，有一半至少是正确的。因为有很多企业，当它从电视广告这个战场上退出以后，很可能就已经倒闭了。类似"燕舞"这样的厂家还有很多，像"秦池"酒曾经也在各个电视台的黄金时段做急速式的广告轰炸，销售额也随着这种广告的轰炸迅速上升。可是现在还看得到这个品牌的广告吗？看不到了，再也看不到了。现在，一提"秦池"，人们还是知道的，但是在日常生活中还会不会想起这个品牌呢？不会。为什么？因为你的周围，你的身边有太多的品牌可供你选择。现在的市场竞争体现为一个行业里的竞争，对手实在太多了。作为客户，选择余地也变得越来越大了。从整个广告行业的发展可以看出，现在中国的市场竞争是越来越激烈了。
>
> **思考**：请从量变与质变的角度分析客户满意度建设。
>
> **案例分析**：冰冻三尺非一日之寒，量变才能引起质变，客户满意度的建设也是一项长期的工程。在激烈的市场竞争中，顾客的选择余地很大，急速式的广告轰炸或许能带来销售额的迅速上升，但绝非持久之计。

10.4 消费者忠诚度

> **案例引入**
>
> **乐购公司实施客户忠诚管理的成功案例**
>
> 乐购（Tesco）超市公司是英国最大的食品超市公司之一。该公司9年前开始实施的忠诚计划——"俱乐部卡"（Clubcard），帮助公司将市场份额从1995年的16%提升到2003年的27%，成为英国最大的连锁超市集团。乐购的"俱乐部卡"被很多海外商业媒体评价为"最善于使用客户数据库的忠诚计划"和"最健康、最有价值的忠诚计划"。
>
> 乐购"俱乐部卡"的设计者之一，伦敦Dunnhumby市场咨询公司主席克莱夫（Clive Humby）非常骄傲地说："俱乐部卡的大部分会员都是在忠诚计划推出伊始就成了我们的忠诚客户，并且从一而终，他们已经和我们保持了9年的关系。"
>
> 克莱夫介绍道："设计之初，'俱乐部卡'计划就不仅仅将自己定位为简单的积分计划，而是乐购的营销战略，是乐购整合营销策略的基础。"在设计"俱乐部卡"时，乐购的营销人员注意到，很多积分计划章程非常烦琐，积分规则非常复杂，消费者往往花很长时间也弄不明白具体的积分方法。还有很多企业推出的忠诚计划奖励非常不实惠，看上去奖金数额很高，却很难兑换。这些情况造成了消费者根本不清楚自己的积分状态，也不热衷于累积和兑换，成了忠诚计划的"死用户"。因此，乐购实施了以下策略。
>
> **1. 消费代金券**
>
> "俱乐部卡"的积分规则十分简单，客户可以从他们在乐购消费的数额中得到1%的奖励，每隔一段时间，乐购就会将客户累积的奖金换成"消费代金券"，邮寄到消费者家中。这种方便实惠的积分卡吸引了很多家庭的兴趣，据乐购自己统计，"俱乐部卡"推出的头6个月，在没有任何广告宣传的情况下，就取得了17%左右的"客户自发使用率"。
>
> **2. 顾客数据库**
>
> 在Sainsbury、Asda等连锁超市也相继推出类似的累计积分计划以后，乐购并没有陷入和它们的价格战、加大客户返还奖励等误区之中。乐购通过客户在付款时出示"俱乐部卡"，掌握了大量客户翔实的购买习惯数据，了解了每个客户每次采购的总量、主要偏爱哪类产品、产品使用的频率等。克莱夫说："我敢说，乐购拥有英国最好、最准确的消费者数据库，我们知道有多少英国家庭每个星期花费12英镑买水果，知道哪个家庭喜欢香蕉、哪个家庭爱吃菠萝。"
>
> 在英国，有35%的家庭加入了乐购"俱乐部卡"计划。据统计，有400万个家庭每隔三个月就会查看一次他们的"俱乐部卡"积分，然后冲到超市，像过圣诞节一样疯狂采购一番。
>
> **3. 利基俱乐部**
>
> 通过软件分析，乐购将客户划分成十几个不同的"利基俱乐部"，比如单身男人的"足球俱乐部"、年轻母亲的"妈妈俱乐部"等。"俱乐部卡"的营销人员为这十几个"分类俱乐部"制作了不同版本的"俱乐部卡杂志"，刊登最吸引他们的促销信息和其他一些他们关注的话题。一些本地的乐购连锁店甚至会为当地不同俱乐部的成员组织

各种活动。

目前,"利基俱乐部"已经成为一个个社区,大大提高了客户的情感转换成本(包括个人情感和品牌情感),成为乐购有效的竞争壁垒。

思考: 乐购赢得客户忠诚度的主要原因是什么?

分析提示: 乐购赢得客户忠诚度的主要原因在于:①"俱乐部卡"积分简单,提供实在的优惠。②建立数据库并对客户进行分类,掌握客户详细的购买习惯。③关注客户的特别需求。乐购赢得客户忠诚度的"杀手锏"就是利用细分的消费者数据设立了乐购的"利基俱乐部",针对客户的特别需求不断推出新的优惠和服务。

10.4.1 消费者忠诚度的概念

消费者忠诚度就是消费者忠诚的程度,是一个量化概念。消费者忠诚度是指由于质量、价格、服务等诸多因素的影响,使消费者对某一企业的产品或服务产生感情,形成偏爱并长期重复购买该企业产品或服务的程度。

美国资深营销专家 Jill Griffin 认为,消费者忠诚度是指消费者出于对企业或品牌的偏好而经常性重复购买的程度。

真正的消费者忠诚度是一种行为,而消费者满意度只是一种态度。根据统计,当企业挽留顾客的比率增加 5% 时,获利便可提升 25%~100%。许多学者更是直接表示,忠诚的消费者将是企业竞争优势的主要来源。由此可见,保住有忠诚度的消费者对企业经营者来说是相当重要的任务。

10.4.2 消费者忠诚度的类型

消费者忠诚可以划分为以下几种不同的类型。

1. 垄断忠诚

垄断忠诚是指消费者在别无选择的情况下的忠诚态度。比如,因为政府规定只能有一个供应商,消费者就只能有一个选择。这种消费者通常是低依恋、高重复的购买者,因为他们没有其他的选择。公用事业公司就是垄断忠诚的最好实例,微软公司也具有垄断忠诚的性质。一个消费者声称自己是"每月 100 美元的比尔·盖茨俱乐部"的会员,因为他至少每个月都要为他的各种微软产品进行一次升级,以保证其不会落伍。

2. 惰性忠诚

惰性忠诚是指消费者由于惰性而不愿意去寻找其他供应商所表现的忠诚态度。这些消费者是低依恋、高重复的购买者,但他们对企业并不满意。如果其他企业能够让他们得到更多的实惠,这些消费者便很容易被挖走。拥有惰性忠诚消费者的企业应该通过了解产品或服务的差异化来改变消费者对企业的印象。

3. 潜在忠诚

潜在忠诚的消费者是低依恋、低重复购买的消费者。消费者希望不断地购买产品或服务，但是企业内部一些规定或其他的环境因素限制了他们。例如，消费者原本希望再次购买，但是卖主只对消费额超过 2 000 元的消费者提供免费送货，所以由于商品运输方面的问题，该消费者就可能放弃购买。

4. 方便忠诚

方便忠诚的消费者是低依恋、高重复购买的消费者。这种忠诚类似于惰性忠诚。同样，方便忠诚的消费者很容易被竞争对手挖走。例如，某个消费者重复购买是由于地理位置比较方便，这就是方便忠诚。

5. 价格忠诚

对价格敏感的消费者会忠诚于最低价格的零售商。这些低依恋、低重复购买的消费者是不能发展为忠诚消费者的。现在市场有很多的 1 元店、2 元店、10 元店等小超市，它们就是从低价格出发吸引消费者的，但是重复光临的人却不是很多。

6. 激励忠诚

激励忠诚即为经常光顾的消费者提供一些忠诚奖励。激励忠诚与惰性忠诚相似，消费者也是低依恋、高重复购买的类型。当公司有奖励活动的时候，消费者都会来此购买；当活动结束后，消费者就会转向其他有奖励或是有更多奖励的公司。

7. 超值忠诚

超值忠诚即典型的感情或品牌忠诚。超值忠诚的消费者是高依恋、高重复购买的消费者，这种忠诚对很多行业来说都是最有价值的。消费者对那些使其从中受益的产品或服务情有独钟，不仅自己重复购买，还乐此不疲地宣传它们的好处，热心地向他人推荐。

了解消费者忠诚的不同类型，可以使企业更好地把握不同类型的忠诚消费者的特征，进而根据实际情况有的放矢地培养忠诚消费者。

> **案例链接**
>
> **案例思考 2**
>
> **周到的服务赢得顾客**
>
> 英国裤袜国际连锁公司的老板米尔曼开始只经营男士领带，且营业额不大。后来她发现不仅男士，女性也要求购物方便、快捷，她们往往不愿为购买一双长筒袜而挤进百货商场，而只愿意花几分钟在一家小店购得。米尔曼对顾客的这种心理摸得很清楚，所以十分注重经营速度、方便顾客和周到服务。尽管价格上略高于百货商场，但周到的服务足以弥补价格较高的不利因素，而且绰绰有余。米尔曼于 1983 年 4 月在伦敦一个地铁车站创建第一家袜子商店时，资金不足 10 万美元，经过几年的经营，当初的小店已成为世界上最大的女性裤袜零售专业连锁公司，在英国已有上百家分店，在欧美其他国家也有 30 多家分店，年销售额已近亿美元。米尔曼公司的发展，靠的就是向顾客提供快捷、方便和周到的服务。

10.4.3 消费者忠诚度的内容

由于市场竞争的不断加剧，许多产品和服务在品质方面的差别越来越小，这使得顾客在选择商品时不仅看重产品的质量，而且看重企业是否能满足他们的个性化需求及能否为他们提供高质量的服务。顾客忠诚度的研究，就是对企业现有的顾客进行有效的差异分析，从而确定他们对企业的商业价值，帮助企业更好地配置资源，使得产品和服务的改进更加有效，便于牢牢抓住最有价值的顾客，取得最大的收益。具体来说，消费者忠诚度的内容包括以下几个。

① 多次购买意向。在顾客关系发展的任何时期，企业都可以向顾客调查对某种商品的未来购买意向。这种信息的取得，便于企业做出进一步的分析，这对于具有长期再购买周期的企业来说尤为重要。再购买周期实际上是反映顾客将来行为的一个强有力的指示器。在一定时期内，顾客对某一品牌产品购买的次数越多，说明对这一品牌的忠诚度越高；反之则越低。

② 主要行为。根据本行业情况，企业可通过一定途径获取与顾客交易的各种有关信息，并据此衡量顾客的实际再购买行为：近期购买、频繁购买、大量购买、固定购买和长期购买。这五种类型是衡量顾客忠诚度的有效标志。

③ 从属行为。从属行为主要是指顾客的选择、认可和口碑等极为重要的消费行为方式。这些从属行为极大地影响着顾客对商品的认同度，对提升企业形象、增强企业竞争力具有重要影响。通过对这种行为的调查，可以获得非常重要的有关顾客忠诚度的信息。

10.4.4 提升消费者忠诚度的方法

在竞争激烈的市场中，人是主体。而对于企业来说，维护老客户、开发新客户是最关键的，只有不断提高客户对企业的信任度、忠诚度，才能在市场上占得一地之席。尤其是在竞争的时代里，提高客户的忠诚度能够推动企业经济的发展。那么，如何提高客户的忠诚度呢？这里推荐6个有效方法。

1. 及时为客户解决问题

这个市场上最不缺的就是产品，所以想要维护、提高客户的忠诚度，提升服务才是关键。因为忠诚度并不是一次交易就可以形成的，而是通过客户购买产品后，不管客户在哪种情况下遇到产品难题，企业都能在第一时间站出来为客户解决问题。

2. 与客户保持联系

与客户时常保持联系，如在节假日或者重要的日子里，通过信息或者邮件的形式给客户发送祝福，让客户感受到企业的用心，有利于提高品牌忠诚度。

3. 了解客户需求，并针对性地提高服务质量

企业要根据客户以往的购买记录，分析、聆听他们所需要的产品，而不是胡乱介绍一堆产品，否则会让客户觉得你在浪费他们的时间及对他们不重视。所以，要重视对客户需求的调查分析，让客户告诉你，他们最需要怎么样的产品及服务。同时，企业应该做出准确的产品分析发送给客户，与客户进行良好沟通，给客户提供优质服务，为他们

提供更多的选择。

4. 提高产品质量，提供质优价廉的产品

质优价廉的产品一直是客户所需要、所追求的。所以，企业需要根据客户的产品追求，在提高产品质量的同时，合理地制定产品价格，也是提高顾客忠诚度的重要手段。除此之外，企业要树立正确利润观，不要盲目追求利润最大化，尽可能考虑到客户心中对产品的预期价格。

5. 重视后期售后服务

想赢得客户的信任，除善于听取客户的意见和建议外，还要及时处理好客户的投诉。因为客户有时候并不会在意此时此刻的你在干什么，他们只关心自己的诉求是否能得到快速解决、自己的感受是否被人在意。所以，及时为客户解决问题，往往可以提高客户对企业的忠诚度。

6. 遵守信诺

诚信经营是每个企业必须遵守的规则，所以企业承诺什么时候给客户解决问题，或者什么时候给他们发送产品，都应该按期完成，这样会让客户觉得诚信而信赖企业。

提高客户的忠诚度，可以留住客户的"心"，可以为企业的经济发展起到促进作用。因为对企业来说，产品销售出去，最终转变为钱，能让企业的资金链周转下去，促进企业的经济发展。

> **思政案例**
>
> **诚信赢得顾客**
>
> 一个法国人到美国去旅行，她在一家皮鞋商店的入口看到一个牌子，上面写着："超级特价，只需一折！"她在这些特价皮鞋中突然发现了一双漂亮的红色皮鞋，于是拿起来看了看，发现质量很好，而且是名牌，而这双鞋她在别的地方已经看过好几次了，因为价格太贵而放弃了购买的愿望，现在这么便宜的事居然让她碰上了。
>
> 于是她急忙招呼工作人员过来，询问道："这双鞋确实是7美元吗？"工作人员把鞋子拿了过去，说："您稍等！"然后就回到服务台去了。
>
> 没过多久，工作人员又回来了，手里拿着那双红色的皮鞋对她说："没错，这两只鞋的确是7美元。"
>
> "两只鞋？难道这不是一双鞋吗？"法国人问。
>
> 工作人员说："在您决定购买之前，我一定要把真实情况告诉您。我们的服务宗旨是诚实守信。我们知道您的时间很宝贵，但还是希望您能听完我说的话。因为如果您回去后觉得不合适，再来找我们的话，会更浪费您的时间。我必须告诉您，这是两只鞋，皮质、尺码、款式都是相同的，只是颜色稍微有一些差别，您不仔细看是看不出来的。出现这样的情况，原因是以前的顾客拿错了，各拿了两双鞋的一只，所以这并不是一双鞋。我们每售出一双鞋，绝不留任何隐患。如果您知道真相不想买了，我们也不会说什么。我们要做的只是诚实。"
>
> 这样真挚的话感动了法国人，知道真相后她反而更想买这两只鞋了。而且除这两

只鞋外,她还购买了另外两双鞋。周围都是卖鞋的商店,但她毫不犹豫地在这一家商店里买了三双鞋。

不仅如此,之后每当她到美国出差的时候,都要抽空到这家商店里买几双鞋,而且从来不在其他的商店门口徘徊,都是直接来到这家商店。

思考:请分析诚信经营是如何提高客户的忠诚度的?

案例分析:诚信经营是每个企业必须遵守的规则,所以当企业承诺什么时候给客户解决问题,或者什么时候给他们发送产品,都应该按期完成,这样会让客户觉得诚信而信赖企业。提高客户的忠诚度,可以留住客户的"心",可以为企业的经济发展起到促进作用。因为对企业来说,产品销售出去,最终转变为钱,能让企业的资金链周转下去,促进企业的经济发展。

本章小结

消费者买到产品后,在产品使用过程中感受如何,对购买到的产品是满意还是不满意,产品在丧失其使用价值之后消费者如何对其进行处理,这些均属于购后行为。消费者在购后会对产品形成一个综合评价,当产品的功效达到或超过消费者的预期时,消费者产生用后的满意;反之,则可能产生不满意。购后评价导致重复购买或不再购买。顾客满意是指一个人通过对所购产品的可感知效果与他的期望相比较后,形成的愉悦或失望的感觉状态。而顾客忠诚在营销实践中被定义为顾客购买行为的连续性,它是指顾客对企业产品或服务的依赖和认可,坚持长期购买和使用某企业产品或服务所表现出的在思想和情感上的一种高度信任和忠诚的程度,是顾客对企业产品在长期竞争中所表现出的优势的综合评价。顾客满意是一种态度,是评量过去的交易中满足顾客预先期望的程度;而顾客忠诚是一种行为,是衡量顾客再购买及参与活动的意愿。企业提升消费者忠诚度有利于提高企业的经济效益,提升企业竞争力,推动社会诚信建设。

课后练习

参 考 文 献

[1] 孟迪云. 消费者行为分析[M]. 北京：人民邮电出版社，2020.
[2] 王生辉，张京红. 消费者行为分析与务实[M]. 北京：中国人民大学出版社，2012.
[3] 冯丽华. 消费者行为分析[M]. 北京：人民邮电出版社，2012.
[4] 傅治. 数字电商环境下的消费者行为分析与建议[J]. 商业研究，2021.
[5] 濮方清，马述忠. 数字贸易中的消费者：角色、行为与权益[J]. 上海商学院学报，2022.
[6] 张中科. 消费者行为分析与实务[M]. 北京：中国人民大学出版社，2019.
[7] 德尔·I. 霍金斯，戴维·L. 马瑟斯博. 消费者行为学：第12版[M]. 北京：机械工业出版社，2014.
[8] 费明胜，杨伊侬. 消费者行为学：第2版[M]. 北京：人民邮电出版社，2017.
[9] 刘海燕. 基于消费者行为的品牌文化研究[D]. 北京：北京交通大学，2008.
[10] 卢泰宏，周懿瑾. 消费者行为学——洞察中国消费者：第4版[M]. 北京：中国人民大学出版社，2021.
[11] 汪秀英. 基于体验经济的消费者行为模式研究[D]. 大连：大连理工大学，2010.
[12] 王曼，白玉苓. 消费者行为学：第3版[M]. 北京：机械工业出版社，2014.
[13] 叶敏，张波，平宇伟. 消费者行为学：第2版[M]. 北京：北京邮电大学出版社，2012.
[14] 俞海山. 消费外部性的经济学、人口学分析[D]. 上海：华东师范大学，2005.
[15] 张伟，谢家智.消费者消费行为的影响因素述评[J]. 沧桑，2008(05)：96-97+109.
[16] 张艳菊，刘晶.基于消费者行为学的企业品牌文化建立研究[J]. 品牌，2015,(07)：23.
[17] 张易轩. 消费者行为心理学[M]. 北京：中国商业出版社，2014.
[18] 朱立. 品牌文化战略研究[D]. 武汉：中南财经政法大学，2005.

欢迎广大院校师生 **免费**注册应用

华信SPOC官方公众号

www.hxspoc.cn

华信SPOC在线学习平台
专注教学

- 数百门精品课 数万种教学资源
- 教学课件 师生实时同步
- 电脑端和手机端（微信）使用
- 多种在线工具 轻松翻转课堂
- 一键引用，快捷开课 自主上传，个性建课
- 测试、讨论、投票、弹幕…… 互动手段多样
- 教学数据全记录 专业分析，便捷导出

登录 www.hxspoc.cn 检索 华信SPOC 使用教程 获取更多

华信SPOC宣传片

教学服务QQ群：1042940196
教学服务电话：010-88254578/010-88254481
教学服务邮箱：hxspoc@phei.com.cn

电子工业出版社 PUBLISHING HOUSE OF ELECTRONICS INDUSTRY　华信教育研究所